U0903717

曹禺：

戏里戏外

张耀杰 著

中国出版集团 东方出版中心

目　录

引　言

在古希腊，有一则关于“斯芬克司之谜”的神话故事。斯芬克司是长有一对鹰翅膀的女妖怪，狮身、蛇尾、人面、美女头。这种妖怪早在古埃及传说中就已经存在，并作为驱灾祛祸的神圣象征，被置于墓顶或刻于盾牌；大概是在迈锡尼时代，开始流传到古希腊。斯芬克司在古埃及是狮身人面的男性，流传到希腊之后才逐渐演变成为女性，还多出了一对鹰翅膀。

按照古希腊神话中的介绍，天后赫拉的情敌塞墨勒，是忒拜城邦的国王卡德摩斯的女儿。赫拉出于对情敌的报复，委派斯芬克司到忒拜祸害当地民众。斯芬克司来到忒拜，坐在城外的山上向过路人提出一个难猜的谜语，猜不出的人就要被她活活吃掉。当科任托斯国王的养子、同时又是忒拜城邦现任国王拉伊俄斯的亲生儿子的俄狄浦斯来到忒拜时，斯芬克司同样提出这个谜语：“什么生物早晨用四只脚走路，中午用两只脚走路，晚间用三只脚走路，而脚最多的时候，又是速度最慢，力量最小的时候？”俄狄浦斯一语道破谜底道：“人。”斯芬克司听了羞愤难当，当即跳崖而死。

经过古希腊作家索福克勒斯的经典悲剧《俄狄浦斯王》的戏剧化处理，“斯芬克司之谜”被搬上舞台并且流传至今。由于它是关于人的发现和人的命运的谜语寓言，即使被揭开谜底之后，依然具有既普遍又永恒的艺术魅力。通过《雷雨》、《日出》、《原野》、《北京人》、《艳阳天》等一系列影剧作品，曹禺贡献给中华民族乃至全人类的，同样是一个关于中国人的人生宿命和文化密码的“斯芬克司之谜”。对于这则谜语的解读揭穿，不但不会抹杀其普世永恒的艺术魅力，反而会使人们更加透彻地欣赏其审美价值。

曹禺影剧作品中的文化密码及其难猜之谜，究竟是什么呢？现成的答案是不存在的，要不然，曹禺本人不会先在《〈雷雨〉的写作》中表白说：“至于雷雨象征什么，那我也不能很清楚地指出来，但我已经用力使观众觉出来。”然后又在《〈雷雨〉日译本序》中写道：“那么，我是如何表现自己的呢？我这个人胆小谨慎、忧郁、爱挑剔，不能理解自己。我缺乏希腊人的智慧——‘自知之明’，心中只是乱云般的焦躁与一种不可摆脱的迫切的思绪。因此，当我谈论自己的作品时总是模糊不清的。”到了《〈日出〉跋》中，他依然在强调说：“曾经有人问过我，《雷雨》和《日出》哪一本比较好些，我答不出来。……我一个感情用事，素来不能冷静分析的人，只知道哪一个最令我关心。”

好在“不能理解自己”的曹禺，打从南开中学时期就不间断地对自己创作的作品，以及自己从事创作时的思想情绪，进行着不厌其烦的倾诉和表白，为后人解读他的作品中的文化密码及其难猜之谜，提供了最具权威的第一手资料。

谈起曹禺，人们总要从《雷雨》说起。1937 年 2 月，先后执导过《雷雨》、《日出》的戏剧界泰斗欧阳予倩，在《〈日出〉首次演出特刊》中甚至写下“曹禺先生的确是剧坛忽然跳出来的天才者，人家欢喜演他写的戏，我也欢喜导演他的戏……”的风趣话。而在实际上，即使是天纵之才，也不是一下子就能够成长起来的，曹禺自然也不能例外。早在南开中学时期，早熟早慧、情窦初开的曹禺，就在一位没有留下姓名的女孩子的点燃之下，有过一次创作高潮……

第一章　曹禺早年的戏剧与情爱

作为中国现代最为著名的影剧大师，曹禺一生中主要创作、翻译、导演、改编了15部影剧作品，依次是《雷雨》、《日出》、《原野》、《全民总动员》、《正在想》、《蜕变》、《镀金》、《北京人》、《家》（改编）、《罗密欧与朱丽叶》、《桥》、《艳阳天》、《明朗的天》、《胆剑篇》、《王昭君》。在这些影剧作品中，若隐若现地贯穿着一种既根源于中国传统神道文化，又充分吸纳外国宗教文化的"阴间地狱之黑暗＋男女情爱之追求＋男权家庭之反叛＋专制社会之革命＋舍身爱人之牺牲＋天诛地灭之天谴＋替天行道之拯救＋阳光天堂之超度"的密码模式。而这种密码模式，可以直接追溯到曹禺青少年时代就已初步显现的"原始的情绪"和"蛮性的遗留"。

一　童年时代的神道环境

曹禺本姓万，名家宝，字小石，小名添甲。田本相在《曹禺传》中认为，曹禺于1910年9月24日（农历八月廿一日）出生于天津租界，也就是现在的天津河北区民主道23号曹禺故居所在地。另据刘清祥、董尚华著《中国戏剧大师——曹禺》考证，曹禺其实是出生于湖北潜江的万氏塾馆。

曹禺的亲生母亲产后三天就因病去世。生母的早亡以及由此而来的恋母情结，决定了他对于富有牺牲奉献精神的善良女性的神圣美化。1982

年12月11日，晚年曹禺在致巴金信中表白说：

> 人是很不幸的动物，因为他有敏锐的感觉。但正因如此，才产生宇宙间罕有的事物，美的人和美的诗和艺术。有时，我想自然赐予我的种种够多了。我应该感谢母亲给我以生命，尤其是我，我的母亲生下我三天，便因产褥热死去，她才十九岁。我对她没有一点印象，只觉得一切做母亲的都可怜，都伟大，不可形容的美。美得让人心痛……①

曹禺的父亲万德尊，字宗石，湖北潜江人，祖上几代都是家境清贫、饱读经书的私塾先生，致使万德尊常有“窭人（穷人）之子”的浩叹。万德尊15岁考中秀才，后来到湖广总督张之洞创办的两湖书院求学，1904年被选派到日本留学深造，先后在振武学校和陆军士官学校学习，是日本陆军士官学校1909年毕业的第六期学员。他的同学中先后成为大小军阀的，有阎锡山、孙传芳、赵恒惕、李烈钧、程潜、李根源、胡谦、刘存厚、岁佩金、杨文恺、孔庚、张开儒、张凤翙、卢香亭、顾品珍、周荫人等。

万德尊学成归国后，考中清政府的陆军步兵科举人，被直隶总督端方任命为直隶卫队的标统。他先后娶过三位夫人，第一位夫人姓燕，在万德尊留学日本期间病死于湖北老家，留下长子万家修和女儿万家瑛两个孩子。1909年冬天，万德尊续娶武昌商人之女薛氏为妻，一年后生下曹禺即万家宝。薛氏夫人去世后，万德尊与薛氏的孪生妹妹薛咏南结为夫妻。

继母薛咏南没有生育，一直把曹禺当作亲生儿子来看待。她是个戏迷，无论京戏、评戏、河北梆子、山西梆子、京韵大鼓、文明戏都爱看。曹禺3岁时就被继母抱在怀里到戏院看戏，潜移默化中成长为表演欲极强

---

① 田本相、刘一军主编：《曹禺全集》，花山文艺出版社，1996年，第6卷，第478页。本书所引用的曹禺影剧作品，大部分出自《曹禺全集》所收录的文本，不再逐一注解。

的一个小戏迷，家里一本一本的《戏考》，被他翻得滚瓜烂熟、破烂不堪。薛咏南还是个小说迷，她喜欢读《红楼梦》，能够把黛玉的《葬花词》背诵得声情并茂、滚瓜烂熟。《雷雨》中关于蘩漪的舞台提示——“她是一个中国旧式女人，有她的文弱，她的哀静，她的明慧，——她对诗文的爱好……”——中，就有薛咏南的影子。1981年7月28日，曹禺接受田本相采访时回忆说：“周朴园有我父亲的影子，在蘩漪身上也可以找到我继母的东西，主要是那股脾气。”①

● 继母薛咏南

继母还像曹禺影剧作品中的周朴园、鲁侍萍、焦母、曾皓、冯乐山、高老太爷、陈姨太、瑞珏、梅小姐、鸣凤、阴兆时那样，是一位佛教信徒。她从小就教曹禺背诵《往生咒》中的经典咒语“南无阿弥多婆夜，哆他伽多夜，哆地夜他，阿弥利都婆毗……”据曹禺在《〈日出〉跋》中介绍，1912年他两岁生日时，“母亲”薛咏南给他买来的“护神和玩物”中，就有他“最心爱的马瓷观音”。

辛亥革命之后，湖北籍的万德尊一直把自己的政治命运，与以黎元洪为首的湖北帮捆绑在一起。1923年6月，黎元洪因为直系军阀曹锟贿选总统而不得不退出政治舞台，万德尊也只好赋闲回家，在天津意大利租界

① 田本相、刘一军编著：《苦闷的灵魂——曹禺访谈录》，江苏教育出版社，2001年，第56页。

的二马路36号过起寓公生活。他除了陪太太抽鸦片、与友人吟诗写字之外，还在一次中风后很虔诚地念起了《金刚经》。

对于当年或官场得志或失意下野的军阀政客来说，居住在外国人统治下的租界区里诵经礼佛、皈依宗教，是十分时髦的一种普遍现象：段祺瑞下野后“复归于禅”却又不甘寂寞，还要发起“佛教救国”运动以捞取政治资本。山东胶东半岛的小军阀刘珍年，甚至命令士兵佩戴他的像章、背诵他的语录。挖掘西太后和乾隆陵墓的小军阀孙殿英，创办号称庙会道的教派并且自任道首，几万官兵都是他的道徒。唐生智割据湘南的时候碰上一个顾和尚，从此迷恋藏传佛教，亲自领着法师给受戒官兵发放受戒证章。冯玉祥在接受来自苏联的革命理论之前，曾经一度号称是“基督将军”。孙传芳倒台后与万德尊一样在天津租界充当诵经礼佛的居士寓公，最后依然没有躲过血仇报复的血光之灾。与万德尊一起留学日本的阎锡山，干脆把日本军国主义的组织方法照搬到山西农村，在村、闾、邻的行政网络之外，另外组织“息讼会”、“监察会”之类的社会团体。村闾长都是省里登记在案的“村干部”，对所辖村民握有生杀予夺之权。用老百姓的话说，阎锡山通过“村干部”控制农村社会，等于是“灭门知县安到老百姓的炕头上来了”。抗日战争时期，阎锡山还组织过帮会式宗教团体“洗心团”，企图利用宗教神道的神圣天理来鼓舞斗志。

伴随着父亲万德尊和继母薛咏南的诵经礼佛，曹禺很小就开始有意识地接触中外宗教。晚年曹禺在与田本相谈话时回忆说：

> 记得小的时候，有一段接触过教堂……少年时期，对生活有一种胡思乱想、东撞西撞的味道。接触一下教堂，到里边去看看，似乎是想解决一个人生问题，究竟人到底应该走什么道路，人应该怎么活着，人为什么活着，活着又为什么？总之，是莫明其妙，觉得宗教很有意思。在清华大学时，有音乐唱片的欣赏，对巴赫的音乐有过接触。我对佛教不感兴趣，太讲出世了，跟父亲念了一段佛经，念不下去。读《圣

经》觉得文章漂亮……俄罗斯的托尔斯泰的《复活》,我读过,我非常想看看复活节是怎么搞的,也想看看大弥撒,参加参加。它为什么叫人入迷?……一进教堂,就觉得它里面很高很高,在幽暗中所展示的是一个无边的苍穹,是异常宁静肃穆,圣母像美丽得不得了。人一进教堂就安静下来了,真好像使人的灵魂得到休息。其实我根本不信教,我现在是个共产党员,我更不相信上帝,但是我很喜欢教堂中那种宁静肃穆的氛围。①

1917 年,不满 7 周岁的曹禺,曾经有过替大总统黎元洪"圆光"的经历。这一年的 5 月 23 日,黎元洪下令免去实力派军阀段祺瑞的内阁总理职务。段祺瑞跑到天津通电全国,拒不承认黎元洪的此项命令,导致保皇派首领张勋率领辫子军乘虚而入推行复辟。在兵临城下的危急关头,黎元洪和幕僚们想出依靠"圆光"来预测政局的办法。由于万德尊时任黎元洪的秘书,小小年纪的曹禺便有了直接为大总统效劳的机遇和荣耀。

所谓"圆光",就是把童男子曹禺即万家宝与另一名童女子关进黑屋子里,让他们把一张白纸贴在墙壁上,然后透过蜡烛的光线说出从白纸上看到了什么。这种以童男童女的灵性可以交通神鬼的"圆光"法术,只是中国传统道教巫术自欺欺人的一种老把戏,却为喜欢表演的万家宝提供了一次难能可贵的表演机会。在"圆光"过程中,当大人们问他看到什么时,他煞有介事地把代神立言的灵童角色扮演得活灵活现,说是自己看到了打胜仗的千军万马,而且从帽徽军服上看出率领千军万马的首领,就是大总统黎元洪……

与曹禺同时参加"圆光"的童女子,回答大人们的却是什么也没有看见的老实话。关于自己在"圆光"中的表现,曹禺晚年在与田本相谈话中解释说:"我当时是顺嘴溜出来的,讲得那么神气……其实,也不奇怪,家里

① 《苦闷的灵魂——曹禺访谈录》,第 21 页。

有客人来，他们谈这谈那，有时也说点有关时局的东西，我虽然不能全懂，但也多少知道一点点。当他们问我时，我就顺着说了几句。也许这就是我生平第一次演戏吧。"①

一个所谓的民选大总统和他手下为数众多的精英智囊，在穷途末路、黔驴技穷之际，竟然要借助七八岁的童男童女代神立言的老把戏，来预测自己连同整个国家的前途命运。中国传统神道文化与人类现代文明的难能接轨，由此便可见出一斑。

二 南开中学的戏剧活动

曹禺4岁的时候，同父异母的大哥万家修、大姐万家瑛，从湖北潜江的乡下老家来到天津万公馆。家瑛很喜欢小弟弟，是最早教曹禺识字的启蒙老师，自然也会从巫风很盛的湖北老家，带来不少民间流传的神怪传说。

在自己的政治前途被彻底断送之后，万德尊光宗耀祖的使命感变得更加急切。眼见在天津法政学院学习法律的长子万家修，毕业之后不仅没有成家立业，反而像自己一样染上鸦片烟瘾，万德尊一怒之下踢断了家修的一条腿。与父亲积怨极深的家修不等养好腿伤，便偷偷逃往哈尔滨，后来是继母花钱雇人把他找回家中的。家修回家之后依然旧习不改，在偷吸鸦片时再一次被万德尊发现。万德尊这一次没有踢打儿子，而是两膝一软跪倒在儿子面前，像《北京人》中的曾皓跪倒在曾文清面前那样撕心裂肺地哀求道："我给你跪下，你是父亲，我是儿子。我请你再不要抽，我给你磕响头，求你不——"

长子废掉之后，万德尊只好把全部希望寄托在小儿子曹禺即万家宝身上。

1922年8月，黎元洪复任大总统之职，万德尊被授予"藩威将军"称

① 《苦闷的灵魂——曹禺访谈录》，第82页。

● 1928 年 6 月曹禺南开中学留影

号，任将军府将军。这是万德尊官宦生涯的最高点。就在这一年，13 岁的曹禺进入南开中学，从初中二年级开始读起。1925 年，曹禺加入由南开校长张伯苓的弟弟、从美国哥伦比亚大学留学归来的张彭春负责主持的南开新剧团，开始了他男扮女装的演剧生涯。1927 年 7 月，张彭春决定把易卜生的《国民公敌》搬上舞台，选定曹禺扮演剧中的女主角斐特拉。该剧的排演费时两三个月之久，原打算在 10 月 17 日南开校庆时公演，由于剧名触犯天津军阀褚玉璞的忌讳而遭到禁演。直到 1928 年易卜生 100 周年诞辰之际，该剧才由张彭春易名为《刚愎的医生》正式演出。

继《国民公敌》之后，曹禺又在易卜生的《娜拉》中扮演女主角娜拉。该剧于 1928 年 10 月 17 日，也就是南开中学校庆日公演，演出时南开礼堂座无虚席，几无插足之地。连演两天后，天津妇女会认为此剧对于提倡女性解放的女权事业很有帮助，特邀南开新剧团加演一场。

除了易卜生的两部经典戏剧，曹禺当时参演的话剧剧目还有霍普特曼的《织工》、丁西林的《压迫》、田汉的《获虎之夜》和未来派戏剧《换个丈夫吧》。1926 年校庆前夕，校长张伯苓宣布京剧开禁，曹禺还与一批京戏迷为初中毕业班同学演出过《打渔杀家》和《南天门》，两剧中的男主角萧恩和曹福都由曹禺扮演。《南天门》又名《走雪山》，剧中的曹福是一名义仆，为了救护小姐曹玉莲，他在大雪纷飞中冻倒在雪地之中，弥留之际有一大段长歌当哭式的唱腔和道白，被曹禺表演得声情并茂：

> [西皮导板]耳边厢又听得有人呼唤，/咳，小姐呀！/[二六]尊一声小姑娘细听我言，/实指望保姑娘脱离大难，/有谁知行至在中途不

> 能够周全，/倘若是到了大同地面，/是这等数九寒天，大雪纷飞，/冈得你甚是可怜。/我的小姑娘啊！/[白]小姑娘，此处离大同不远，/少时自有人前来接你，/恕我曹福不能远送了！/[接唱]数九天冻得我虚气喘，/三魂渺渺归九泉。

通过这种既动情又投入的戏曲表演，传统戏曲舞台上随处可见的弥留之际有小鬼勾魂，人死之后还要“三魂渺渺归九泉”的民间神道观念，潜移默化地积淀在曹禺的潜意识之中。1938 年 7 月 25 日，曹禺在标题为《编剧术》的演讲中，专门以《南天门》为反面教材，介绍了他对于传统戏曲的理解感悟：

> 中国旧剧界有一名老话：“戏不够，神来凑。”编剧本之前没有计划，写到后来，自己也不知道如何结尾，只能用鬼神出现，搭救好人（如南天门），凑成一个善恶终有报的结尾。这种错误，即使在伟大的剧作家，有时也不免要触犯的。①

为迎接 1929 年的南开校庆，张彭春打算把英国戏剧家高尔斯华绥的《争强》搬上舞台。他约请曹禺和自己一道改译该剧的演出剧本，并由曹禺、张平群分别扮演剧中的董事长安敦一和工人领袖罗大为。演出再一次获得成功，不久前刚从英国留学归来的黄佐临，专门写作标题为《南开公演的〈争强〉与原著之比较》的评论文章，连载于 1929 年 9 月 23、24 日的天津《大公报》。

1929 年冬季，张彭春前往美国讲学。《争强》的演出本经曹禺整理之后，于 1930 年以南开新剧团名义发行单行本。曹禺在《〈争强〉序》中，介绍了自己对于西方近现代社会问题剧的初步理解：

① 曹禺：《编剧术》，《曹禺戏剧集·论戏剧》，四川文艺出版社，1995 年，第 138 页。

《争强》(*strife*)是晚近社会问题剧的名著。著者高尔斯华绥(John Galsworthy)的性格素来敦厚朴实,写起剧来也严明公正。在这篇剧内他用极冷静的态度来分析劳资间的冲突,不偏袒,不夸张,不染一丝个人的色彩,老老实实把双方争点叙述出来,决没有近世所谓的"宣传剧"的气味。全篇由首至尾寻不出一点摇旗呐喊,生生地把"剧"卖给"宣传政见"的地方。我们不能拿剧中某人的议论当作著者个人的见解,也不应以全剧收尾的结构——工人复工、劳资妥协——看为作者对这个问题的答案。因为作者写的是"戏",他在剧内尽管对现代社会制度不满,对下层阶级表深切的同情,他在观众面前并不负解答他所提出的问题的责任的。

关于《争强》的戏剧人物,曹禺解释说:"剧内有一对强项的人物——傲悍的董事长和顽抗的技师——全剧兴趣就系在这一双强悍意志的争执上。董事长安敦一是代表厂方的,一位真有骨气的老先生,抱定了见解,一丝一毫也不退让。对方技师罗大为是铁矿罢工的领袖……然而结果,二人都过于倔强,他们的意见都没有实现,一个女人白白做牺牲,两个头脑也徒然地被人推倒。大概弱者的悲剧都归于他太怯弱,受不住环境的折磨或内心的纠纷,强者的悲剧多归咎在过于倔强,不能须应境遇的变迁。两个都是一场凄惨的结果,却后者更来得庄严,更引起观众崇高的情感。所以在第三幕将终时,安敦一辞去了董事长职。罗大为看罢死妻,由家跑来,恍然明白工人们已离叛他讲和,这时造化环境的拨弄真令他哭不得笑不得。这一对强项人物对他们所遭环境的宰割也只得俯首。"

《〈争强〉序》中最值得注意的,还是曹禺的结束语:"末了,我们应当感谢原作者的,他所创出那两个角色,无意中给我们许多灵感。说起来,二人自有二人的短处——譬如见解的偏颇,过分的倔强。然而他们那种刚挠不屈的魄力,肯负责,肯顾大局的骨气,的确是晚近青年们心灵贫弱的补药。"

与这一段话相印证,曹禺在《雷雨》的舞台提示中,对于一心祈求彼岸天堂式的拯救与新生的周萍另有说明："他怕，他有时是怕自己内心的残疾的。现在他不得不爱四凤了，他要死心塌地爱她，他想这样忘了自己。当然他也明白，他这次的爱不只是为求自己心灵的药，他还有一个地方是渴。"

应该说，《〈争强〉序》中所说的"心灵贫弱"的"晚近青年们"，是包括曹禺自己在内的。这一剂"补药"并没有成功医治曹禺身上根深蒂固的"原始的情绪"和"蛮性的遗留"，致使他始终没有像西方戏剧大师易卜生、高尔斯华绥那样，创作出"全剧兴趣就系在这一对强悍意志的争执上"的经典悲剧，更没有塑造出具备"刚挠不屈的魄力，肯负责，肯顾大局的骨气"的经典意义上的悲剧人物。

三 处女小说的男权意识

在南开新剧团参与演剧活动的同时，曹禺还与同班同学章方叙（靳以）、孙毓棠等人联合起来，一起为天津《庸报》创办了《玄背》文学副刊。1926 年 9 月，《玄背》第 6 期开始连载曹禺的小说《今宵酒醒何处》，至第 10 期连载完毕。这篇小说是 17 岁的万家宝第一次以曹禺为笔名发表文学作品，堪称是他的处女之作。

按照曹禺本人的说法，《今宵酒醒何处》是在郁达夫的《沉沦》、《春风沉醉的晚上》等浪漫小说的直接影响之下创作出来的一篇自传性小说："我记得这篇小说是受一个漂亮的女护士的触动。大约是一次坐船时，见到了这个姑娘，长得很漂亮，又加上郁达夫小说的影响，就写了这篇东西。"①然而，他的第一任妻子郑秀和南开中学时代的老同学孙毓棠，有过另一种说法：《雷雨》中的周冲就是曹禺本人。在《雷雨》创作期间，孙毓棠曾悄悄告诉过郑秀说："我看了家宝写的剧本的草稿，你知道他那个剧本

① 《苦闷的灵魂——曹禺访谈录》，第 144 页。

里头的周冲是谁吗？就是家宝，他对他们家一个小丫头就曾有过那么点意思。这事，他以前亲口告诉过我的。”①

这场动了真感情的初恋，对于曹禺全身心的刺激，自然比一次偶然的路遇要刻骨铭心，想必对于激活曹禺创作的灵感，起着更具决定性的意义。曹禺在这篇小说处女作中，曲曲折折地透露了这场神圣初恋的蛛丝马迹：夏震与谢文伟都是由江南家乡来到北方的B地K大学任教的青年教授，谢一直充当着夏、梅二人自由恋爱的保护神：“在他与梅璇数次长谈之后，他承认梅是一个爽直，有感情，有判断力的女子。虽然他为夏、梅的交往未经过社会认可的正当手续，他时常鼓励着，使他们的爱建设在巩固的地基上，不落在进锐退迅的深谷里。”

暑假期间，谢文伟返回江南和母亲及情人团聚，夏震却置母亲一封接一封的家书于不顾，留在B地经受着一场失恋之苦。由于“黑胖的野村三郎”一面对梅殷勤，一面向梅的叔父讲夏震的坏话，再加上“外界及梅的叔父对他们的不满”，夏震与梅璇之间的恋爱关系难以为继。在没有与野村三郎订婚之前，梅璇曾有过与夏震一同私奔（elope）的浪漫（romantic）打算。对于虚拟中的私奔计划，失恋之后的夏震，在致谢文伟的书信中，曾经怀着一份浪漫情怀大肆渲染说：

> 你走后一个月中我的生活是美满的，也是凄迷的。我同她在溶溶的小河中划舟，月光下常在麦地间散步。那里空气带着土香，黄长的麦杆暗地迎风欺凌而呼号。回视村中，红光点点，闪烁着如远处的萤火。然而她抽噎了，她诉说野村三郎不形于色的忌妒和逼迫，叔叔时时对她的行动的干涉，她忿激地哭求我与她一起elope。请你想彼时的情景，满地浮幻着月的银光，夜半的夏风摇曳她的衣裙向我飘摇。这时一个女人倚着肩儿哭泣，哭诉她的痛苦，轻轻地吐出elope字的颤

① 曹树钧：《走向世界的曹禺》，天地出版社，1995年，第5页。

声，这是如何的 romantic。

但是，怯弱而又自以为“我很聪明”的夏震，并没有表现出与梅璇私奔的勇气。在自己的私奔要求得不到响应的情况下，梅璇只好暂时屈从叔父的安排，投入自己所不爱的“黑胖的野村三郎”的怀抱之中。不肯做出丝毫牺牲的夏震，在写给谢文伟的书信中，偏偏要站在男权立场上谴责诅咒道：

> 只解欢娱的女子哟，怎么眼光如豆般的狭小。假如你是为你日本的爱人，这有 K 大学教授名目的朋友也值得如此留恋？——梅璇，既然以前月下的谈心是你的一片谎语，现在只要你在我面前求恕；那么，因为你仍为惧怕触发我高傲的狂情而编织悦耳的言语，我恕宥你了……唉，只要你等待我，总有一天你知道夏震为如何人。他给你钻石，我给你镭(radium)珠。他不是日本野村公舞的长子？我要做世界的伟人。唉，梅呀！

这位于精神亢奋时高调表示要投身于“漆黑的社会”之中“做世界的伟人”的夏震，眼见自己的恋人投进别人的怀抱，既不去致力于实现“要做世界的伟人”的宏誓大愿，也不去与有“恶魔”之称的“黑胖的野村三郎”正面抗争。反而欺软怕硬地针对比自己更加柔弱的梅璇痛加谴责，然后于“心花已经枯槁了”的失魂落魄中，到酒铺里纵于酒，到妓院里纵于欲，再到醉梦之中去寻求精神上的慰藉：“昨夜我又梦见我的姆妈，仿佛已晓得儿子的遭遇，她抱着我哭，我投在她的怀里大嚎，醒来还是孤孤凄凄的自己。”

小说中特别值得注意的，是以“我很聪明”标榜自己又自相矛盾地以“我仍然做我的呆子”表白自己双重人格的夏震，关于“哲人般的呆子”的一番议论：

或者你心中想，假若我做一次呆子与这cogitative（深刻）的女人一同elope即便被弃了，这样深刻失恋之苦必能把我逼成Dowon一般的诗人。然而文伟，现在我确实地被弃了。诗未作成，酒反喝的不少。由那些淫妇被窝中半夜踽踽归来，仰视天上凄寂的星辰，反问自己适才为何那样狂暴兽性的搂抱摸索。凄凉与苦恼催出我心中的热泪，独自在苍茫的田野里呜咽着。是如是的么？

这里的Dowon指的是英国浪漫派诗人席勒的诗体小说《唐璜》中纵情纵欲的花花公子唐璜。以“哲人般的呆子”和“Dowon一般的诗人”自居的男权人物夏震，对于“说部的故事”——也就是古今中外所常见的浪漫言情的小说传奇——所提供的解释是这样的：“文伟，不要想某国一位美丽的公主，因爱一个平民而私奔，或一个富族因拯其爱人而致死。事实终是事实，这些话不过是说部的故事，引起骚人的逸思罢了。”

这里所透露出的正是多重人格的曹禺本人，正在形成中的既执迷神道又离经叛道、既继承传统又迎合时代、既高度女性化又极端男权化、既有童话神话般的浪漫情怀又有“存天理，灭人欲”的“天地间的‘残忍’”的高度宗教化的人生观和文艺观。拥有这种自相矛盾的诗情画意的诗人，自然是凌驾于一般意义的聪明人和呆子之上的大智若愚并且愚不可及的“哲人般的呆子”。借用女儿万方的话说，曹禺一直是在“用惯常的、虚伪的方式表现他的那种真诚”①。

四　中学时代的神圣初恋

曹禺的第一部剧本《雷雨》的构思，可以一直追溯到写作《今宵酒醒何处》前后的南开中学时期。田本相在《苦闷的灵魂——曹禺访谈录》中，记

① 万方：《我的爸爸曹禺》，《文汇月刊》，1990年第1期。

录有曹禺侄子万世雄的奶妈王振英，对于万公馆的相关回忆。其中，与《雷雨》和《日出》的故事情节颇多吻合之处：

> 家修比老太太小一圈(12岁)，他也不干事，整天就在家里待着。我听说准备让他当武清县长，关系、门路都找好了，他就是不去。我去他家前，他有丫环，是买来的，叫福子，老太太有些疑心，便找人许配走了。《雷雨》，老太太和我们都看了，老太太不喜欢，我也不喜欢。据说，还是曹禺自己导演的。曹禺的奶妈不知是姓刘还是姓李，我在的时候，她也常来万家，要这要那的，衣服啦，煤啦，什么都要。她家不会过日子，丈夫也不是个正经人，抽大烟、要钱。他们的一个女儿，就是她爹把她卖到那种地方去了。

对于情窦初开的曹禺来说，最为神圣的并不是传统文化及其宗教神道中的上帝、佛祖、老天爷，而是世俗人生中的神圣初恋。应该说，《雷雨》中的鲁侍萍当姑娘做女仆时原本姓梅，与《今宵酒醒何处》中的梅璇并不只是偶然性的巧合。关于《北京人》中的女主人公愫方，晚年曹禺在与田本相谈话中表白说："我是根据我死去的爱人方瑞来写愫方的。为什么起名叫愫方，'愫'是取了她母亲的名字'方愫悌'中的'愫'；方，是她母亲的姓，她母亲是方苞的后代。"①

与愫方的名字相印证，作为曹禺初恋情人的万公馆女仆的姓名，应该与"梅"字相关，这里姑且称之为"梅姑娘"。曹禺写作处女小说《今宵酒醒何处》时，与"梅姑娘"之间的神圣初恋还处于"欲说还休"的虚拟试探阶段。这篇小说中因此充斥着一种"少年不识愁滋味，为赋新诗强说愁"的浮薄之气和矫情之态。到了1928年上半年，曹禺在《南开双周》上接连发表三首抒情诗，第一首《四月梢，我送别一个美丽的行人》，直白而又感伤

① 《我的生活和创作道路——同田本相的谈话》，《戏剧论丛》，1981年第2期。

地交代了“我”与一个“美丽的行人”的分手离别：

> 古城啊，古城，/日后墙外不飞袅袅柳絮，/日后楼头不见纸鸢轻影。/这一夜半，/枝头的湿花滴沥着/凄伤的泪，/便飘飘地沾埋污泥，/又投入流水伴你长征。/明晨熹光斜照一堆/残颓的花，/你已无踪无影。

如果把这首诗看作是曹禺与“梅姑娘”之间神圣初恋的真实记录，后两首宗教气息十分浓厚并且具备了戏剧化的故事情节的长诗，就应该是他对于失去之后才更觉珍贵的神圣初恋的回味反思；同时，也是他对于《雷雨》、《日出》、《原野》等经典戏剧的一种预演。在第二首的《不久长，不久长》中，曹禺写道：

> 不久长，不久长，/乌黑的深夜隐伏，/黑矮的精灵儿恍恍，/你忽而追逐在我身后，/忽而啾啾在我身旁。/啊，爹爹，不久我将冷硬硬/睡在衰草里哟，/我的灵儿永在/深林间和你歌唱！

诗中表现的是一个既聪慧敏感又空洞虚弱的灵魂，对于彼岸有“水晶路”和“清澄的光”的天堂净土的神圣向往。其中有几分哀婉缠绵的痴迷，也有几丝超脱飘逸的禅味，同时还有对于宗法制男权专制家庭以死相殉的凄惨决绝。

如果说，第二首的《不久长，不久长》已经具备了《雷雨》的雏形，第三首的《南风曲》，就称得上是《原野》的胚胎。这首诗长达170行，其中描绘的是一个“腹内是这样饱满”的“粗胖的村童”，在温旭的日光、习习的南风、迷人的草香的抚慰之下，所进行的“还似少，少了一件什么要去寻追！”的浪漫神游。这“呆笨的村童”倚着野地里的一幢草屋进入了梦乡，他的“睡魂儿”在南风吹拂下出了躯窍，在一片池水旁寻见了有着“纷披的长发”、“圆白的手腕”、“雪白的裸足”的“梦中情人”。正在村童为自己的“梦中情人”神魂颠倒的时候，半山禅寺“当当，当当！”的钟声搅碎了他的一场春梦。梦醒之后，呈现在他面前的是“暮色里钟声土庙的依稀”和惨兮兮一派肃杀景象的“残花”和“土冈”。

把《今宵酒醒何处》与这三首抒情诗综合来看，对于曹禺与“梅姑娘”之间的神圣初恋施以棒打鸳鸯式的粗暴干涉的，应该是作为周朴园原型之一的“爹爹”万德尊，而不是“姆妈”薛咏南。薛咏南所充当的角色，应该像《雷雨》中一方面辞退四凤、鲁贵，另一方面又委派周冲送钱补偿的周蘩漪那样，是辞退事宜的具体经办者和善后事宜的精神安抚者。

五　骂人有理的时评杂感

《玄背》的作者大都是浪漫派作家郁达夫的崇拜者，《玄背》创刊后每期都要给远在广州中山大学任教的郁达夫寄去一份。令他们喜出望外的是，名重一时的郁达夫竟然于 1926 年 11 月寄来一封回信，其中寄托着文坛先驱对于追随其后的文学青年的热切期望：

> 现在上海北京，有许多同《玄背》一样的刊物问世，它们的同人，都是新近很有勇气的作者。可是有一点，却是容易使人感到不快的，就是这一种刊物的通病，狂犬似的没有理由的乱骂人。骂人，本来是不容易的事情，尤其是在现在的中国。我的朋友成仿吾也喜欢骂人，可是他骂的时候，态度却很光明磊落，而对于所骂的事实，言语也有分寸。第一，他骂的时候，动机是在望被骂者的改善，并非是在尖酸刻薄的挖苦，或故意在破坏被骂者的名誉。第二，他骂的，都是关于艺术和思想的根本问题，决不是在报睚眦之仇，或寻一时之快……总之，我希望你们同志诸君，也能够不屈不挠地奋斗，能够继续作进一步打倒恶

势力、阻止开倒车的功夫。

郁达夫的来信刊登在《玄背》1926年第16期。与郁达夫骂人有理的身份特权意识相一致，田汉在写作于1927年的自传体长篇小说《上海》中，以另一种更加露骨的男权特权意识，为停妻（孙荃）别恋（王映霞）的郁达夫（余质夫）辩护说："余质夫是个有妻有子的人，本不应感着性的烦闷，但烦闷既是现代的世纪病，任何手段的性的满足，尤其是艺术家的特权，何况素以寻求官能的享乐为性的生活的全部的余质夫呢。"①

曹禺当时的年龄是17周岁，与《雷雨》中的周冲、《蜕变》中的丁昌、《北京人》中的曾霆、《家》中的高觉慧恰好同岁，正值情窦初开的青春年华。《雷雨》中关于周冲的舞台提示，很大程度上是曹禺自己传神写意的自画像："他身体很小，却有着大的心，也有着一切孩子似的空想。他年青，才十七岁，他已经幻想过许多许多不可能的事实，他是在美的梦里活着的。"

郁达夫的热切希望，对于"有着大的心"并且"在美的梦里活着的"曹禺来说，无疑是一种强刺激。1927年4月18日，曹禺在他与章靳以等人共同编辑的《南中周刊》发表《杂感》，其中既表现了他对于文坛先驱郁达夫的精神响应，同时也显示了他对于弗洛伊德、荣格等人的精神现象学说的

● 曹禺天津故居

① 田汉：《上海》，连载于上海《申报·艺术界》，1927年10月16日至12月3日。

理解感悟：

> 先觉的改造者委身于社会的战场，断然地与俗众积极地挑战；文学的天才绚烂地造出他们的武器，以诗，剧，说部向一切因袭的心营攻击。他们组成突进不止的冲突与反抗，形成日后一切的辉煌。然而种种，最初的动机不过是在那服从权威，束缚于因袭畸形社会的压制而生的苦闷懊恼中，显意识地或潜意识地，影响了自己的心地所发生杂乱无章的感想。那种纷复的情趣同境地是我们生活的阴荫，它复为一切动机的原动力和内驱力，形成大的小的一些事业。

这篇"杂感"包含有三则小杂感。在第一则的"Gentlemen 的态度"中，曹禺先谈到一个洋车夫在法租界的英中街与乘客讨价还价时，被斥骂为"放屁"。于是，他便与乘客拉扯着到印度"站人"即街头巡警面前去讲道理："这可是法国地呀，看你的，外国兵全不打人的，你却头一个骂我。咱们有地方说理。"接下来，曹禺又谈到一位很有绅士(gentlemen)风度的教授的"大讲道理"："外国人有金钱有强势，用 gentlemen 的态度对待我们，我们反不自量力，不以 gentlemen 的态度向他们，这不是自找苦吃么?"曹禺在认定洋车夫与大教授"全屈服于洋权威之下"的同时，颇为超前地谈到了日后将要席卷中国大地的"思想改造运动"的反智主义的原则性问题："改正观念似乎洋车夫还可教些，因为教授的博士帽是'仰之弥高，钻之弥坚'，很自以为教人者，非可随随便便为人教的。"

在题为"文凭同教育救国"的第二则小杂感中，曹禺揭示了包括他自己在内的青年学子，所面临的家与国合一、政与教合一的教育现状：文凭在学校和社会中是"受过教育听过救国的话的执照"，在家中又是父亲"将来爹爹全指你顶门立户"的一种寄托。

在第三则小杂感"Supply and demand"中，处于青春期的曹禺，针对包括自己的女同学在内的新潮女性，在婚姻市场的供应(supply)与需求

(demand)关系中的激烈竞争,进行了充满男权意识的道德谴责:“有志的女士们,鉴于旧女子的糊涂,力求平等,解放,入学校,读洋书,做女留学生,达到竞争不失败的目标而为所崇拜人物的太太。于是在富而美的丈夫面前获得自由,平等和解放。啊,万能的女校,祝这里面的学生女权发达。”

也正是在1927年4月18日前后,曹禺的母亲薛咏南的义女、正在北京女子大学读书的王右家,突然离开家庭私自前往美国留学。到了1936年前后,正在与罗隆基有声有色地演绎惊世骇俗的婚外情爱的王右家,更被曹禺当作陈白露的原型写进了《日出》。

六　一网打尽的天谴诅咒

继《杂感》之后,曹禺又接连在《南中周刊》发表杂文《偶像孔子(闲说)》和《中国人,你听着!》。在《偶像孔子(闲说)》中,曹禺“闲说”的对象,竟然是他自己的把孔子当作崇拜偶像的启蒙恩师刘其珂。

对于曹禺早年的启蒙教育,万德尊是不惜血本的。当时的天津因带有浓厚的殖民地色彩,而有“东方小巴黎”的美誉。这里既有旧私塾又有洋学堂,万德尊对于两者都不满意,便把自己中过秀才的外甥也就是曹禺的姑表兄刘其珂,专门从湖北家乡请到天津充当家庭教师。八九年之后,也就是以毛泽东、朱德、贺龙等人为首的共产党人,在江西、湖南、湖北等地发动起义的1927年,回到家乡的刘其珂不能忍受当地农民的起义暴动,不得不再次来到天津,在大街上遇到了自己早年的弟子曹禺。刘其珂面对曹禺诉说道:

> 现在闹得乌烟瘴气,家居三日,气得不能出门一步。女娃子剪头发满街跑不必讲,老太太们也扯着旗子同他们一齐闹街。你想老人家也那样禽兽,我还卖什么老骨头,我家的麒儿每天不在家,你的师母也迫我入什么党。哎,仁弟,一家全要成禽兽,我怎不伤心!——我们诗

书子弟，总得顾全祖宗和体面，于是我一人偷偷地跑到文庙里……哎！禽兽之邦，我岂能久留呢！于是一气跑到这里来！

接下来，“老先生一句话不说，突而沉沉地哼起《桃花扇》中的《哀江南》，宛似亡国的旧鬼”。中学生曹禺看在眼里、记在心头，随后便把启蒙恩师刘其珂作为口诛笔伐、天谴诅咒的对象，写进了《偶像孔子(闲说)》：

我一人在路上这样想。因为孔家的《孟子》、《论语》是科举时代的寒士们的饭碗。都通了，便不愁帝国的脚下没有一块骨头啃，同时帝国也因为他们能够 appreciate(欣赏)那种曲解的偏颇的忠孝，一发巩固这父传子授的特权，而不惜以种种的荣利蛊惑之……谁知天皇不佑，遇见一种革命的亡八兔子贼，造反不已，复起革命，革人的命也罢了，还要革圣人的命，以至于乾坤倒持天地郁塞，革命之声未止，夫子之希望已绝，此先生所以叩天叹息之基者也。

《中国人，你听着！》发表在《南中周刊》1927 年 10 月 10 日的双十国庆专号。以爱国自居的曹禺，在这篇杂文中干脆抢占了中国传统神道文化“存天理，灭人欲”的道德制高点，理直气壮地针对所有“中国人”发出一网打尽的天谴诅咒：

假如你是个人，你是个中国人的话(我要再抓一把斧子来劈你这贱种！)你将知“双十”不仅听几声爆竹，吃一顿肥肉就了事，你将知“双十”写在任何纸上，都隐有血丝，你自命为国民，何尝有一丝创国的勇气，你们只会退缩、固执，见小利即像蝇逐矢，狗逐臭，抢去卖功，危急在前，鼠一般地脱逃。事过，笑当事者的错误，指摘寻隙，又如鬼祟之唧唧。你们何曾对得起“双十”，你们哪有这两个字的精神！你们笑光明磊者为傻子，你们自己却真是稀有的白痴。——啊，却是你也来庆祝“双十”,你也自命为中国人,你也在今日欢呼!啊,中国人,我为汝羞,我真不佩服你!

1928年7月,胡适发表在《新月》1卷5号的《名教》一文,所批评的恰好是曹禺这种为中国传统的儒家礼教和巫术名教所固有、所惯用的既名正言顺又理直气壮的“存天理,灭人欲”式的天谴诅咒:

现在大多数喊口号,贴标语的,也不外这两种理由:一是心理上的过瘾,一是无意义的盲从。少年人抱着一腔热沸的血,无处发泄,只好在墙上大书“打倒卖国贼”,或“打倒日本帝国主义”。写完之后,那二尺见方的大字,那颜鲁公的书法,个个挺出来,好生威武,他自己看着,血也不沸了,气也稍稍平了,心里觉得舒服的多,可以坦然回去休息了。于是他的一腔义愤,不曾收敛回去,在他的行为上与人格上发生有益的影响,却轻轻地发泄在墙头的标语上面了。这样的发泄感情,比什么都容易,既痛快,又有面子,谁不爱做呢?一回生,二回熟,便成了惯例了,于是“五一”“五三”“五四”“五七”“五九”“六三”……都照样做去:放一天假,开个纪念会,贴无数标语,喊几句口号,就算做了纪念了!于是月月有纪念,周周做纪念周,墙上处处是标语,人人嘴上有的是口号。于是老祖宗几千年相传的“名教”之道遂大行于今日,而中国遂成了一个“名教”的国家。

应该说,在骂人有理的郁达夫等文坛先驱以及整个白话文运动的直接影响之下,中学时代的曹禺,接触到了传统文化与时代精神的诸多方面。他在《偶像孔子(闲说)》中,既对固守孔子偶像的启蒙恩师刘其珂加以天谴诅咒,又自相矛盾地对新儒家代表人物梁漱溟的孔子观表示认同——“翻开东西文化及其哲学,在梁漱溟氏的眼里,孔子不至是哲学家,教育家,抑复为对生这个字而有充分了解的唯心者……纯粹阐明生的意义的伟人”——这一切所折射出的，恰恰是中国传统神道文化在读书人身上既根深蒂固又与时俱进的精神影响力。到了《〈雷雨〉序》中，曹禺便把自己从事剧本创作的原动力和内驱力，形象地概括为集动物本能的野性蛮力和宗教精神的神性魔力于一身的“原始的情绪”和“蛮性的遗留”。

七　清华园内的演剧与情爱

1929 年阴历除夕，曹禺陪同父亲万德尊外出洗澡理发，万德尊忽然觉得头痛，赶回家里想抽几口鸦片以消灾祛病，没有想到刚拿起烟枪就中风而亡。时年 44 岁。此时的曹禺已经是南开大学政治系的一名学子。他既不喜欢政治系的枯燥课程，也不满足南开大学的思想保守，张彭春的再度出国更使他倍感寂寞。1930 年暑假，曹禺在继母支持下到北京考取清华大学西洋文学系二年级的插班生。与他同时被录取的还有其他几名南开同学，孙毓棠进的是历史系。

据曹禺晚年的回忆，他对于清华大学最高层次的向往，就是这所留美预备学校所特有的欧美自由主义的思想传统：“清华非常之自由，和南开不一样，南开统治很严……我很不喜欢天津，不喜欢南开大学，南开的生活循规蹈矩，张伯苓每周训话都是‘公’与‘能’，不如清华那么自由……张伯苓并不文明，常骂：‘你这个浑小子过来，我要揍你！’这就是天津卫那股劲儿，爽快。天津人直快热心，但有时很‘狗食’，我不喜欢这个地方。清华是自由主义，上课不点名，我很少听课，到图书馆去看书。”①

清华大学刚刚离职的文学院长兼国文系主任杨振声，是一位学贯中西的小说家和戏剧爱好者。西洋文学系主任王文显，更是一位专门用英文写作的著名戏剧家。在这些前辈大师的影响下，清华图书馆购置了大量中外戏剧书刊，埃斯库罗斯、索福克勒斯、欧里庇得斯的古希腊悲剧，连同莎士

---

① 《苦闷的灵魂——曹禺访谈录》，第 151 页。

比亚、易卜生、奥尼尔、契诃夫的近现代经典剧目，给曹禺打开了一扇扇的艺术门径，使他看到了人类戏剧的别有洞天。

与南开一样，清华大学也有自己的演剧传统。南开时期已经训练有素的曹禺，开始尝试性地自编自导自演。1931 年，由曹禺执导并且扮演女主角的《娜拉》，在清华大礼堂演出并引起轰动，曹禺因此赢得“小宝贝”的昵称。当时还在贝满高中读书的郑秀，因为看戏认识了曹禺。

1932 年冬天，曹禺开始改译并执导高尔斯华绥的三幕剧《罪》，又名《最前的与最后的》，由早他一年考入清华的南开老同学孙浩然担任美术设计，孙毓棠扮演男主人公吉斯，曹禺自己扮演吉斯的弟弟拉里。在曹禺的请求下，拉里的情人由孙浩然出面邀请刚刚考入清华大学法律系的郑秀扮演。

1933 年 1 月 1 日，日本侵略军悍然出兵山海关，驻守热河省的张学良东北军不战自退，日军得以长驱直入，于 3 月 4 日占领省城承德。接着又分兵数路，攻向长城东部各主要关口，进逼平津。危急关头，国民政府从南方抽调中央军第十七军北上，先头部队第二十五师于 3 月 4 日凌晨 4 时赶到古北口，与日军主力第八师团全部及骑兵第三旅展开决战。日军虽然经过三天的苦战攻克了古北口，却为此付出伤亡 2 000 余人的代价，从此再也不敢轻敌冒进。二十五师也为此付出师长关麟徵重伤、4 000 余人伤亡的惨重代价。当时，曹禺与一些同学好友一起慰劳过从古北口前线撤退下来的受伤士兵。

● 1936 年郑秀毕业照

1933 年 5 月清华大学校庆之际，《罪》在清华园连演七八场。随着该剧的排演与演出，在舞台上假扮恋人的曹禺与郑秀，开始在现实生活中展开情爱追逐。痴情的曹禺在遭到拒绝后，整夜守候在女生宿舍古月堂下。当郑秀终于答应陪他出去散步时，曹禺竟然如痴如醉，连近视眼镜丢在树林子里都不知道。与郑秀如痴如醉的热恋，直接点燃了曹禺的创作激情，助推了《雷雨》一剧的问世。

八 《雷雨》的横空出世

由于北平正笼罩在战争阴云之下，清华大学决定免除期终考试，以全年平均分数评定成绩，于6月初提前放暑假。在大部分同学离开校园放假回家期间，应届毕业后留在清华攻读研究生的曹禺，却在郑秀的陪伴下经受着炎热的天气与炽热的情爱的双重煎熬，坚持完成了从南开中学时期就开始构思酝酿的四幕剧《雷雨》。1933年的盛夏，当这部既集中国传统文化之大成又标志着中国现代话剧之成熟的经典巨著横空出世的时候，剧作者曹禺只有23岁。

前面已经谈到过，按照郑秀和孙毓棠的说法，《雷雨》中的周冲就是曹禺自己，四凤就是作为曹禺初恋对象的女仆"梅姑娘"。而在事实上，出现在曹禺笔下的人物，几乎无一例外地带着或正面或负面、或浅显或深致、或理想或写实的自传性色彩。《雷雨》中那个与曹禺一样经常去外国教堂的周萍，对于蘩漪的又爱又恨又怯又怜的复杂情感，就透露着曹禺与郑秀之间爱恨交加的蛛丝马迹：

> 他要把自己拯救起来，他需要新的力，无论是什么，只要能帮助他，把他由冲突的苦海中救出来，他愿意找。他见着四凤，当时就觉得她新鲜，她的"活"！他发现他最需要的那一点东西，是充满地流动着在四凤的身里。她有"青春"，有"美"，有充溢着的血，固然他也看到她是粗，但是他直觉到这才是他要的，渐渐地他厌恶一切忧郁过分的女人，忧郁已经蚀尽了他的心；他也恨一切经些教育陶冶的女人（因为

她们会提醒他的缺点),同一切细致的情绪,他觉得腻!

大家闺秀出身又专攻法律的郑秀,理想中的白马王子是理工科英俊潇洒的男生。曹禺不仅是学文科的,个头也太矮,身材还没有穿高跟鞋的郑秀高,完全不是郑秀的理想人选。然而,作为一名少不更事的纯情女子,郑秀无论如何也招架不住与自己笔下的诸多戏剧人物一样拥有神秘莫测的"原始的情绪"和"蛮性的遗留"的曹禺的穷追不舍。少男少女的男女情爱总是在爱恨交加、冷热交错中轮回反复的;曹禺与郑秀的浪漫情爱,更是少不了时而山穷水尽、时而柳暗花明的大起大落、大喜大悲。作为见证人,清华学长李健吾 1939 年 3 月 22 日发表在《文汇报》"世纪风"副刊的《时当二三月》,活现出了 1933 年春天的曹禺与郑秀,在清华园中的热烈情恋:"想想家宝那副做爱的可怜相——朋友都为他担心,然而,滚你们的!他幸福了,有情人成了眷属,如今添了一位千金。"

与李健吾的这段文字相印证,《雷雨》中的周冲为初恋情人四凤所描绘的,分明是阳光天堂般神圣美好的情爱神曲:"在一个冬天的早晨,非常明亮的天空……在无边的海上……有一条轻得像海燕似的小帆船,在海风吹得紧,海上的空气闻得出有点腥,有点咸的时候,白色的帆张得满满地,像一只鹰的翅膀斜贴在海面上飞,飞,向着天边飞。那时天边上只淡淡地浮着两三片白云,我们坐在船头,望着前面,前面就是我们的世界。"

《日出》中的陈白露,对于自己与诗人前夫之间阳光天堂般的美好婚恋,另有充满诗情画意的旧事重提:"我爱他!他叫我离开这儿跟他结婚,我就离开这儿跟他结婚。他要我到乡下去,我就陪他到乡下去。他说'你应该生个小孩!'我就为他生个小孩。结婚以后几个月,我们过的是天堂似的日子。他最喜欢看日出,每天早上他一天亮就爬起来,叫我陪他看太阳。他真像个小孩子,那么天真!那么高兴!有时候乐得在我面前直翻跟头……"

与李健吾所说"家宝那副做爱的可怜相"最为合拍的,是曹禺改编自巴金同名小说的话剧剧本《家》中,既偷偷摸摸又神神秘秘地向二哥觉民泄露情爱秘密的高觉慧："（眼里浮出快乐的光彩，低声，感动得颤抖地）我爱了一个人。""（喜悦地）回头我告诉你！（仿佛忽然来了灵感）你知道么？泥土里生米，水底下出珍珠，沙漠里埋黄金，（忘却一切）天哪，这都是造物的恩惠呀！"

九 《雷雨》的发表和出版

两年前，北平立达书局约请曹禺的南开校友、本名章方叙的靳以负责编辑的大型文学刊物《文学季刊》，在北海公园东侧的三座门大街 14 号正式创刊。靳以认为自己的资望不足以担此重托，于是转请在上海与傅东华合办《文学》杂志的燕京大学教授郑振铎出面筹划，同时约请冰心、巴金、李健吾、李长之、杨丙辰等人参与编务。

由于与靳以之间的同学关系，曹禺把《雷雨》及时交到靳以和巴金的手中，并在巴金的推荐下得以在《文学季刊》正式发表。关于此事，巴金在《〈蜕变〉后记》中回忆说："我感动地一口气读完它，而且为它掉了泪。不错，我落了泪，但是流泪以后我却感到一阵舒畅，同时我觉得有一种渴望，一种力量在我身内产生了。我想做一件事，一件帮助别人的事情，我想找个机会不自私地献出我的微少的努力。"

1934 年 7 月 1 日，《文学季刊》1 卷 3 期在剧本栏中同时发表了三部剧作。第一部是李健吾的《这不过是春天》，第二部是曹禺的《雷雨》，第三部是顾青海的《香妃》。对于这样的排序，李健吾在《时当二三月》中先谈到靳以："我不想埋怨靳以，他和家宝的交情更深，自然表示也就淡。做一个好编辑最怕有人说他徇私。所以，我原谅他。"

接下来，李健吾笔锋一转，把一腔怨气撒在巴金身上："从《这不是春天》起，几乎没有一出不是他逼我的，从我案头抄去的。他的理由是'我爱家宝的戏，也爱你的戏，我都想要。'他不写戏，至少不私下写戏，像家宝那样信口所之，兜起我的疑心。巴金是一个不追女人的男人……说话会可靠的,一个闹恋爱的人一定在朋友面前扯谎。巴金不然,他始终过着流浪的生活,没有比他来去自由的人了,没有比他诚挚的人了(看看他一部又一部的巨著),所以我相信他。也就是这种信心叫我上当,一再给他写戏。晓得自己不成器,单只贪图二三知己的赏爱,我便马不停蹄地赶着。我制作的时间从来不长。《这不过是春天》,破费了我六天的时间。"

在此之前,李健吾已经发表了两部相当成熟的三幕剧《村长之家》和《梁允达》,对于这两部剧作的分量,曹禺自然是心中有数。在《文学季刊》1 卷 3 期还没有出版之前,李健吾与曹禺在编辑部不期而遇,曹禺颤动着小嘴,评评这个人,论论那个人,最后把李健吾推举到第一的位置:"老哥,不是我恭维你,当今写戏的,在中国还要数你。"

李健吾听了别人的恭维,心中自然得意。不过,得意之余,他却多了一个心眼儿。过后他找靳以问起曹禺的剧本,靳以说就在自己的抽屉里,只是曹禺还没有决心发表,打算先给大家看看再作决定。巴金和靳以看过之后大为感动,同时觉得还有些小毛病需要修改。末了,靳以对李健吾说:"你先拿去看看。"李健吾的回答是:"不,不登出来我不看。"

《雷雨》发表之后,短时期内并没有在国内引起太大反响,不断被人演出谈论的,反而是李健吾稍嫌单薄的三幕剧《这不过是春天》。这是一部颇为精致的轻喜剧,恰好适合在校学生在盛行一时的爱美剧(Amateur)运动中从事业余性质的校园演出。

1935 年 4 月 27、28、29 三日,由中国留日学生以中华话剧同好会的名义在东京神田一桥讲堂举行的《雷雨》演出,以墙外开花墙内香的特殊形式引起国人的高度重视。1936 年 1 月,《雷雨》作为巴金主编的《文学丛刊》第一集、《曹禺戏剧集》第一种,由上海文化生活出版社出版。曹禺在《〈雷雨〉序》中,专门提到了郑秀的贡献:"不过这个本头已和原来的不同,许多小地方都有些改动,这些地方我应该感谢颖如,和我的友人巴金(谢谢他的友情,他在病中还替我细心校对和改正),孝曾,靳以,他们督催着我,鼓励着我,使《雷雨》才有现在的模样。"郑颖如是郑秀在清华大学注册登记的正式姓名。

与此同时，曹禺通过巴金专门为郑秀印制了一册精装本，封面上镌刻着他亲笔题写的烫金题词："给颖如——家宝。"

第二章 “绝子绝孙”的《雷雨》*

四幕悲剧《雷雨》，是曹禺创作的第一部现代戏剧作品，也是中国戏剧史上标志着现代话剧走向成熟的经典巨著。关于该剧神秘混沌的思想内涵，可以套用莎士比亚研究中关于哈姆雷特的一句老话来加以形容：有多少个读者观众，就会有多少种各不相同的解读感悟。尽管如此，贯穿全剧的核心密码只有一个，就是由替天行道的鲁大海所发布的“绝子绝孙”的天谴罚罪。剧中所有人物的故事情节和前途命运，冥冥之中都是围绕着这个核心密码逐步展开的。

一 原始情绪中的文化密码

古希腊悲剧作家索福克勒斯的经典悲剧《俄狄浦斯王》（*Oedipus Tyrannus*），取材于希腊神话传说中俄狄浦斯杀父娶母的故事。拉伊奥斯年轻时曾经劫走国王佩洛普斯的儿子克律西波斯，因此遭到来自天神的天谴诅咒。他的儿子出生时，神谕显示他会被自己的儿子所杀。为了逃避被儿子所杀的命运，拉伊奥斯刺穿新生婴儿的脚踝，把他丢弃在山野中等死。

---

* 本章初稿曾以《〈雷雨〉：神道设教的宗教悲剧》为标题，发表于中国艺术研究《艺术学教育与科研》1999 年第 1 期。另有部分内容以《百年曹禺：天堂天谴的文化密码》为标题，发表于《民族艺术》2010 年第 4 期。

奉命执行的牧羊人心生怜悯，偷偷将婴儿转送给邻国科林斯的国王波吕波斯充当养子，这个婴儿被养父取名为俄狄浦斯。俄狄浦斯长大后，从神谕得知自己将会杀父娶母。为了逃避杀父娶母的命运，他只好选择离开科林斯自我流放。有一天，他来到忒拜的一个岔路口，在与一群陌生人的冲突中失手杀死并不相识的亲生父亲、忒拜国王拉伊奥斯。接下来，他因为帮助忒拜人除掉危害民众的狮身人面怪兽斯芬克司，而被拥戴为国王，并且在不知情的情况下，娶国王的遗孀也就是自己的生身母亲约卡斯塔为妻。在与自己的母亲共同生育二男二女之后，俄狄浦斯才得知自己犯下了杀父娶母的乱伦大罪。母亲约卡斯塔羞愧自杀，悲愤不已的俄狄浦斯也刺瞎双眼，再一次选择自我流放。

弗洛伊德的精神分析学说，把人类一切创造性活动都归根结蒂于遭受压抑的性本能或性力，尤其是潜意识中的恋母憎父的俄狄浦斯情结，甚至于提出"宗教、道德、社会和艺术之起源都系于俄狄浦斯情结上"①的极端命题。他的这种学说虽然有简单化、绝对化的嫌疑，潜意识或集体无意识中诸如恋母憎父、兄妹相恋、乱伦群婚之类的性爱情结，在艺术创造中所发挥的最为内在的驱动力量，却是不容置疑的。作为中国戏剧史上最具艺术创造力的影剧大师，曹禺所有的影剧作品都直接根源于他在《〈雷雨〉序》中所介绍的"原始的情绪"和"蛮性的遗留"。

在《〈雷雨〉序》中，曹禺鉴于诸多演出者和评论者认为《雷雨》是社会问题剧或政治宣传剧的严重误读，采用"原始的情绪"的概念回应说："累次有人问我《雷雨》是怎样写的，或者《雷雨》是为什么写的这一类的问题。老实说，关于第一个，连我自己也莫名其妙；第二个呢，有些人已经替我下了注释，这些注释有的我可以追认——譬如'暴露大家庭的罪恶'——但是很奇怪，现在回忆起三年前提笔的光景，我以为我不应该用欺骗来炫耀自己的见地，我并没有显明地意识着我要匡正讽刺或攻击些什么。也许写

① 弗洛伊德：《图腾与禁忌》，中国民间文艺出版社，1986年，第92页。

到末了,隐隐仿佛有一种情感的汹涌的流来推动我,我在发泄着被抑压的愤懑,毁谤着中国的家庭和社会。然而在起首,我初次有了《雷雨》一个模糊的影像的时候,逗起我的兴趣的,只是一两段情节,几个人物,一种复杂而又原始的情绪。”①

接下来,曹禺对于连他自己都莫名其妙的“原始的情绪”,进行了多侧面多角度的阐述解释。

其一,作为创作《雷雨》一剧的原动力和内驱力,这种“复杂而又原始的情绪”,得之于“原始的祖先们”的神道信仰,或者说是宗教迷信:

> 《雷雨》可以说是我的“蛮性的遗留”,我如原始的祖先们对那些不可理解的现象睁大了惊奇的眼。我不能断定《雷雨》的推动是由于神鬼,起于命运或源于哪种显明的力量。情感上《雷雨》所象征的对我是一种神秘的吸引,一种抓牢我心灵的魔。《雷雨》所显示的,并不是因果,并不是报应,而是我所觉得的天地间的“残忍”,(这种自然的“冷酷”,四凤与周冲的遭际最足以代表,他们的死亡,自己并无过咎。)如若读者肯细心体会这番心意,这篇戏虽然有时为几段较紧张的场面或一两个性格吸引了注意,但连绵不断地、若有若无地闪示这一点隐秘——这种种宇宙里斗争的“残忍”和“冷酷”。在这斗争的背后或有一个主宰来管辖。这主宰,希伯来的先知们赞它为“上帝”,希腊的戏剧家们称它为“命运”,近代的人撇弃了这些迷离恍惚的观念,直截了当地叫它为“自然的法则”。而我始终不能给它以适当的命名,也没有能力来形容它的真实相。因为它太大、太复杂。我的情感强要我表现的,只是对宇宙这一方面的憧憬。

① 本书所依据的《〈雷雨〉序》及《雷雨》剧本,是田本相编《曹禺文集》第1卷收录的上海文化生活出版社1936年1月出版的版本。见《曹禺文集》第1卷,中国戏剧出版社,1988年。

荣格在《集体无意识和原型》一文中介绍说："一个民族的神话集是这个民族的活的宗教……宗教是联系心理活动过程的一个重要环节，这个过程是处在心灵的深邃幽暗之处，既独立于意识，又超越意识。"[①]《雷雨》中的"复杂而又原始的情绪"正是如此，它直接根源于曹禺童年时代所听到的流传于民间社会的神话传说和鬼怪故事："《雷雨》是一种情感的憧憬，一种无名的恐惧的表征。这种憧憬的吸引恰如童稚时谛听脸上划着经历的皱纹的父老们，在森森的夜半，津津地述说坟头鬼火、野庙僵尸的故事。皮肤起了恐惧的寒栗，墙角似乎晃着摇摇的鬼影。然而奇怪，这'怕'本身就是个诱惑。我挪近身躯，咽着兴味的口沫，心惧怕地忐忑着，却一把提着那干枯的手，央求：'再来一个，再来一个！'"

其二，《雷雨》中"复杂而又原始的情绪"，包含着以神道设教、替天行道的宗教先知加抒情诗人自居的曹禺，对于即将遭受天诛地灭、天谴罚罪却又盲目无知、洋洋自得的"人类"，所表现出的一种"如神仙，如佛，如先知"般"升到上帝的座"的"悲悯的心情"：

> 写《雷雨》是一种情感的迫切的需要。我念起人类是怎样可怜的动物，带着踌躇满志的心情，仿佛是自己来主宰自己的命运，而时常不是自己来主宰着。受着自己——情感的或者理解的——捉弄，一种不可知的力量的——机遇的，或者环境的——捉弄；生活在狭的笼里而洋洋地骄傲着，以为是徜徉在自由的天地里，称为万物之灵的人物不是做着最愚蠢的事么？我用一种悲悯的心情来写剧中人物的争执。我诚恳地祈望着看戏的人们也以一种悲悯的眼来俯视这群地上的人们。所以我最推崇我的观众，我视他们，如神仙，如佛，如先知，我献给他们以未来先知的神奇……我是个贫穷的主人，但我请了看戏的宾客

① 荣格：《集体无意识和原型》，引自《西方二十世纪文论选》第一卷，胡经之、张首映主编，中国社会科学出版社，1989年，第301页。

升到上帝的座,来怜悯地俯视着这堆在下面蠕动的生物。

曹禺为自己设定的神道设教、替天行道的宗教先知加抒情诗人的特权身份,其实就是荀子在《礼论篇》中所说的“礼有三本:天地者,生之本也;先祖者,类之本也;君师者,治之本也”的“君师”身份。在曹禺看来,几乎所有的个人,都是不能够独立自主地掌握自己前途命运的被奴役、被主宰、被操纵、被天谴、被罚罪的“鬼”、“傀儡”和“可怜的动物”;几乎所有的个人以及包括家庭、学校、企业、社团、党派、民族、政府、国家在内的人造集体,都是他或实施天诛地灭的天谴诅咒,或实施阳光天堂的超度礼赞的目标对象。

其三,《雷雨》中“复杂而又原始的情绪”,是曹禺那份“性情中郁热的氛围”与烦躁郁热的自然环境天人合一、天人感应的结果:“与这样原始或者野蛮的情绪俱来的还有其他的方面,那便是我性情中郁热的氛围。夏天是个烦躁多事的季节,苦热会逼走人的理智。在夏天,炎热高高升起,天空郁结成一块烧红了的铁,人们时常不由己地,更归回原始的野蛮的路,流着血,不是恨便是爱,不是爱便是恨,一切都走向极端,要如电如雷地轰轰地烧一场,中间不容易有一条折衷的路。代表这样的性格是周蘩漪,是鲁大海,甚至于周萍……”

其四,作为创作《雷雨》一剧的集动物本能的野性蛮力和宗教精神的神性魔力于一身的原动力和内驱力,“原始的情绪”和“蛮性的遗留”与曹禺潜意识中根深蒂固的恋母憎父的“俄狄浦斯情结”密切相关。作为该剧核心密码的“绝子绝孙”的大结局,所要打击的首选目标,就是一心要保家卫道的周朴园。周朴园的三个儿子周萍、鲁大海、周冲,无一不是曹禺化解不开的恋母憎父情结的化身。“绝子绝孙”的天谴诅咒,正是出自周朴园并不相认的亲生儿子鲁大海之口。大儿子周萍在引咎自裁前,另有对于周朴园的血泪控诉:“爸,你不该生我!”周冲神往于天边外的阳光天堂般的“真世界”的直接原因,是父亲周朴园在“喝药”一场戏中,针对母亲周蘩漪的精神强暴。用周冲的话说,“我恨这不平等的社会,我恨只讲强权的人,我讨厌我的父亲，我们都是被压迫的人，我们都一样。”

曹禺在《〈雷雨〉序》中，还把周冲之死归根结蒂于俄狄浦斯式的恋母憎父情结的彻底破灭：“待到连母亲——那是十七岁的孩子的梦里幻化得最聪慧而慈祥的母亲，也这样丑恶地为着情爱痉挛地喊叫，他才彻头彻尾地感觉到现实的粗恶。他不能再活下去，他被人攻下了最后的堡垒，青春期的儿子对母亲的那一点憧憬。他于是整个死了他生活最宝贵的部分——那情感的激荡。以后那偶然的或者残酷的肉体的死亡对他算不得痛苦，也许反是最适当的了结。”

在发表于1981年《人生》创刊号的《从“关关雎鸠”想起的》一文中，晚年曹禺对于自己童年时代根深蒂固的恋母憎父的俄狄浦斯情结另有回忆：“我小时候，老师教《诗经》，并不从‘关关雎鸠，在河之洲。窈窕淑女，君子好逑’这首诗启蒙。我的老师十分得意，挑选‘父兮生我，母兮育我……’那篇开讲。这大得我父亲的欢心，到处赞扬教师得‘天地之心’。似乎世界都从‘父母之恩’发展出来。男女总要结为‘父母’，这样造成人类的历史。因此，我幼时的生育知识第一课，是从《诗经》明了的。后来又是‘多福、多寿、多男子’，许多的祝辞，以及孟子讲的‘不孝有三，无后为大’种种，滔滔不绝地灌输。于是骂人也从‘断子绝孙’骂起。颂老人，‘子孙满堂’；祝新婚，‘早生贵子’。叨叨了下上古今几千年，延续到今天，我们就成为拥有十亿人口的泱泱大国。”

晚年曹禺在与田本相谈话中，依然在回忆孩童时代的一天：父亲万德尊脸色阴冷地从外面回来，他“怯怯地喊道‘阿爹、阿爹’”迎了上去，父亲先是没好气地让他背诗，接着便是重重的一记耳光：“我的父亲是一个喜怒无常的人……这一巴掌给我的印象太深刻了。父亲这个人真使我想来可恨，这就使我联想起《朝花夕拾》中，鲁迅写的《我的父亲》中的扼杀儿童的情景。”①

其五，以神道设教、替天行道的宗教先知加抒情诗人自居的曹禺，还以

① 田本相、刘一军编著：《苦闷的灵魂——曹禺访谈录》，江苏教育出版社，2001年，第81页。

形而上的诗意眼光，看到了“原始的情绪”和“蛮性的遗留”中阳光天堂般神圣美好的另一面：“我爱着《雷雨》如欢喜在融冰后的春天，看一个活泼泼的孩子在日光下跳跃，或如在粼粼的野塘边偶然听得一声青蛙那样的欣悦……我对《雷雨》的了解只是有如母亲抚慰自己的婴儿那样单纯的喜悦，感到的是一团原始的生命之感。”

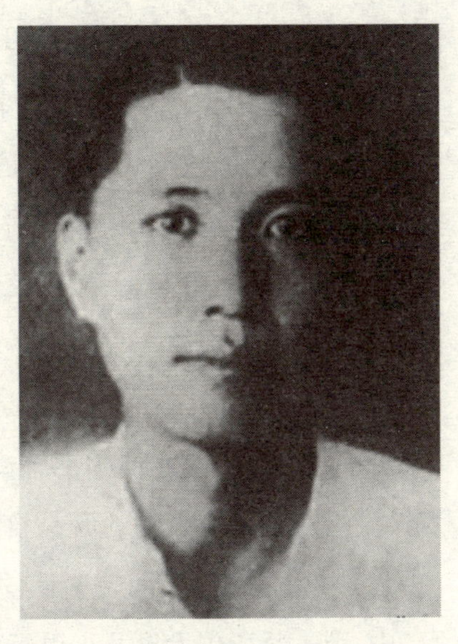
● 1930年代创作《雷雨》时的曹禺

在谈到该剧的“序幕”和“尾声”时，曹禺在《〈雷雨〉序》中进一步解释说：“《雷雨》诚如有一位朋友说，有些太紧张（这并不是句恭维的话），而我想以第四幕为最。我不愿这样戛然而止。我要流荡在人们中间还有诗样的情怀……我把《雷雨》做一篇诗看，一部故事读，用‘序幕’和‘尾声’把一件错综复杂的罪恶推到时间上非常辽远的处所。因为事理变动太吓人，里面那些隐秘不可知的东西对于现在一般聪明的观众情感上也仿佛不易明了，我乃罩上一层纱。那‘序幕’和‘尾声’的纱幕便给了所谓的‘欣赏的距离’。这样，看戏的人们可以处在适中的地位来看戏，而不至于使情感或者理解受了惊吓。”

按照荣格的说法，“（原型模式）是一种很奇怪的东西，它的存在，派生于人的精神的深处——它使人联想到把我们和史前时代分隔开来的时间鸿沟，或者唤来一个将光明与黑暗作对比的超人世界。这是一种超越人类理解力之上的原始经验……它把罩在画着秩序井然的世界的图画之上的帷幕从头到底撕裂了开来，并允许对尚未生成的事物这一深邃莫测的地狱略作一瞥。这是否就是其他世界的幻象，或者是精神上蒙昧的幻象，或者是关于史前时代的事物之始的幻象，或者是关于尚未诞生的一代又一代人的幻象？我们很难说其中任何一种是的，也很难说上述的全都不是。”①曹禺所说的“原始的情绪”和“蛮性的遗留”，一方面是出于对于荣格的“集体无意识”理论中的“原型模式”的学习借鉴，明显打上了欧美戏剧尤其是基督教文化的一些烙印；另一方面，也贯穿着中国传统神道文化中更加神秘混沌也更加根深蒂固的集体无意识。《雷雨》中的周朴园、鲁侍萍、周蘩漪、鲁四凤不断祈求的最高主宰，就是中国本土神道信仰中的“天”及其“天意”、“天命”。按照存活于中国民间社会的宗教观念，既是自然现象又是人格化的最高主宰的“天（老天爷）”并不是一个孤家寡人，在他手下有许多神仙鬼怪可供调遣驱使。《雷雨》中直接操纵八个出场人物的既是自然现象又是人格化的宗教神祇的“雷雨（雷公）”，就是中国民间普遍认同的一员替天行道的罚罪天神。到了《原野》中，因为杀死焦大星及小黑子而迷失于原野黑林子之中的仇虎及花金子，不仅于失魂落魄、神魂颠倒中采用了更加通俗也更加亲昵的称呼“老天爷”，而且直接遭到了与“天（老天爷）”相对应的俗称“阎王”的“黑脸的阎罗（地藏王）”替天行道、天谴罚罪的末日审判。

二 《雷雨》中“最‘雷雨’的性格”

《雷雨》是一部描写旧式家庭里面通奸乱伦的传奇故事的宿命悲剧。三十年前，周公馆的少爷周朴园与女仆梅侍萍未婚同居，先后生育了周萍、大海两个儿子。周公馆为了让周朴园与门当户对的一位小姐正式结婚，在除夕之夜驱逐了梅侍萍和刚刚三天的二儿子大海。侍萍母子投水获救后嫁给鲁贵，改姓为鲁的她又生育了女儿四凤。三十年后，鲁贵和四凤成为周公馆的仆人，鲁大海成为带领工人在周家煤矿罢工闹事的工人代表，周朴园的太太周蘩漪生育了“二少爷”周冲。在外地帮工的鲁侍萍来到周公

① 荣格：《心理学与文学》，伍蠡甫主编《西方古今文论选》，复旦大学出版社，1984 年，第 457 页。

馆寻找女儿时，竟然与周朴园意外重逢。剧中八个主要人物之间，因此形成或乱伦通奸或替天行道的复杂关系，冥冥之中等待着他们的，却是一场天诛地灭、绝子绝孙的天谴罚罪。

在《〈雷雨〉序》中，曹禺对于剧中八个主要人物有过这样的分析说明："夏天是个烦躁多事的季节，苦热会逼走人的理智……人们会时常不由己地，更归回原始的野蛮的路，流着血，不是恨便是爱，不是爱便是恨。一切都是走向极端；要如电如雷地轰轰地烧一场，中间不容易有一条折衷的路。代表这样的性格是周蘩漪，是鲁大海，甚至于周萍，而流于相反的性格，遇事希望着妥协，缓冲，敷衍便是周朴园，以至于鲁贵。但后者是前者的阴影，有了他们，前者才显得明亮。鲁妈、四凤、周冲是这明暗的间色，他们做成两个极端的阶梯。所以在《雷雨》的氛围里，周蘩漪最显得调和……她是一个最'雷雨的'（原是我的杜撰，因为一时找不到适当的形容词）性格，她的生命交织着最残酷的爱和最不忍的恨。她拥有行为上许多的矛盾，但没有一个矛盾不是极端的，'极端'和'矛盾'是《雷雨》蒸热的氛围里两种自然的基调，剧情的调整多半以它们为转移。"

把这段话说得直白一点，剧中的周蘩漪、鲁大海、周萍属于极端性格，也就是"交织着最残酷的爱和最不忍的恨"的"一切都走向极端"的"最'雷雨'的性格"。被置于对立面的周朴园、鲁贵，属于避免极端的妥协性格。鲁妈、四凤、周冲，是属于两个极端之间的中间性格。

到了《〈日出〉跋》中，曹禺又依据老子《道德经》中"损有余而补不足"的"天之道"与"损不足以奉有余"的"人之道"的神道格局，给出了另一种分析说明："《雷雨》里原有第九个角色，而且是最重要的，我没有写进去，那是就称为'雷雨'一名好汉。他几乎总是在场，他手下操纵其余八个傀儡……写《雷雨》，我不能如旧戏里用一个一手执铁钉，一手举着巨锤，青面红发的雷公，象征《雷雨》中渺茫不可知的神秘。那是技巧上的不允许。"①

① 《〈日出〉跋》，上海文化生活出版社出版《日出》单行本，1936年11月。

按照存活于中国民间社会的儒、释、道三教合流的宗教神道观念，《雷雨》中的“雷公”既是自然现象也是人格化的宗教神祇，一直充当着替天行道、天诛地灭的罚罪天神。在“最重要”的“雷公”之上，另有最最重要的既是自然现象又是人格化的最高主宰的“天（老天爷）”，最终决定着发生在天堂、地狱、人间三界之中一切的一切。《雷雨》中的所有人物，都是替天行道的“雷公”，依据至高无上的“天（老天爷）”的天命天意而加以主宰的人间“傀儡”。他们之间所存在的只是大同小异的量的差异而不是质的区别。借用恩格斯在《反杜林论》中的说法，他们同属于因“缺乏自我规定的意志”而“甘受奴役”的异化人物。①

三　周朴园的保家护种

周公馆是一个既通奸乱伦又谋财害命的人欲横流、罪孽滔天的宗法制男权家庭，性欲减退的周朴园，是这个家庭中主宰一切的男权主子、专制家长。他的头脑中所充斥的，是中国传统神道文化中以天神天命天意天理天道天堂为本体本位，以人身依附性质的天、地、君、亲、师的礼教纲常来捆绑限制所有个人的神道信仰体系和社会价值体系。其中既包括保护所有个人最为低等的动物性的生存权、生殖权的“人命关天关地”、“不孝有三，无后为大”的所谓仁爱，也包括根除消灭所有个人意思自治、独立自主的人身、情爱、财产、言论、信仰等自由权利的“存天理，灭人欲”的纲常伦理，尤其是通常所说的三纲（君为臣纲、父为子纲、夫为妻纲）、五常（仁、义、礼、智、信）、三从（未嫁从父、既嫁从夫、夫死从子）、四德（德、容、言、工）。

① 恩格斯《反杜林论》中的原话是：“甘受奴役的现象发生于整个中世纪，在德国直到三十年战争后还可以看到。普鲁式在1806年战败之后，废除了依附关系，同时还取消了慈悲的领主们照顾贫、病和衰老的依附农的义务，当时农民曾向国王请愿，请求让他们继续处于受奴役的地位——否则在他们遭受不幸的时候谁来照顾他们呢？……无论如何，我们必须认定，平等是有例外的。对于缺乏自我规定的意志来说，平等是无效的。”见《马克思恩格斯选集》第3卷，人民出版社，1972年，第138页。

正是因为有这一套中国传统的神道文化武装头脑，周朴园才会相信自己的家庭是一个“最圆满、最有秩序的家庭”，自己所教育的子弟是“健全的子弟”。为了保家护种，他不惜置妻子、儿子的情感于不顾，像替天行道的天神一样实施着“存天理，灭人欲”的天谴诛心之术：“（冷峻地）蘩漪，当了母亲的人，处处应当替孩子着想，就是自己不保重身体，也应该替孩子做个服从的榜样。”

为了逼迫周蘩漪喝下她深恶痛绝的苦药，周朴园先后命令四凤、周冲、周萍像“傀儡”一般依次上阵，充当天谴诛心的帮凶打手，直到周蘩漪面对与自己乱伦通奸的大少爷周萍而被迫屈服：“（望着萍，不等萍跪下，急促地）我喝，我现在喝！（拿，喝了两口，气得眼泪又涌出来，她望一望朴园的峻厉的眼和苦着的萍，咽下愤恨，一气喝下）哦……（哭着，由右边饭厅跑下）。”

周朴园在逼哭周蘩漪之后，又祭出据说是投水自尽的梅侍萍的阴间亡灵，对大少爷周萍实施新一轮的天谴诛心之术：“将近三十的人应当懂得‘自爱’——你还记得你的名字为什么叫萍吗？”“那我请你为你的生母，你把现在的行为完全改过来。”

在“喝药”这场戏中，周朴园是比照着在自己心目中早已被神圣美化的梅侍萍的形象，来强制周蘩漪“替孩子做个服从的榜样”的。令他料想不到的是，周蘩漪早已离经叛道，走上了与周萍乱伦通奸的人生歧路。三十年前投水自尽的梅侍萍，转眼之间却“活见鬼”般出现在他的面前。他与侍萍三十年前生育的第二个儿子，竟然就是带领工人罢工闹事的鲁大海。鲁侍萍以“天”和“不公平的命”的神圣名义，率先对周朴园表现天谴诅咒的怨恨之情。与周朴园并不相识的亲生儿子鲁大海，更是借着“两千二百个小工”的阴间亡灵的名义，用一句“姓周的，你发的是绝子绝孙的昧心财！”的天谴诅咒，彻底打破了周朴园的心理平衡。

当天深夜，大白天还在居高临下针对家人实施“存天理，灭人欲”的天谴诛心之术的周朴园，一旦置身于“雷雨（雷公）”的震慑之下，马上像软弱下来的鲁侍萍、周蘩漪一样低头认命、乞怜上苍。他先是耐不住寂寞，从心底里哀叹道："怎么这屋子一个人也没有？"接着便一反常态，主动招呼小儿子周冲陪自己说话："今日——呃，爸爸有一点觉得自己老了，你知道么？""你怕你爸爸有一天死了，没有人照拂你，你不怕么？"

再后来，周朴园在大儿子周萍面前敞开心扉，向至高无上的"天"哀哀乞怜道："（畏缩地）不，不，有些事简直是想不到的。天意很——有点古怪，今天一天叫我忽然悟到为人太——太冒险，太——太荒唐，（疲倦地）我累得很。（如释重负）今天大概是过去了。（自慰地）我想以后——不该，再有什么风波。（不寒而栗地）不，不该！"

有了这样的人生感悟，当鲁侍萍为寻找四凤而再一次来到周公馆时，周朴园才会认亲悔过。他认亲时所搬用的精神法宝，依然是强制蘩漪喝药、周萍悔过时所采用的"存天理，灭人欲"的纲常伦理："（尊重地）不要以为你跟四凤同母，觉得脸上不好看，你就忘了人伦天性。（沉重地）萍儿，你原谅我。我一生就做错了这一件事。我万没想到她还在，今天找到这儿。我想这只能说是天命。（向鲁妈叹口气）我老了，刚才我叫你走，我很后悔，我预备寄给你两万块钱。现在你既然来了，我想萍儿是个孝顺孩子，他会好好地侍奉你。我对不起你的地方，他会补上的。"

周朴园的低头认命和当众悔过，虽然表现出了痛改前非、重新做人的契机；只可惜为时已晚，一张针对周公馆连同依附于周公馆的鲁贵一家替天行道、天诛地灭的天罗地网，已经开始收网合围。因为遭受"绝子绝孙"的天谴罚罪而丧失几乎所有人生寄托的周朴园，只好由信仰中国传统神道文化的佛教徒和卫道士，演变成为在天主教堂的弥撒神曲中寻求精神解脱的天主教徒。

四　周蘩漪的乱伦通奸

被曹禺寄予最大份额的爱怜与同情的周蘩漪，是《雷雨》中"不是恨便是爱不是爱便是恨”的“一切都走向极端”的“最‘雷雨’的性格”。但是，她与周朴园的“遇事希望着妥协，缓冲，敷衍”之间，只存在量的差异而没有质的区别。他们都属于恩格斯《反杜林论》中所说的因“缺乏自我规定的意志”而“甘受奴役”的“傀儡”般的空洞人物；他们的共同之处就在于欺软怕硬的多重性格：既强暴又软弱；既高度女性化又极端男权化；得意亢奋时居高临下地针对别人实施“存天理，灭人欲”的天谴诅咒，失意落魄时在乞怜上苍和纠缠别人中祈求形而上的拯救与新生。

年老力衰的周朴园，已经较为彻底地消解了青春期的本能情欲，从而变成念经吃素、礼佛卫道、保家护种的男权主子和专制家长。而年富力强、多情多欲的周蘩漪，在周朴园身上所得到的不是情和欲、灵和肉的全面满足，反而是全身心的禁锢压抑。久而久之，便酿成了她“最‘雷雨’的性格”的情欲冲动和神奇魔力。在以周萍为情爱救星的情欲追逐不能如愿的情况下，她甚至幻化出一个仰之弥高、求之弥切的“新的世界”：“你欠了我一笔债，你对我负着责任，你不能看见了新的世界，就一个人跑。”

为了所谓的“新的世界”，或者说是为了在满足自己变态情欲的前提上获得拯救与新生，软弱下来的周蘩漪甚至不惜容忍一男二女的群婚生活：“（恳求地）不，不，你带我走，——带我离开这儿，（不顾一切地）日后，甚至于你要把四凤接来——一块儿住，我都可以，只要，只要（热烈地）只要你不离开我。”

对于被剧作者曹禺诅咒为“阉鸡似的男人”的周萍来说，周蘩漪奉之为情爱救星的引诱纠缠，本身就是一种诛灭人性的精神强暴：“（望着她，忍不住地狂喊出来）哦，我不要你这样对我笑！（更重）不要你这样对我笑！（苦恼地打着自己的头）哦，我恨我自己，我恨，我恨我为什么这样活着。”

以“最‘雷雨’的性格”追求变态情爱的周蘩漪，一旦亢奋起来就会像疯子一般肆无忌惮地走极端。至高无上的“天（老天爷）”连同替天行道的“雷雨（雷公）”，是她对周萍和四凤一次又一次实施天谴罚罪的神道筹码。

连亲生儿子周冲和合法丈夫周朴园，最后也被她拉出来充当破坏周萍与四凤的情爱关系的现实筹码。最具自相矛盾的讽刺意义的，是已经离经叛道的周蘩漪，用来败坏与自己一样追求“新的世界”的周萍和四凤的正当理由，恰恰是她已经背离的三纲五常、三从四德之类的纲常伦理：“你受过高等教育的人现在同这么一个底下人的女儿，这是一个下等女人。”

正是周蘩漪自相矛盾的报复行动，一步步地把周公馆连同鲁贵一家推向“绝子绝孙”的大结局。然而，在真相大白的紧要关口，周蘩漪并没有把离经叛道的变态情欲坚持到底，反而像周朴园一样在良心发现中幡然悔悟：“突然发现一个更悲惨的命运，逐渐地使她同情萍，她觉出自己方才的疯狂，这使她很快地恢复原来平常母亲的情感。她不自主地愧恨地望着自己的冲儿。”

与周朴园当众向鲁侍萍低头悔过相仿佛，周蘩漪对于鲁侍萍贤妻良母式的传统美德的精神回归，是在命运重锤狂暴打击下换来的一种灵魂救赎。但是，这种回归传统的道德觉悟为时已晚，在随之而来的一场天诛地灭的天谴罚罪中，周蘩漪只能与鲁侍萍一样，在精神倒悬、失魂落魄中彻底疯狂。

笔者如此解剖周蘩漪的性格内涵，并不是要抹杀她身上所具备的时代色彩。恰恰相反，一个被曹禺认定为“中国旧式女人”的周蘩漪，不再盲目顺从于传统神道文化中三从四德、男尊女卑的纲常伦理，甚至敢于当众呐喊出“现在我不是你的母亲。她是见着周萍又活了的女人，她也是要一个男人真爱她，要真真活着的女人”的情爱追求。在20世纪30年代的中国社会，这无论如何都是一种人性解放的时代强音。

五　鲁大海的天谴诅咒

在《雷雨》中的八个主要人物之间，存在着四组连环套式的或一男二女或二男一女的三角情恋。老一辈的周朴园与鲁侍萍、周繁漪是第一组；

周朴园与鲁侍萍、鲁贵是第二组;周繁漪与周萍、鲁四凤是第三组;周萍、鲁四凤、周冲是第四组。超然于这些乱伦通奸的三角情恋之外的,只有像石猴孙悟空那样阉割消解掉本能性欲的工人代表鲁大海。

第一幕中,鲁大海刚一上场就像鬼神附身的巫师神汉一般,对四凤预言着与他作为工人代表的职业身份毫不相干的天谴诅咒:“刚才我看见一个年轻人,在花园里躺着,脸色发白,闭着眼睛,像是要死的样子,听说这就是周家的大少爷,我们董事长的儿子。啊,报应,报应。”

《雷雨》中最不该被忽略却偏偏一直被人们忽略的关键细节,是鲁大海以中国民间宗教神道中阴魂不散的冤死者的名义,向他并不相识的亲生父亲周朴园发出的天谴诅咒:“哼,你的来历我都知道,你从前在哈尔滨包修江桥,故意在叫江堤出险——”“你故意淹死了两千二百个小工,每一个小工的生命你扣三百块钱!姓周的,你发的是绝子绝孙的昧心财!你现在还——”

这个直接从剧作者曹禺的“原始的情绪”和“蛮性的遗留”中孕育出来的“雷公”崽子般的怪汉子,最接近于曹禺在《〈雷雨〉序》中为自己设定的神道设教、替天行道的宗教先知加抒情诗人的特权身份。他以替天行道的临时过客和局外超人的眼光所发布的天诛地灭、绝子绝孙的天谴诅咒,直接启动了由至高无上的“天(老天爷)”连同替天行道的“雷雨(雷公)”,所主宰操纵的一场纲举目张、一网打尽的神圣罚罪——

纯美的四凤,因为母亲三十年前与周朴园犯下过未婚同居的通奸“原罪”,便被注定了重蹈覆辙的人生宿命,于不知不觉中与同母异父的兄长周萍偷情通奸,从而怀上周公馆第三代的子孙,最后在“绝子绝孙”的天谴罚罪中触电而死。

纯情的周冲,因为是既偷情通奸又谋财害命的周朴园的儿子,便于不知不觉中卷入新一轮的情欲追逐,从而被注定了追随四凤触电而亡的悲惨命运。

大少爷周萍由于约束不住自己的本能欲望,先后与继母周繁漪和异父同母的妹妹鲁四凤犯下乱伦通奸的双重罪恶，最后只好用开枪自杀的方式，把周公馆推向“绝子绝孙”的极端绝境。

经过“雷雨（雷公）”替天行道的天谴罚罪，罪孽滔天的周公馆存活下来的老一代的未亡人周朴园、周蘩漪、鲁侍萍，都因为“绝子绝孙”而丧失了人生寄托，只好在失魂落魄的精神倒悬中苟延残喘。寄生在周公馆里充当仆人的鲁贵，也因为周、鲁两家的“绝子绝孙”而丢掉饭碗以至于落魄而死。只有寡情无欲、替天行道的鲁大海，以外姓人的身份亡命天涯，曹禺还要在“尾声”中借着周朴园之口，暗示了他的不得好死、不能善终：“我怕，我怕他是死了。”“（摇头）我找了十年了，——没有一点影子。”

应该说，鲁大海的可爱之处，并不在于他巫师神汉般、雷公崽子般替天行道的神圣光环，而在于他身上仅有的一点既脆弱幽暗又真切平实的人性之光：在既被周朴园开除又被自己所代表的工人同事背叛之后，鲁大海所谓“我们这次罢工是有团结的，有组织的”之类的教条信仰，于无形之中化为乌有。泄气落魄的他颇为知趣地收敛起替天行道、天谴诅咒的虚嚣张狂，表现出一份养家糊口的平常心。失魂落魄中面对母亲鲁侍萍的一句“钱完了，我也许拉一晚上车”的哀哀诉说，充分证明这个寡情无欲的怪汉子，其实与周朴园、周蘩漪等人一样，拥有着既强暴又软弱、既高度女性化又极端男权化的“最‘雷雨’的性格”。

六　周冲的阳光天堂

《雷雨》中的八个主要人物，几乎都怀揣着一份或婚外之恋、或家外之家、或天堂净土、或精神家园的浪漫幻想。相比之下，周冲身上所体现出的恋母憎父的“俄狄浦斯情结”，就显得更加浪漫超脱也更加神圣美好。甚至可以说，周冲是从曹禺的“原始的情绪”和“蛮性的遗留”中直接孕育出来的一个纯真纯情的少年天使。全剧中最为神圣辉煌也最具艺术魅力的

所在,就是像天使一般纯真纯情的周冲,在初恋情人鲁四凤面前神往陶醉于阳光天堂般的“真世界”的一场春梦:

> 有时我就忘了现在(沉醉在梦想里),忘了家,忘了你,忘了母亲,并且忘了我自己,像是在一个冬天的早晨,非常明亮的天空……在无边的海上,……有一只轻得像海燕似的小帆船……像一只鹰的翅膀,斜贴在海面上飞,向着天边飞。那时天边上只淡淡地浮着两三片白云,我们坐在船头,望着前面,前面就是我们的世界。
>
> ……我同你,我们可以飞,飞到一个真真干净、快乐的地方,那里没有争执,没有虚伪,没有不平等的,没有……(头微仰,好像眼前就是那么一个所在)……

被周冲称之为“真世界”的阳光天堂般的净土家园,归根到底只能是形而上的彼岸性的乌托邦,永远不可能在此岸世界里落地生根、开花结果。正如曹禺在关于周冲的舞台提示中所介绍的那样:“他身体很小,却有着大的心,也有着一切孩子似的空想。他年青,才十七岁,他已经幻想过许多许多不可能的事实,他是在美的梦里活着的。”

无论周冲的“美的梦”如何地浪漫高蹈,终究需要一点点此岸性的世俗因缘。大煞风景的是,这种世俗因缘偏偏是现实社会中最为黑暗、最为丑恶的所在。当周冲神往于阳光天堂般的“真世界”的时候,他正坐在“白天蒸发着臭气,只有半夜才从租界区域吹来一阵好凉风的水塘边上”的杏花巷十号鲁贵家里。站在他面前的,是他从来没有当作“底下人”却又确实是“底下人”的“凤姐姐”;也就是从来没有读过书却偏偏被周萍、周冲兄弟一厢情愿地认定为女神般的“引路的人”的性感女子鲁四凤。为了与身份低下的鲁四凤结合在一起,周冲甚至愿意与她的另一个男人在阳光天堂般的“真世界”里群婚杂居:“你愿意同我一块儿去么,就是带着他也可以的。”

与此相印证，周冲的母亲周蘩漪以及《原野》中被花金子斥骂为“天生的王八”的焦大星，为了满足自己最低限度的情爱冲动，同样自甘堕落地表示过要与“第三者”的“他”或“她”，一起去过一男两女或两男一女的群婚杂居的淫乱生活。

话又说回来，周冲这种彼岸性的阳光天堂般的群婚杂居，恰恰是中华民族乃至全人类集体无意识中普遍存在的一种“原始的情绪”和“蛮性的遗留”。在《红楼梦》中，被预先设定了补天救世的神圣身份的贾宝玉，正是在“太虚幻境”的天堂美梦中，向他所钟情的侄媳妇秦可卿奉献了自己的童贞。贾宝玉的梦游太虚幻境历来被视为中国古典文学的“意淫”典范，而曹禺戏剧对于更加多姿多彩的“意淫”场面的经典描绘，却始终没有引起研究者的充分注意，这不能不说是曹禺研究的一大缺憾。

在白莲教之类的民间宗教中，同样存在着一个被形容为“真空家乡，无生父母”的天堂老家。“真空家乡，无生父母”的“八字真言”，①还经常被以真命天子自居的皇帝及准皇帝们，用来充当奉天承运、替天行道、改朝换代、一统江山的革命口诀。也许可以这样说，正是因为白莲教的“真空家乡”、贾宝玉的“太虚幻境”，以及周冲的天边外的“真世界”；所印证的恰恰是中国传统神道文化乃至于全人类的宗教信仰中非理性的“原始的情绪”和“蛮性的遗留”，它们才具备了一种既空灵又永恒的艺术价值和精神魅力。周作人在谈及“猥亵的歌谣”时，曾经为人类文明史以及艺术史上既原始野蛮又大同小异的“意淫”现象辩护说：“在野蛮民族，各国缺少教育的人民中间，猥亵的笑话非常通行”，这是社会“男女关系很不圆满”的产物，“过着端庄的生活而不能忘情于欢乐，于是唯一的方法是意淫”。猥亵

---

① 《销释收圆行觉宝卷》，转引自［美］欧大年著《中国民间宗教教派研究》，上海古籍出版社，1993年，第158页。

的笑话、歌谣等等"即是他们的梦,他们的法悦"。"他们的粗俗不雅至少还是壮健的,与早熟或老衰的那种病的佻荡不同。"①

七 周萍的人性幽暗

从表面上看,《雷雨》中为曹禺所偏爱的男性人物,一个是作为理想化的自传性人物的天使般的周冲;另一个是同样作为理想化的自传性人物的巫师神汉、雷公崽子般的鲁大海。前者是曹禺的"俄狄浦斯情结"中偏于一极的"最残忍的爱"的恋母结晶;后者是偏于另一极的"最不忍的恨"的憎父结晶。但是,所谓"最雷雨的性格"中"最残忍的爱和最不忍的恨",是不可能像切死猪肉那样截然两分的。就像无论如何切割断开都要保留着阴阳两极的磁铁一样,曹禺笔下的每一个人物,都存在着自相矛盾的"最残忍的爱和最不忍的恨"的阴阳两极。这一点在同样具有自传性的写实色彩的周萍身上,有着更加集中的体现。

《雷雨》一开场,曹禺便通过鲁贵纠缠四凤要钱一场戏,借着戏曲舞台所常见的从头道来讲故事的旁白腔调,把周萍与周蘩漪离经叛道的乱伦通奸,以及周萍正在酝酿的自我放逐式的离家出走,作为周公馆的头等大事摆了出来。一心要离家出走的周萍,所要逃避的既是父亲周朴园的专制权威,更是继母周蘩漪变态乱伦的情欲追逐。他满心指望着到外边的世界中构建一个属于自己和四凤的更加人道的"新的世界",以便开始新一轮的情爱生活,结果却是事与愿违、适得其反。无论他如何努力追求,等待他的都是天谴罚罪的"绝子绝孙"。

《雷雨》中先后出场的八个主要人物,全部被曹禺斥之为被"雷雨(雷公)"所主宰操纵的"傀儡"。在这些"傀儡"般的人物中,肯于和敢于承认自己"傀儡"般的人性幽暗和精神空虚的,只有被同胞弟弟鲁大海斥骂为

① 周作人:《猥亵的歌谣》,《歌谣周年纪念增刊》,1923年12月17日。

“你父亲虽坏,看着还顺眼。你真是世界上最用不着,最没有劲的东西”的周萍。在《〈雷雨〉序》中,剧作者曹禺对于周萍,另有诸如“一个情感和矛盾的奴隶”、“一棵弱不禁风的草”以及“阉鸡似的男子”之类雪上加霜的天谴诅咒。

“阉鸡似的”周萍,虽然不是古希腊悲剧中能够把独立自主的主体意志贯彻到底的俄狄浦斯式的英雄人物,却是《雷雨》全剧中最具人情味儿的一个善人。周蘩漪拼命呐喊的“她也是要一个男人真爱她,要真真活着的女人”,所要求的只是男女有别、男尊女卑的男权性的人性解放。周萍在鲁大海面前对于自己所祈求的彼岸家园的推心置腹,才真正标志着《雷雨》中男女平等的最高境界:“我说的话不是推托,我也用不着跟你推托,我现在看你是四凤的哥哥,我才这样说。我爱四凤,她也爱我,我们都年青,我们都是人,两个人天天在一起,结果免不了有点荒唐。然而我相信我以后会对得起她,我会娶她做我的太太,我没有一点亏心的地方。”

话又说回来,周萍最后怨天尤人的开枪自杀,虽然是《雷雨》中最大分量的人格担当,与古希腊的悲剧英雄俄狄浦斯表现出的“我的罪除了自己担当而外,别人是不会沾染的”的崇高境界,是不能够相提并论的。曹禺戏剧与黑格尔《美学》所介绍的主要表现“自由的个人的动作的实现”,以及“对自己的罪行负责正是伟大人物的光荣”①的古希腊崇高悲剧之间,存在着难以逾越的文化鸿沟。

八　鲁四凤的在劫难逃

既是周萍的性感之药又是周冲、鲁侍萍、周蘩漪的希望之光的鲁四凤,是《雷雨》中深藏不露的一个核心人物。她有自己的一份本能情欲和生命

① 黑格尔著、朱光潜译《美学》第3卷下册,商务印书馆,1981年,第309页。

活力,却又一直在逆来顺受地任人摆布。

母亲鲁侍萍把四凤当作洗雪耻辱的命根子,希望通过保全她的处女贞节,来补偿救赎自己三十年前与周朴园主仆通奸的人欲罪孽,所以坚决反对把她送到大户人家去当“底下人”。

父亲鲁贵把她当作换取酒资、赌资以及风流钱的摇钱树,不仅自作主张把她介绍到周公馆当“底下人”,而且一心想借助于她弄到更多的钱财去寻欢作乐。

在既是情人又是异父同母的兄长周萍眼里,四凤是一剂祈求拯救与新生的灵丹妙药,既可以形而下地在她身上获得肉欲的满足,又可以形而上地把她神圣化为精神救赎的圣女救星。

到了情窦初开的“二少爷”周冲眼里,四凤更被神圣化为追求天边外的阳光天堂“真世界”的“引路人”,逼着她带领自己一块去“飞”。即使在老辈情敌周蘩漪的眼里,四凤也是追求欲望满足和情爱实现的“新的世界”的象征。

保家护种的周朴园与鲁四凤之间虽然没有直接联系,鲁四凤却偏偏怀上了周公馆的第三代子孙,从而注定了她与周冲、周萍一道在“绝子绝孙”的天谴罚罪中被一网打尽、天诛地灭的悲剧宿命。

第三幕中有一场直接动用替天行道的“雷雨(雷公)”,对偷情通奸的周萍、鲁四凤及周繁漪实施天谴罚罪的诛心戏:

鲁四凤 有,有,你听,像有个女人在叹气。

周　萍 (听)没有,没有,(忽然笑)你大概见了鬼。

[雷声大作,一声霹雳。]

鲁四凤 (低声)哦,妈。(跑到萍怀里)我怕!(躲在角落里)

接着这个“活见鬼”式的戏剧场面,剧中刻意写下这样一段舞台提示:“雷声轰轰,大雨下,舞台渐暗。一阵风吹开窗户,外面黑黝黝的。忽然一片蓝森森的闪电，照见了蘩漪的惨白死青的脸露在窗台一面。她像个死尸，任着一条条的雨水向她的头发上淋她。痉挛地不出声地苦笑，泪水流到眼角下，望着里面只顾拥抱的人们。闪电止了，窗外又是黑漆漆的。再闪时，见她伸进手，拉着窗扇，慢慢地由外面关上。”

随着母亲鲁侍萍的上场，四凤遭遇到的是比周朴园逼蘩漪喝药更加残酷的“存天理，灭人欲”的诛心之术。四凤已经奉献出她的灵魂，说出了“我以后永远是妈的了”的诛心话语，鲁侍萍依然不依不饶，仿佛神鬼附身而又心术毒恶的老巫婆，仰仗着至高无上的“天（老天爷）”和替天行道的“雷雨（雷公）”的名义，对亲生女儿实施着天谴罚罪的精神强暴：“孩子，天上打着雷，你要是以后忘了妈的话，见了周家的人呢?”“孩子，你要说，你要说，假若你忘了妈的话……”

回报鲁侍萍天谴罚罪的诛心之术的，是鲁四凤完全彻底的精神屈服：“（不顾一切地）那——天上的雷劈了我。（扑在鲁妈怀里）哦，我的妈呀！”

这是《雷雨》中与周朴园对于周蘩漪的逼喝药、周蘩漪对于周萍的性诱惑鼎足而三的又一场惊心动魄的重头戏，其艺术魔力恰恰在于触及灵魂、诛灭人性的天谴罚罪。

1935 年 4 月《雷雨》在日本演出时，曹禺专门给剧组人员写下一篇真情表白的私人信件，其中特别强调了这场戏的舞台处理：

> 尔难道不喜（恕我夸张一点这是作者的虚荣心，尔且放过了这个。）雷声轰轰过去，一个男子（哥哥）在黑得像漆似的夜里，走到一个少女（妹妹）窗前说着呓语，要推窗进来，那少女明明喜欢他，又不得不拒绝他，死命地抵着窗户，不让他亲近的场面？尔难道不觉得那少女在母亲面前跪誓，一阵一阵的雷声，（至于雷雨象征什么，那我也不能很清楚地指出来，但是我已经用力使观众觉出来。）那种莫名其妙的神秘终于使一个无辜的少女做了牺牲，这种原始的心理有时不也有些激动一个文明人心魂么？使他觉到自然内更深更不可测

的神秘么?①

这里所说的“原始的心理”,就是《〈雷雨〉序》中进一步介绍的集动物本能的野性蛮力和宗教精神的神性魔力于一身的“原始的情绪”和“蛮性的遗留”。在四凤眼里,已经占有她的肉体的周萍就是他的神圣救星。这个“缺乏自我规定的意志”的弱女子,原本是母亲鲁侍萍从精神到物质的双重奴隶,自从被周萍占有之后,她便无怨无悔、死心塌地做稳了男权主子周萍从肉体到灵魂的双重奴隶。她所渴求的阳光天堂般的神圣理想,就是在家外之家的“新的世界”中,继续恪守已经被中国传统女性恪守了几千年的“妾妇之道”:“萍,我好好地侍候你,你要这么一个人。我跟你缝衣服,烧饭做菜,我都做得好,只要你叫我跟你在一块儿。”

大雷雨之夜,四凤刚刚在母亲面前发誓诅咒“我以后永远是妈的了”,接下来就在周萍的诱惑下跨出离家赴死的第一步。走投无路的四凤,连说话的口吻都与前辈女性周蘩漪惟妙惟肖:“萍,我现在已经没有家,哥哥恨死我,母亲我是没有脸见的。我现在什么都没有,我没有亲戚,没有朋友,我只有你,萍,你明天带我去吧。”

一旦周萍答应要带她出走,四凤马上打消寻死的念头,一头扎在他的怀里,把刚刚奉献给母亲的她自己,自相矛盾地奉献给周萍:“真的,真的,真的,萍,你是我的救星,你是天底下最好的人,你是我——哦,我爱你!”

这几乎是苦命的四凤一生之中仅有的快乐时光。在她的头顶之上,由“天(老天爷)”和“雷雨(雷公)”所主宰操纵的天诛地灭、天谴罚罪的天罗地网已经收紧。片刻之后,周萍与四凤之间同母异父的兄妹身份便真相大白,注定要使周公馆“绝子绝孙”的四凤,于失魂落魄中奔向剧作者曹禺为她精心安排的死亡陷阱,在周公馆花园走了电的藤萝架下触电而死。

---

① 曹禺:《〈雷雨〉的写作》,《杂文(质文)》月刊第2期,1935年7月15日出版于日本东京。

九 天谴天堂的诗化悲剧

按照传统戏曲“戏不够，神来凑”的编剧套路，每一部戏曲传奇之中，大凡要有一个或天神、或地祇、或皇帝、或清官的大救星来惩恶扬善、赏忠罚奸。以古希腊悲剧为源头活水的西方戏剧，也同样不乏“机械降神”的戏剧处理。在《雷雨》中，只是因为“技巧上的不允许”，剧作者曹禺才没有把“象征《雷雨》中渺茫不可知的神秘”的那尊“一手执铁钉，一手举着巨锤，青面红发的雷公”，请上现代话剧的写实舞台；而是通过一再“重描”周公馆花园里那根漏电的电线，为四凤与周冲的惨亡以及周公馆及鲁贵一家的“绝子绝孙”埋下伏笔、设下陷阱。在曹禺的刻意编排之下，随着一场大雷雨的到来，周冲与已经怀上周家第三代子孙的四凤，在夜奔中触电而死。与同母异父妹妹乱伦通奸的周萍也随之开枪自杀。与亲生父亲周朴园刚刚相认的鲁大海，在母亲鲁侍萍的阻拦之下放弃复仇远走天涯。老一辈的

● 北京人艺演出的《雷雨》剧照

鲁侍萍和周繁漪,一个在沉默中发疯,一个在狂躁中发疯。

同样是在曹禺的刻意安排之下,作为罪魁祸首的专制家长周朴园,在“序幕”和“尾声”中把“一天夜里连男带女死过三个人”的周公馆,出卖给了一家天主教堂的附属医院。周朴园自己也由此前的念经吃素、礼佛卫道,转变为对于天主教的精神皈依。天主教堂中巴赫《B 小调弥撒曲》的背景伴奏,既实现了对于观众及读者的精神洗礼和心灵抚慰,也对剧中惨遭罚罪以至于“绝子绝孙”的阴间世界的惨死者和人间社会的未亡人,实施了阳光天堂般的精神超度和灵魂安顿。《雷雨》全剧至此较为完整全面地呈现出了一种既根源于中国传统文化,又充分吸纳外国文化的“阴间地狱之黑暗+男女情爱之追求+男权家庭之反叛+专制社会之革命+舍身爱人之牺牲+天诛地灭之天谴+替天行道之拯救+阳光天堂之超度”的密码模式;其中最为原始、最为永恒也最具艺术魅力的文化密码,是形而下的天诛地灭、绝子绝孙的天谴罚罪加上形而上的神圣美好的阳光天堂所合成的天罗地网。

对应着天堂、地狱、人间的宗教“三界”连同序幕、尾声中的教堂弥撒,可以把《雷雨》一剧的主题内涵区分为四个方面:

其一是被贬斥为“鬼”、“傀儡”却又活灵活现的八个主要的出场人物。他们同属于因“缺乏自我规定的意志”,而只能在天谴罚罪加阳光天堂的天罗地网中讨生活的“最‘雷雨’的性格”。除了相互之间大同小异的共性之外,每个人物又各有自己的一份人性亮点:在以颇为人道的“新的世界”为神圣归宿的周萍、周蘩漪、四凤身上,或多或少地存在着人性觉醒、个性解放的时代精神。在替天行道的雷公崽子般的工人代表鲁大海身上,存在着极其原始野蛮地从事阶级斗争的政治色彩。

其二是在至高无上的“天(老天爷)”连同替天行道的“雷雨(雷公)”的主宰操纵之下,借助于既相互依附又相互伤害的八个主要人物所实施的“绝子绝孙”的天诛地灭、天谴罚罪。用曹禺写在《〈雷雨〉序》中的话说,就是“也许写到末了,隐隐仿佛有一种情感的汹涌的流来推动我,我在发泄着被抑压的愤懑，毁谤着中国的家庭和社会”。

其三是天使般的周冲所神往的阳光天堂般神圣美好的“真世界”，和这个天边外的彼岸性的“真世界”，在“绝子绝孙”的天谴罚罪中的彻底破灭。

其四是序幕、尾声中印证着周冲所神往的阳光天堂般的“真世界”，以及周萍、四凤、周蘩漪所追求的婚外之恋、家外之家的“新的世界”的教堂弥撒，对于阴间世界的惨死者和人间社会的未亡人的灵魂安顿和精神超度。

归结了说，曹禺从事剧本创作的原动力和内驱力，是集动物本能的野性蛮力和宗教精神的神性魔力于一身的“原始的情绪”和“蛮性的遗留”；以及由此而来的以神道设教、替天行道的宗教先知加抒情诗人自居的“如神仙，如佛，如先知”般“升到上帝的座”的身份特权意识。像这样的“原始的情绪”和“蛮性的遗留”，其实就是《论语·述而》中“敬鬼神而远之”的孔子绝口不谈的“怪、力、乱、神”。作为这种“原始的情绪”和“蛮性的遗留”较为充分地激活展现，《雷雨》中若隐若现地贯穿着一种既根源于中国传统神道文化，又充分吸纳外国宗教文化的“阴间地狱之黑暗＋男女情爱之追求＋男权家庭之反叛＋专制社会之革命＋舍身爱人之牺牲＋天诛地灭之天谴＋替天行道之拯救＋阳光天堂之超度”的密码模式；从而成就了中国现代戏剧史上第一部集大成的百科全书式的四幕悲剧。借用曹禺在《〈雷雨〉的写作》中的话说，可以把这样一部四幕悲剧界定为“一首诗，一首叙事诗”，一首“叫观众如听神话似的，听故事似的”来欣赏感悟的戏剧化的叙事诗和宗教化的戏剧诗。

第三章　应运而生的《日出》*

作为中国现代最为著名的影剧创作大师，曹禺一生中主要创作、翻译、改编了15部影剧作品。在这15部影剧作品中间，与社会现实最为贴近的，是创作于1936年前后的《日出》。剧中有死于建筑工地的农民工；有被卖入下等妓院的农民工的女儿；有依靠卖淫养家糊口的老妓女；有下岗失业后没有勇气跳楼自杀而毒死三名儿女的小职员；有在大都市的大旅馆里纵情纵欲的银行家和交际花；有包养面首的老富婆；更有比当今社会的文强、王怀忠、慕绥新、马向东还要神通广大的神秘人物金八。与《雷雨》迟迟没有引起广泛关注不同，直接反映社会现实的《日出》，是曹禺一生中最为幸运的一部作品。

一　《雷雨》的演出与论争

1934年10月上旬，在号称“北有南开，南有春晖”的浙江上虞春晖中学里，高二年级学生、校学生会主席景金诚，在学校图书馆读到《文学季刊》发表的《雷雨》。他在取得校方支持之后，联络胡玉堂、陈维辉等同学

---

* 本章初稿曾以《〈日出〉文本的重新解读》为标题，发表于《民族艺术》2002年第4期。另有《点燃曹禺戏剧创作的民国美女王右家》一文，发表于《南方周末》2010年9月23日。

开始排演,并于当年12月2日校庆晚会上正式演出。这是《雷雨》一剧有据可查的最早演出。

据曹树钧在《走向世界的曹禺》一书中考证,1934年秋冬,济南女子师范学校的"六一剧社",也在本校公演过《雷雨》,之后还于1935年1月19、20两日晚上,借山东省立剧院(原济南城内贡院墙根)公开演出。戏剧评论家刘念渠在《一九三五年国内剧坛》一文中,曾对"六一剧社"的《雷雨》演出有过记载。①

但是,真正引起世人对于《雷雨》一剧的广泛关注和充分重视的,是1935年4月27、28、29三日,由中国留日学生以中华话剧同好会名义在东京神田一桥讲堂的演出。据本名桂镇南的杜宣回忆,《雷雨》在《文学季刊》发表一个月,也就是1934年8月之后,引起日本的中国现代文学研究者武田泰淳和竹内好的关注。他们带着刊登《雷雨》的《文学季刊》第1卷第3期来到茅崎海滨,把该剧介绍给了正在海滨度夏的中国留日学生杜宣。三个人经过讨论,认定"《雷雨》虽然受欧洲古代命运悲剧和近代易卜生的影响很大,但它是中国的,是戏剧创作上的重大收获",并且产生了演出《雷雨》的初步打算。②

杜宣返回东京之后,开始为《雷雨》的演出奔走联络,从而赢得东京帝国商科大学的中国留学生邢振乾、邢振铎兄弟的资金支持。武田泰淳、竹内好和他们所在的"中国文学研究会",也对《雷雨》演出给予配合。日本学者影山三郎在观看过《雷雨》首演的当天,连夜撰写《需要理解中国戏剧》,在东京帝国商科大学的《东大新闻》上发表,明确指出中国戏剧由"梅兰芳"阶段发展到《雷雨》是一个飞跃,"由这次留学生的公演,使我们对中国戏剧的既成观念,根本推翻了……日本的各剧团与其远远的到欧美去苦心惨淡的找那不合于日本人脾味的脚本,不如就近早日把邻邦的巨作翻译

① 曹树钧:《走向世界的曹禺》,天地出版社,1995年,第5页。
② 杜宣:《忆〈雷雨〉首次上演》,《文汇报》1957年12月15日。

公演。”

这篇文章的发表，在中国留学生中引起很大反响，邢振铎等人因此与影山三郎结为朋友。1935年5月15日，由中国左翼作家联盟东京支部的杜宣、陈辛人、魏猛克、林焕平、林林、邢振乾、邢振铎、任白戈、张香山等人联合创办的《杂文(质文)》月刊，在日本东京创刊。创刊号上发表有白宁的演出报道，认为《雷雨》“在寂寞中的剧坛上，……曾激起了一阵猛烈的浪花”；称赞剧作者曹禺“运用灵活的手段，内容穿插得非常的生动，他是描写一个资产阶级的家庭中错综复杂的恋爱关系，及残酷的暴露着他们淫恶的丑恶。用夏夜猛烈的‘雷雨’来象征这阶级的崩溃”。

在《雷雨》首演之前，吴天、杜宣、邢振乾等人给正在天津河北女子师范学院外文系任教的曹禺写信，同时寄来经过删改的演出剧本和为演出准备的宣传材料。针对吴天等人所提出的问题，曹禺写了一封回信，1935年7月15日以《〈雷雨〉的写作》为题发表在《杂文(质文)》第2期中。在同期月刊中，还发表有吴天的《〈雷雨〉的演出》和(罗)亭恭录的《〈雷雨〉的批评》。

据吴天介绍，东京首演不仅删去了序幕、尾声，还在“落幕前使鲁大海出现”，其原因在于“鲁大海是暗示新兴的人物，作者不应使他‘不知所终’，致使全剧陷入混乱感伤中”。应该说，这是提倡阶级斗争的左翼文化人，对于《雷雨》原著削足适履的为我所用。曹禺早在1930年的《〈争强〉序》中，就已经旗帜鲜明地表示过对于生生把“剧”卖给“宣传政见”的“宣传剧”的深恶痛绝。在《〈雷雨〉的写作》中，他结合自己的创作体验，更进一步地发挥说：

> 我写的是一首诗，一首叙事诗，(原谅我，我决不是套易卜生的话，我决没有这样大胆的希冀，处处来仿效他。)这诗不一定是美丽的，但是必须给读诗的一个不断的新的感觉。这固然有些实际的东西在内(如罢工……等)，但决非一个社会问题剧。——因为几时曾有人说

> “我要写一首问题诗”？因为这是诗，我可以随便应用我的幻想，因为同时又是剧的形式，所以在许多幻想不能叫实际的观众接受的时候，(现在的观众是非常聪明的，有多少剧中的巧合……又如希腊剧中的运命，这都是不能使观众接受的。)我的方法乃不能不把这件事推溯，推，推到非常辽远时候，叫观众如听神话似的，听故事似的，来看我这个剧，所以我不得已用了《序幕》及《尾声》，而这种方法犹如我们孩子们在落雪的冬日，偎在炉火旁边听着白头发的老祖母讲从前闹长毛的故事，讲所谓“Once upon a time”的故事，在这氛围里是什么神怪离奇的故事都可以发生的。

然而，在《杂文(质文)》的编辑者为《〈雷雨〉的写作》所写的编者按中，却把自己一方误读、误改《雷雨》剧本的严重事实轻轻放过，反而给剧作者曹禺戴上一个作品与世界观不相一致的紧箍咒式的理论怪圈，并且以为不如此就算不得“意味深长”：

> 这是《雷雨》的作者曹禺先生致《雷雨》的导演者们的一封信，我们觉得非常有趣味。他原来是在写一首诗，本意是要使读者和观众犹如在听一个神话似的，回到更古老，更幽静的境界里去。所以他对于序幕和尾声删去了觉得真是可惜的事。这是多么意味深长的呢！只是不知因为是将序幕和尾声删去了的缘故呢还是怎么着，就这回在东京的演出上看，观众的印象却似乎完全与作者的本意相距太远了。我们从演出上所感觉到的，是对于现实的一个极好的暴露，对于没落者的一个极好的讥嘲。是的，易卜生或者也是在写诗，但他却终于也要遭妇女们联合起来道谢的烦恼。这封信对于研究戏剧的人们也许很有意思，至少是那作者的作品与他自己的世界观是否恰恰合致是可以看出一点的，固然在这历史上早有先例：如托尔斯泰他们也就每每逃不出这圈儿。至于在从事剧本创作的人们，则借以当作一面镜子大约

也是很好的吧。

由这段文字可以断定，主持编辑《杂文（质文）》杂志的杜宣等人，阅读过瞿秋白于1933年译介的列宁论列夫·托尔斯泰的一组文章，并且认同由瞿秋白、周扬等人提出的所谓“世界观与创作方法的矛盾”的文艺命题。这种世界观与创作方法并不一致甚至于截然相反的文艺二元论，在以后的曹禺研究中还将反复不断地被张庚、田汉、周扬、杨晦等人反复运用。到了1949年之后反胡风、反右派之类的文化批判及政治运动中，这种紧箍咒式的文艺二元论，甚至演变成为可以置人于死地的武器批判。

二　李健吾的《雷雨》评论

《雷雨》在日本东京演出成功的消息反馈到国内之后，立刻引起国内人士异乎寻常的热情关注。最早做出反应的是天津市立师范学校孤松剧团。1935年8月17、18日，该剧团在位于天津河东金场三马路口的学校大礼堂公演《雷雨》，担纲执导的是曹禺的老校友、时称南开新剧团四大导演之一的吕仰平。这次演出在征得曹禺同意的前提下，也对序幕和尾声进行了删改。排演过程中，曹禺亲临现场对人物性格进行了讲解说明。

在演出之前的8月11日，天津《大公报》“本市附刊”上，率先刊登丁尼的文章《教育名剧——〈雷雨〉》。演出成功后，天津《大公报》、《益世报》、《庸报》等报刊纷纷发表评介文章，其中包括发表于17、18日《大公报》的署名冯椒的《〈雷雨〉的预演》；发表于19日《益世报》的署名伯克的《〈雷雨〉——孤松演出批评》；发表于20至23日《大公报》的署名白梅的《〈雷雨〉批判》；发表于22日《庸报》的署名霞漪的《〈雷雨〉的演出》；发表于22至25日《益世报》的署名刘雯的《关于孤松的〈雷雨〉》；发表于24至29日《大公报》的署名不凡的《〈雷雨〉的演出》；发表于31日《大公报》的署名刘西渭的《雷雨》评论。

从总体上看，孤松剧团的《雷雨》演出，呈现出来并且为评论家所接受的，依然是文以载道的社会问题宣传剧，而且俨然是一部集大成的百科全书式的社会问题宣传剧。在诸多的批评文章中，尽管结论千差万别，批评的套路却颇为一致，那就是找足了各种各样的理由，为自己不求甚解的削足适履进行辩护。唯一依据《雷雨》原著进行审美意义上的理性分析和学术批评的，是以刘西渭著称的文艺评论家李健吾。他在首肯《雷雨》“是一个内行人的制作”，“一部具有伟大性质的长剧”的同时，颇为敏锐地点破了剧中存在的诸多问题。

关于《雷雨》的主题内涵，李健吾写道：“在《雷雨》里面，作者运用（无论他有意或者无意）两个东西，一个是旧的，一个是新的：新的是环境和遗传，一个十九世纪中叶以来的新东西；旧的是命运，一个古已有之的旧东西……然而这出长剧里面，最有力量的一个隐而不见的力量，却是处处令我们感到的一个命运观念。你敢说不是鬼差神遣吗？否则，三十年前的种子，三十年后怎么会开花结果呢？”

走笔至此，李健吾笔锋一转又换上另一副腔调：“但是，作者真正要替天说话吗？如果这里一切不外报应，报应却是天意吗？我怕回答是否定的，这就是作者的胜利处。命运是一个形而上学的努力吗？不是！一千个不是！这藏在人物错综的社会关系和人物错综的心理作用里。什么力量决定而且隐隐推动全剧的进行呢？一个旁边的力量，便是鲁大海的报复观念；一个主要的力量，便是周蘩漪的报复观念。”

在这里，李健吾颇为高明地指出，形而上学的天意和命运，到头来终归要落实到人物的“心理作用里”；从而归纳出了推动《雷雨》剧情发展的三种力量：其一，“最有力量”的“命运观念”；其二，“决定而且隐隐推动全剧的进行”的“一个主要的力量”——“周蘩漪的报复观念”；其三，同样“决定而且隐隐推动全剧的进行”的“一个旁边的力量”——“鲁大海的报复观念”。

但是，在《雷雨》中“最有力量”的“命运观念”与“决定而且隐隐推动全剧的进行”的“周蘩漪的报复观念”和“鲁大海的报复观念”之间，究竟是什么样的关系呢？曹禺的世界观、创作观又究竟是什么样子呢？李健吾显然没有足够的学力来正面回答，于是，他转而求其次，把笔力集中落实到对于人物性格的具体分析上。

关于鲁大海，李健吾认定他是一个性格不一致的“新式的英雄”，既有“不近人情”的一面：“例如在尾声，从姑乙和老翁的对话，我们晓得他十年了，没有回来看看他生身的母亲。无论怎么一个大义灭亲的社会主义者，也绝不应该灭到无辜的母亲身上。”又有“懂人情”的另一面：“他追到周府（第四幕），要打死周萍，但是就在周萍闭目等死的时候，他不惟不打了，反而连枪送过去：‘我知道我的妈。我妹妹是她的命，只要你能够多叫四凤好好地活着，我只好不提什么了。’”

关于周蘩漪，李健吾一方面指出她是全剧的“生命”所在；另一方面又指责剧作者曹禺“不把戏全给她做”，“戏的结尾不是由于她的过失和报复”，以至于最终“不知道同情谁好了”。

关于周冲，李健吾一方面指出“在男子中间，我最感兴趣的，是二少爷周冲……周冲爱的不是女人，而是女性，或者再深刻些，是他那点儿赤子之心的理想，一句话，他爱的是爱情”；另一方面，又认定周冲是一个“失败”的人物：“作者写他爱一个女孩子，绝不透出他爱的只是自己那点儿憧憬，直到最后要紧关头，才叫他硬生生改口，未免突兀。他和他哥哥爱一个女孩子。我们一直希望他们冲突，结局却用他轻轻一改口，抹掉他在戏里的位置，毫无纠纷发生，未免令人失望。那么，要他干什么，仅仅就为作一个陪衬吗？我替周冲抱不平。”

关于周朴园，李健吾认定他是“真正应该负起这些罪恶的”，并指责剧作者“笔下放了他的生”。

在戏剧创作方面已经很有成就的李健吾，是一位从法国留学归来的学者型著作家，他颇为自觉地循着西方文学的理性标准来衡量并评判《雷雨》，却没有充分意识到曹禺戏剧中既根源于中国传统文化，又充分吸纳外国文化的非理性的“原始的情绪”和“蛮性的遗留”，以及由此而来的“阴间地狱之黑暗＋男女情爱之追求＋男权家庭之反叛＋专制社会之革命＋舍身爱人之牺牲＋天诛地灭之天谴＋替天行道之拯救＋阳光天堂之超度”的密码模式。

三 田汉、张庚论《雷雨》

1936年4月22日，鲁迅在日记中写道：“得日本译《雷雨》一本，作者寄赠。”随后，他在接受美国记者埃德加·斯诺访问时谈道：“最好的戏剧家有郭沫若、田汉、洪深和一个新出现的左翼戏剧家曹禺。”①

实际上，曹禺并不是“左联”中人，鲁迅把他归入左翼戏剧家，大概是看到日本共产党领袖人物秋田雨雀连同流亡日本的郭沫若，都为《雷雨》日译本写作了序言。在其他的左翼文化人眼里，对于曹禺和《雷雨》的态度，与作为“左联”盟主的鲁迅大不相同。

1936年6月，不知是偶然的巧合还是有计划的政治安排，左翼文化人一下子推出两篇针对《雷雨》的重磅文章。其一是刚从国民党监狱里面保释出来的左翼影剧界领袖人物田汉，他在《暴风雨中的南京艺坛一瞥》中，一连使用八个排比句来强化自己的批判语气：“在被称为‘小中国’的阿比西尼亚被暂时压伏在意帝国主义的铁鞭下发着惨呼的时候，在埃及、阿拉伯各地的反帝运动蓬勃兴起的时候，在各帝国主义更积极的备战，企图要分割殖民地和半殖民地的时候，在东北四省数千万同胞呻吟在敌人统治下已达五年之久的时候，在日本南苑驻兵，整个华北已经在人家更完全的控制下‘名实俱亡’的时候，在厦门事件紧张、华南危机日益严重的时候，在山积的货潮水似的侵入内地，要吸尽中国民众最后的血汗的时候，在北方

① 尼姆·威尔士：《现代中国的文学运动》，《新文学史料》1979年第2期。

苦力同胞们的尸首成百成千地漂流在河里海里,怒气冲天的时候。"①

作为这八个排比句的归结,是田汉抢占"存天理,灭人欲"式的道德精神制高点的神圣"一瞥":"不幸,中国现代艺术家的某一些群,虽则在技术上也有了较好的成就,所表现的还未能敏锐地适切地回答当前的客观要求。"田汉的神圣"一瞥"具体落实在"中旅最近最卖钱的《雷雨》",便有了这样的一段评语:

> 在这一剧中作者也接触了好一些现实问题,如大家庭的罪恶问题,青年男女的性道德问题,劳资问题之类,也正因为接触了这许多问题才使观众感浓厚的兴味。但作者怎样看这些问题的呢?显然的,这许多悲惨的事实的构成,在作者看来既非由于性格,也非由于境遇,而只是一再由男女主人公口里说的"不可抗的命运"。"老太太,你别发呆,这不成,你得哭,您得好好哭一场,这是天意,没有法子……"甚至跪在母亲前发誓的四凤最后也触雷而死,这是多么摩登的《天雷报》啊!受过五四洗礼的青年,假使不幸或是简直这样"巧合"的遭遇着这样的境遇,他们是不会像此剧中的男女主人公一样自处的……试想,假使大家都当帝国主义的征服中国是"天意","没有法子",岂不一切解放运动都完了么?剧中却也有一个革命工人,但你以为这会是一线光明的希望么?不,作者原意压根儿就不在来描写一个革命工人,他的目的只是用他来凑成这命运悲剧,使这劳资斗争歪成父子斗争,同时也学着高尔斯华胥的在《斗争》中所写的一样,在工人代表激烈地和公司总理争持的时候,别的工人代表已和厂方签好复工的合同了。他自已也被开除了。作者这样成就了一个孤城落日的新式英雄,留给我们的是对于整个工人阶级的辱骂和诬蔑:一则曰:"这群没有骨头只怕饿的东西",一则曰:"这些地上没有勇气的工人们就出卖了

① 南京《新民报》日刊1936年6月9、10、12、14、29日。阿比西尼亚,现通译为埃塞俄比亚。

我了。"对于人生，对于发展中的时代，这样灰暗的、神秘的看法，对于青年的力量这样的估计，可以回答中国观众当前的要求么？

由于《雷雨》中的"现实问题"与田汉所列举的"暴风雨的时代"贴得不紧、扣得不严，不能被彻头彻尾地纳入戏剧艺术为政治斗争服务的理论框架，田汉便仰仗着绝对神圣化的政治教条，指责曹禺"不像一个二十七岁的年轻人，甚至不像一个现代人"，进而得出满带杀机的神圣裁判："留给我们的是对于整个工人阶级的辱骂和诬蔑。"

事实上，身为秘密共产党员的田汉，与《雷雨》中的工人代表鲁大海一样，不久前恰恰是由于党内叛徒李竹声、盛忠亮的告密出卖而被捕入狱的。到了史无前例的"无产阶级文化大革命"中，曾经因革命活动而被捕入狱的田汉，更被宣判为无产阶级的"叛徒"，被更加左倾的革命同志迫害致死。

张庚是一位旗帜鲜明的马克思主义批评家。比之于田汉，他发表在由自己参与编辑的《光明》半月刊创刊号上的《悲剧的发展——评〈雷雨〉》，就显得较为理性也较为扎实。

在正文之前，张庚开宗明义地引用卡尔·马克思的语录来充当题记："蜜蜂建筑它的蜂窝，使人类的建筑师惭愧。但最拙劣的建筑师起初就比最灵巧的蜜蜂高超，那原故是在于人类的建筑师在用蜂蜡建蜂窝之前，早就在他的头脑中把它建筑起来了。"在全文的结束语中，张庚对于卡尔·马克思的语录进一步发挥道："最后我必须提到前面所引的卡尔的名言。一个现代的剧作者应当不只是一个蜜蜂，而应当是一个建筑师。不应当只是一个直观的诗人，而且还应当是一个社会科学家，在他的头脑里，应当有一个整个社会的建筑。"

这里所说的"在他的头脑里，应当有一个整个社会的建筑"的"社会科学家"，既是张庚自以掌握绝对真理的自许自负，同时也是针对"只是一个直观的诗人"的曹禺所悬置起来的严格要求的高标准。正是凭借着这样一种高标准严要求的神圣教条，张庚对于曹禺的阶级地位和世界观，给出了既大胆又隔膜的推理判断："依据我大胆的想象，他也许是一位从地主家庭中成长起来的，所以在他不能先有一个正确的对社会事件的看法之前，他只有对于'愚蠢'的人类抱着一种悲悯的心情。因为普遍在我们民族思想里的，是上代遗留下来的宿命论。作者对于这种哲学比之于新的世界观，在生活上是更其接近的，即使是不意识的，可也是由传统中残留下来的。"

同样是凭借着"现代"的"社会科学家"的严格标准，张庚对于曹禺《雷雨》给出的第二个判断是："在大体上说，作者在《雷雨》中最成功的一方面是人物。在别方面我们抛开不说，但在人物典型的创造上说，作者是个不自觉的成功的现实主义者。"

"《雷雨》中最成功的一方面是人物"，是一个不争的事实。早在张庚之前，李健吾已经有过同样的结论。但是，被李健吾误读为"一个大义灭亲的社会主义者"的鲁大海，在田汉笔下却变成了曹禺"对于整个工人阶级的辱骂和诬蔑"；到了张庚的笔下，又被判定为《雷雨》"失败"的主要依据："鲁大海这个人格看起来对于作者似乎是极生疏的，……为了非完成不可，鲁大海才成了一个概念化的人物。没有从深处发出来的心声，而只有理论上的发展出来的对话。前面的单纯，和结尾的愚懦，都还没有划出一个能充当工人领袖人物的轮廓来。"

揭穿了说，所谓"能充当工人领袖人物"的鲁大海，与《雷雨》中的周蘩漪、周萍一样，是曹禺最为熟悉的人物，而且是最具中国特色的旧得不能再旧的传统人物。中国历史上所特有的替天行道、改朝换代的神圣革命，可以一直追溯到公元前16世纪的商汤灭夏。《尚书·商书·汤誓》中的神圣咒语"时日曷丧，予与汝偕亡"，连同"夏氏有罪，予畏上帝，不敢不正"的神道设教，就是商汤起兵灭夏时用来祭祀天地、布告天下的革命誓言。曹禺童年时代所熟读的《目连救目》中的目连，《天雷报》中的雷公，《桃花扇》中的李香君，《水浒传》中的宋江、李逵、武松、鲁智深，《西游记》中的石猴孙悟空，《七侠五义》中的包拯、展昭……都属于怀着"存天理，灭人欲"的神圣情感而替天行道的同一类别，从而与鲁大海在精神气质上一脉相传。对于这类人物最恰切的称谓，并不是张庚所说的“概念化的人物”，而是曹禺一再强调的“鬼”、“傀儡”和“可怜的动物”。在这类人物身上，想要找到“从深处发出来的心声”，几乎就是从鸡蛋里面挑骨头。尽管如此，曹禺还是从穷途末路的鲁大海身上寻找到了一句“从深处发出来的心声”：“（孤独地）钱完了，我也许拉一晚上车。”如果说曹禺戏剧里果真有恩格斯所说的“现实主义的最伟大胜利”的话，鲁大海的这一句哀怨之辞，就是《雷雨》中“现实主义的胜利”。只可惜张庚已经先入为主地从瞿秋白、周扬那里照搬了所谓“世界观与创作方法的矛盾”的文艺二元论，在他的眼里也就只能从鲁大海身上看到“失败”了。

在讨论了蘩漪、周萍的所谓“成功”和鲁大海、周朴园的所谓“失败”之后，张庚得出的第三个判断，就是把所谓“世界观与创作方法的矛盾”的紧箍咒式的文艺二元论，直接套在剧作者曹禺的头颅之上：“《雷雨》的作者在创作过程上所表现的不幸，就是在我们反复述说的这点，世界观和他的创作方法上的矛盾。如果他的创作方法战胜了他的世界观，他的这个剧作是要更其深入和感人的。不幸的是也像他的故事一样，那不可知的力量战胜了他的创作方法。”

翻检一下马克思、恩格斯和列宁的相关著作，不难发现这样一个并不复杂的事实：由瞿秋白、周扬等人提出的“世界观与创作方法的矛盾”，原本就是对马列原著的严重误读。列宁在《列夫·托尔斯泰是俄国革命的镜子》等一系列文章中指出的是“托尔斯泰的作品、观点、学说、学派中的矛盾”，而不是“世界观与创作方法的矛盾”。恩格斯在《致玛·哈克奈斯》中谈到的巴尔扎克的“现实主义的最伟大胜利”，指的是巴尔扎克在其创作实践中，对于自己的思想观念不断修正的动态过程，而不是所谓“现实主义的创作方法”的胜利。在一个活生生的人的活生生的思想意识与行为方式之间，尽管有各种各样的差别和矛盾，像切割死猪肉那样分割出世界观与创作方法的两大块，是永远不可能的。单就曹禺来说，存活在他的“原始的情绪”和“蛮性的遗留”之中的“阴间地狱之黑暗+男女情爱之追求+男权家庭之反叛+专制社会之革命+舍身爱人之牺牲+天诛地灭之天谴+替天行道之拯救+阳光天堂之超度”的密码模式，无论如何都要比这种“世界观与创作方法的矛盾”的理论怪圈要博大得多也鲜活得多。率先提出“世界观与创作方法的矛盾”的瞿秋白、周扬，连同严厉批评曹禺《雷雨》的田汉、张庚等人，没有一个创作出比曹禺《雷雨》更加经典的影剧作品，就是最好的证明。

四　与张彭春的再次合作

在写作《雷雨》的同时，曹禺完成了他的毕业论文《论易卜生》。论文是用英文写成的，主要参考了萧伯纳的《易卜生的精华》与胡适的《易卜生主义》中的一些观点。1933 年夏天，曹禺大学毕业后考入清华研究院，专门从事戏剧研究。为了积蓄足够的学费与郑秀一起出国留学，他随后前往保定明德中学充当英语教员。两个月后，他以拉痢疾为由回到北平，请毕业于北京大学英文系的青年诗人卞之琳接替教职。关于这段经历，郑秀接受田本相采访时解释说：“曹禺 1933 年毕业考入研究生院，人们都说是养老院，每月给 30 元生活费。他父亲给了他 1 万元，钱交给章靳以的父亲的交通银行存起来，利息从优，每月有 30 至 40 元的利息。我父亲每月给我 30 元。”“曹禺从保定回来，又读清华研究生，是有道理的，因为我当时还没有毕业，他是在等我，这是别人不知道的。”①

1934 年暑假，曹禺为了筹集出国留学的钱款，接受南开老校友杨善荃的邀请，出任天津河北女子师范学校外文系教授。当曹禺偕郑秀回到天津时，杨善荃专门在小白楼起士林为二人接风洗尘。曹禺在河北女师主讲

---

① 田本相、刘一军编著：《苦闷的灵魂——曹禺访谈录》，江苏教育出版社，2001 年，第 211 页。

《圣经》,《圣经》中与中国传统宗教神道息息相通的神道设教、替天行道、天谴罚罪、天诛地灭之类的宗教观念,在一定程度上启发了《日出》的创作灵感。

曹禺回到天津不久,张彭春也从美国回到南开。为了该年度的校庆纪念,张彭春邀请曹禺共同改编他 16 年前的旧作《新村正》。1934 年 10 月 27 日南开校庆之际,《新村正》以崭新的面貌在南开中学瑞廷礼堂公开演出。

经过曹禺改编的《新村正》,基本上可以纳入中国式社会问题剧的范畴。剧中对于城乡结合部的农村社会的关注,对于农民命运的思考,对于国人缺乏团体意识的针砭,对于剧中关帝庙的中心地位的设定,在一定程度上为《日出》与《原野》的写作,进行了预演和铺垫。

曹禺的第二部经典剧作《日出》的构思,直接得益于《雷雨》在大江南北引起的轰动效应。1935 年 10 月,唐槐秋率领中国第一个职业话剧团体中国旅行剧团,在天津新新影戏院公演《雷雨》。演出期间,曹禺与“中旅”的唐槐秋、戴涯、陶金、唐若青、赵慧深等主要演员过从甚密,并且经常在他们租住的惠中饭店留宿。惠中饭店里既有挥金如土的大款,更有以饭店为家的交际花,从而为《日出》提供了一部分的现实素材和创作灵感。

● 1935 年,张彭春(左)导演《财狂》时的工作照。这是指导万家宝(曹禺)饰演韩伯康彩排戏的情景

同年 11 月,张彭春再度邀请已经名闻天下的曹禺,与自己一起改译排演莫里哀的著名戏剧《财狂》(又译《守财奴》或《悭吝人》)。他用强大阵容进行了为期一个多月的严格排练,还特邀已经成为京派文坛核心人物的著名美女

林徽因担任舞台设计。12月7、8两日,《财狂》在南开中学举办校庆公演,郑振铎、靳以等人专门从北平赶来观看。

为配合《财狂》的演出,天津《大公报》副刊《艺术周刊》于12月7日刊出"财狂公演特刊",其中包括宋山的《关于莫里衷》、李健吾的《L'Arae的第四幕第四场》和常风的《莫里哀全集》。天津《益世报》也从12月7日起推出"南开新剧团公演莫里哀《财狂》专号",陆续发表曹禺的《在韩伯康家里》、水波的《财狂的演出》、伯克的《财狂评》、岚岚的《看了财狂之后》等多篇介绍文章。

12月15日,《南开校友》1卷3期刊登巩思文的《〈财狂〉改编本的贡献》,其中特别提到改编者创造性地添加进去的新内容:"现在的时代变了,现在用的钱不是金子银子,而是信用。您想,现在的钞票,股票,不都是一张纸,要是社会整个不巩固,一切信用便站不住,这钞票到哪里去兑,股票到哪里领到利息去,不是一个钱也不值吗?"

与这些新添加的现实内容相适应,原著中守财奴阿巴公的钱财失而复得的结局,也被改写成韩伯康30万元的美国股票忽然跳水贬值而"全不值钱了"。股票一夜之间"全不值钱"的惨局,曾经在曹禺家里发生过,而且是导致他的父亲万德尊发病猝死的主要诱因。到了《日出》中,大丰银行经理潘月亭在既是绝对专制的"阎王"又是绝对有余的"财神"的神秘人物金八的主宰操纵之下,因公债贬值而面临破产,所带来的更是对于剧中所有相对有余者和完全不足者一网打尽、天诛地灭的天谴罚罪。

在同一期的《南开校友》中,另有著名记者萧乾的《〈财狂〉之演出》,其中以美国著名喜剧演员贾波林(现通译为卓别林)和以饰演孙悟空著名的戏曲演员郝振基的经典表演为榜样,对于本名万家宝的成功表演给予肯定:"他简直把整个自我投入了韩伯康的灵魂中……在喜剧角色中,远了使我们想到贾波林,近了应是花果山上的郝振基,那么慷慨地把每条神经纤维都交托给所饰演的角色。失财以后那段著名的'有贼呀'的独白,已为万君血肉活灵的表演,将那悲喜交集的情绪都传染给我们整个感官了。"

五 陈白露与民国美女王右家

中国旅行剧团的男女演员们在生活作风上一向不够检点，据曹树钧考证，“中旅”女演员唐若青就是陈白露的几个生活原型中的一位，她戏演得好，“人也很风流，交游广，有点玩世不恭”。但是，陈白露更加重要的生活原型，是被曹树钧误写为王又佳的民国美女王右家。据曹树钧介绍，郑秀在接受采访时回忆说：“王又佳在美国留过学，交往的都是上层人物，达官贵人。曹禺的好友靳以曾经追求过王又佳，靳以人大气，老实，在女中教书，后被王背弃，为此精神上大受刺激，整天咒骂女人，发誓决不再娶妻子，曹禺还劝靳以‘要娶也不要娶这种女人’。”①

1962 年 4 月 3 日，《光明日报》刊登张绰、张卉中采访曹禺的访谈录《老作家谈创作》，其中记录了曹禺对于王右家不点名的回忆：“这个女人，长得漂亮极了，跟我的一个朋友很要好。后来这女的上了大学，又到美国去留学，回来之后，跟一个有妻子的报社总编辑搞在一起，这样的一个人物，使我想起社会上许多这一类的人，觉得非把她写出来不可。但是真的坐下来写之后，陈白露又不是原来那个女人了，许多情节都不一样。”

这里所说的“报社总编辑”，指的是 1932 年 1 月离开上海到天津任《益世报》社论总撰兼南开大学政治系教授的罗隆基。与罗隆基搞在一起的这个女人，指的是少女时代曾经与曹禺、靳以关系密切的王右家。关于罗隆基与王右家的风流情事，田本相在《曹禺传》中介绍说：“见过她的人都说她长得很漂亮，没有多么高的文化，但举止却落落大方。当时，她和《益世报》的罗某某同居了，罗某某去南开大学讲课，王小姐也跟着他坐汽车去，她的风流艳事在文化界流传着，她的打扮、风度都使人刮目相看。但她却

① 曹树钧：《走向世界的曹禺》，天地出版社，1995 年，第 3 页。

不是交际花。"①

田本相在《苦闷的灵魂》一书中，记录了曹禺晚年关于王右家更加详细的介绍，只是把王右家的名字错写成为王又佳："点燃陈白露形象的王小姐，她的父亲和我的父亲要好，是朋友，我就是这样同她认识的。她不是陈白露，也不是交际花，但她长得确实非常漂亮，也非常聪明。真正的交际花我也见过，但王小姐不是。她是胡闹，她是不卖钱的。我同她家不十分熟，但这个人呢，却一下子把我写陈白露形象点燃起来了……王小姐叫王又佳，她父亲和我的父亲是很好的朋友，都是湖北人，确切地说，她不是我戏里人物的模特儿，就像蘩漪似的，有这么一点影子；但王小姐这个影子，和我心中的人物形象，这么一碰，陈白露就出来了，要是没有这么一碰也出不来。方达生有靳以身上的东西，当然靳以有他的长处，他很会做编辑喽！靳以曾经和这位王小姐好过，当然这不要提了。"②

与曹禺所说的"我同她家不十分熟"恰好相反，曹禺的侄子万世雄的奶妈王振英回忆说："曹禺的同学倒是常来，我记得的有章方叙、王又佳。"

章方叙笔名靳以、方序、苏麟、陈涓、章依等，与小他一岁的曹禺是天津南开中学时代的同班同学，而且同为《玄背》文学副刊和《南中周刊》的编辑。另据曹禺的继母薛咏南的干女儿邹淑英回忆说，"王又佳的母亲与曹禺的母亲是干姐妹，交过兰谱，也是潜江人"。"说起王又佳，她是十八九岁去美国并落难于美国的，碰巧遇上了罗隆基，他们就同居了。回国后，她常来看干妈，那时不过二十来岁，她母亲跟干妈也很不错。王在抗战时去了重庆，跟罗隆基离婚了。抗战胜利后在北平又与人结婚了（这个人曾是阮玲玉的丈夫），还给干妈发来了很考究的帖子，干妈没去。"③

---

① 田本相：《曹禺传》，北京十月文艺出版社，1988 年，第 176 页。
② 田本相、刘一军编著：《苦闷的灵魂——曹禺访谈录》，第 114 页。
③ 《苦闷的灵魂——曹禺访谈录》第 270、272 页。

六　曹禺对王右家的一往情深

2002年9月18日，陈清在《中华读书报》发表《章靳以与王右家没有任何瓜葛》，其中介绍说，章靳以1927年中学毕业离开天津，到上海复旦大学商学院国际贸易系就读，先进入预科班，然后升入大学。1932年毕业于复旦大学。他“早年是有失恋，他的中学好友曹禺也确实劝过他‘要娶也不要娶这种女人’，而这个女人非指王右家，而指章靳以的大学同窗，当时复旦大学的一名校花，一位陈姓女子。章靳以与他的这位同窗整整热恋三年（约在1930～1932年间），而当章靳以一脱下大学毕业的方帽子，立即弃商从文……那位陈姓女子则进入银行当上职员，在铜臭和利禄的熏染之下，终于变心，投入银行经理的怀抱。”

依照常识理性，曾经以陈涓为笔名的章靳以在上海复旦大学可以失恋，在1927年之前的南开中学期间同样可以失恋。“陈姓女子”的存在，无论如何也不足以证明章靳以此前没有与王右家恋爱过。进一步说，章靳以的“弃商从文”，与“陈姓女子”的当银行职员以及“投入银行经理的怀抱”之间，只是路径选择的不同，而不存在“万般皆下品，唯有读书高”之类的道德高下。包括银行家在内的工商企业家对于整个社会的价值贡献，要远远超过“弃商从文”的章靳以的纸上谈兵。而且南开中学时期的章靳以和曹禺，很有可能是同时暗恋上了王右家。黄佐临在接受田本相采访时，就以历史见证者的身份介绍了曹禺与王右家之间的旧情往事：

> 陈白露的模特儿我见过，此人姓王，叫什么我忘了。她是罗隆基的情人，人们叫她王小姐，长得很漂亮。曹禺跟这个王小姐是有交往的，相当熟悉；他自己就是那个方达生了。潘经理我也见过，天津一个银行的经理，是外交部副部长章文晋的父亲，与罗隆基是同学，在英国也是同学，又在南开大学共同教课。罗隆基是结了婚的，经常同老婆

打架。王小姐是官僚的女儿，家里有钱，她不是陈白露那种交际花。北京、上海都没有像她这样漂亮的。在重庆时，曹禺常提起这个王小姐，他还陶醉那段生活。王小姐又漂亮又聪明，但是她文化并不高。我想排《日出》，但找不到一个像王小姐那样漂亮的人。王小姐没学问。林徽因是梁思成的夫人，学建筑的，有学问又漂亮。王小姐在曹禺创作生活中是很关键的人物。张骏祥知道得更清楚些。曹禺和王小姐，不是为猎奇而猎奇，而是朋友的关系。①

前外交部副部长章文晋的父亲是章以吴，他于1897年出生于浙江宁海县（今三门县）的海游镇，与小他一岁的周恩来是天津南开中学的同班同学；并且与周恩来以及后来的曹禺一样，是南开新剧团里面擅长于男扮女装的旦角演员。章以吴的妻子朱淇筠，是曾任北洋政府交通总长及代理国务总理的朱启钤的二女儿。朱启钤与梁士诒、周自齐、叶恭绰等交通系人物，一直是交通银行及新华储蓄银行的大股东。有了这层关系，章以吴进入社会之后，很快成为"天津一个银行的经理"。到了1936年，39岁的章以吴与40岁的罗隆基，于不知不觉中被26岁的南开小校友曹禺高度关注，从而成为曹禺笔下的大丰银行经理潘月亭的生活原型。

曹禺于1945年前后在重庆写作《桥》时，刚刚见证过与自己频繁交往的王右家与罗隆基之间的一场婚变。于是，他在该剧的舞台提示中，一往情深地介绍了以王右家为生活原型的梁爱米：

梁爱米是一个士大夫家庭的小姐。她的家庭已经没落得没剩下几个人。她仿佛是一棵凋零的老树上惟一的一支鲜艳的花朵，终于脱离了这个老朽的根，以自己所有的灿烂来游戏取悦于人间。她廿五六岁，上天给了她一副不能再美的外表，同时也给了她更难于捉摸的性

① 《苦闷的灵魂——曹禺访谈录》第233页。

情。她看不起人，骄傲，无比的自负，却也有足够的聪明，这聪明是一望无余的表现在人们的眼前的。善于利用自己的长处，那惟一的长处也就是自己的美貌。好虚荣，喜露锋芒，生活奢侈，而不检点，她的许多"大胆"的行为，常常使人为之侧目。可以大量地弄到钱，也可以毫不吝惜地让钱从手里流出去。管不住地好动，无恒心，什么地方也待不久，什么事情也做不成……虽然如此，她的心里倒也有一个小小的角落还保持着干净，真挚和温暖。她和沈承灿是青梅竹马的玩伴，从小就别别扭扭，时常吵架，一直到今天，他们还是无止境地一见面就得争起来。她对承灿有一种分不得的感情，怕只有这一点感情才是心灵中最纯洁的了。

"廿五六岁"恰好是1936年前后曹禺写作《日出》时王右家的年龄，而不是他写作《桥》时王右家的实际年龄。刻在曹禺记忆之中并且让他一往情深的，显然是因为与罗隆基的婚外情爱而闹得满城风雨的王右家。在《苦闷的灵魂》一书中，田本相还记录有晚年曹禺的另外一段话：

王小姐岁数和我们差不多，后来到美国去了。我写《桥》的时候，其中也有她一点东西，但也不是她了。就是那个沈承灿的朋友，古先生的一个姘头，高级的，有钱的，这样又从王小姐身上分出一点来。罗隆基到了北京，一天给她打两次电话，我都觉得邪门。这个王小姐非常聪明，非常漂亮，极有魅力。但是，她不是那么堕落，她也胡搞，却不那么乱七八糟，不是低级的，而是高级的。家道中落后，就不是在旅馆里搞了，但她也不是交际花。不知什么时候跟罗隆基离婚了，又嫁给一个外国的什么人，在伦敦住下了，后来的情况就不大清楚了，恐怕死了。

七　王右家与罗隆基的情爱传奇

1974年1月,王右家的闺中密友同时也是罗隆基的婚外情人的吕孝信,在台湾《传记文学》第24卷第1期发表长篇回忆文章《忆一对欢喜冤家——王右家与罗隆基》,后来又出版有回忆录《耄年忆往》。按照吕孝信的介绍,她与王右家"从拖鼻涕时代——小学一年级就同学,以至中学、大学都同校,除了她出国三年,抗战八年……没在一处外,其余时间我们是经常在一起的"。

王右家和吕孝信从北京女子高等师范学校附属小学毕业后,一起考入宣外大街的春明女中,之后又一起考入北京女子大学。她们原本约定要一起到美国留学,没有想到王右家突然私自离开。两三年后的1931年,没有拿到学位的王右家又突然回国。关于王右家的女性魅力,吕孝信写道:"有人说她的美是:'增一分则长,减一分则短,施粉则太白,施朱则太赤',又有人说: 她静时如圣女玛丽亚,动时如春天的一朵花。这些都是女朋友给她的鉴定。按理娥眉善妒,一般女人总不愿承认别人比自己美,而她能从女朋友中得到这种品评,可见她是真的美丽。对于她的美我欣赏得最多,因为从小我就和她是死党,看见她成长——由一个黄毛丫头变成一个美丽的少女。我认为她最美的地方不是在她的面孔体型,而是在她的动作和她的气质上。她动作时的美,我以为纵集天下美女于一堂也无法与之相比。她的一举手一投足,都给人一种如音乐旋律的美感。"

1931年5月20日,罗隆基从上海给远在北平的新月社老大哥胡适写信说:"舜琴已于昨日离沪返新加坡,彼此同意暂分六个月(最少六个月)。国家的个人自由没有争到,家庭的自由争来六个月,未始非易事! 前此情况,译书都不得安宁,十天工夫尽费在吵架上面,真不值得。"①同一天,罗

① 《胡适来往书信选》中册,中华书局,1980年,第70页。

隆基在写给徐志摩的书信中同样表示说："舜琴已于昨日离沪返新加坡，暂分六个月。短期的自由，争来亦不容易。将来，让将来照顾将来罢！"

张舜琴的父亲张永福，是与孙中山、黄兴、胡汉民等人关系密切的新加坡华侨富商、老同盟会员。张舜琴在伦敦留学期间，在一次舞会上与在伦敦大学政治经济学院跟随拉斯基攻读博士学位的罗隆基相识，两个人很快结婚成家。1928 年，张舜琴跟随罗隆基回国，租住在上海霞飞路 1014 弄 15 号的花园洋房里，与罗隆基的清华同学梁实秋比邻而居。张舜琴在英国学习的是法律专业，回到上海一边挂牌当律师，一边在上海光华大学兼任英语教师。罗隆基更是身兼中国公学政治经济系教授、光华大学政治系教授、暨南大学政治经济系讲师、《新月》杂志主编等多项职务。

吕孝信出生于 1910 年，与曹禺是同龄人。而王右家要比吕孝信大一两岁，与章靳以的年龄更加接近一点。出生于 1896 年 7 月 30 日的罗隆基，要比王右家大 13 岁左右。王右家出国之前，已经与她的义母的儿子订下婚约。当她从美国归来时，未婚夫恰好不在国内。于是，她在上海与罗隆基(努生)一见钟情。关于罗隆基与王右家的情爱传奇，吕孝信回忆说："右家那时不过二十出头，美得像一朵花，见到她的男人，无人不为之倾倒，正是要风得风，要雨有雨的时候，她无论想嫁谁，都是别人求之不得的事，可是偏偏遇到努生是个有妻室的人……我问她：'你为什么一定要和一个有妻室的人同居，难道只为了表示你有对这社会挑战的勇气么？'后来我才知道她有这勇气，都是努生给她的挑战。努生说：'你这么青春美丽，如能给这古老封建的社会来颗炸弹，使得万万千千的人为你的勇敢喝彩、赞美，一定会给这死气沉沉的社会，平添生气。——'右家天生本来就有反叛性格，所以就在这种恭维鼓舞之下，不顾一切后果的和努生同居了。"

关于罗隆基与王右家既轰轰烈烈又风光无限的同居生活，吕孝信的介绍是："努生喜欢外表美丽的女孩子，更欣赏女孩子有美丽的内心，因此鼓励她多读书、练习写作，那时她确实读了很多书。以后她又办《益世报 · 妇女周刊》，对文化工作非常热心……努生除了在天津《益世报》工作，又在南开大学兼课，后来又兼领了北平一家大报的社长兼总编辑（好像是《晨报》），他们又在北平大水车胡同另租了一所房子，平津两地轮流的住。”

1937年“七七事变”发生后，罗隆基与王右家离开北平前往南京，不仅得到蒋介石等国民党最高当局的礼遇，而且与共产党方面的周恩来、邓颖超等人交往密切。在汉口期间，罗隆基与王右家的临时住宅，一度成为上流社会的一个交际中心。用吕孝信的话说：“那时一个在燕大教书的胡教授，他是我小学同学的丈夫，有次他告诉我：‘你的好朋友王右家，现在在汉口好出风头，已成了通天教主，家中宾客如云，男男女女全有，凡是未婚的男人想找太太，只要去通天教主处挂号，一定可以如愿以偿。’”

八　王右家与罗隆基的绝情离异

罗隆基与王右家的婚外同居，一直维持到1938年前后的重庆时期。打算与自己的一个学生结婚的张舜琴，终于同意与罗隆基办理离婚手续。王右家随后便与被她昵称为“骡子”的罗隆基正式结婚。据吕孝信介绍，罗隆基对于感情是“多元论者”，王右家对于自己的女性魅力也充满自信。不曾想与罗隆基有婚外情爱的一位“太太”，找到王右家想要回写给罗隆基的情书。王右家出于好奇，“随便在其中抽了一封看看”，竟然看到“她计划要离开丈夫，而骡子也计划要和我离婚”。

据章诒和在《这样事和谁细讲》一书中考证，这位“太太”是杨度养在苏州的小老婆所生育的大女儿杨云慧。王右家无法接受罗隆基在情书里跟杨云慧谈婚论嫁，只好选择离家出走。在情场上从来都是战无不胜、攻无不克的罗隆基，竟然被自己心爱的女人绝情离异，他无论如何也不愿意承受这样的精神打击，于是便在此后的情爱生活中变本加厉地表现出“逢场作戏，玩世不恭”的态度。关于杨云慧和吕孝信，晚年罗隆基在亲笔写作的“年谱”中有明确介绍：“一九三八年，四十二岁：同杨云慧（杨度之女）发生友谊和恋爱。”“一九四九年，五十三岁：到京后又同吕孝信重修旧好。

一个时期内，极为亲热，这是在抗战前的一个女友。到京后又见干女儿梁文茜。她已经二十一岁了。她十分爱我，一个时期内，十分亲热，已超过干父女之爱了。"①

王右家与罗隆基分居的时间是1943年6月28日。同年7月24日，她离开重庆前往成都。罗隆基追到成都，她便逃往昆明。罗隆基追到昆明，她干脆途经印度前往英国。罗隆基与王右家分手之后，无论是在情场还是在官场上，都表现得得心应手、左右逢源。1949年之后，他历任中华人民共和国政务院委员、森林工业部部长、政协全国委员会常委、第一届全国人大代表、中国人民世界和平大会宣传部长、民盟中央副主席等职。他在到处拈花惹草的同时，与彭德怀元帅的妻姊、著名记者浦熙修维持了多年的恋爱关系。两个人最终并没有结婚，反而在1957年的反右运动中双双被打成右派分子。1965年12月7日深夜，罗隆基突发心脏病死于家中，终年69岁。

王右家抗战胜利后回国，与罗隆基在上海办理离婚手续，然后结识已故电影演员阮玲玉的丈夫唐季珊，嫁给他做了第五任太太。王右家的自我解嘲是"老大嫁作商人妇"。

1948年的秋末冬初，唐季珊与王右家在北平举办婚礼，然后在平津战役的隆隆炮声中南下上海。1949年，唐季珊、王右家夫妇随国民党政权迁往台湾，在台北郊区北投的山顶上购买了一座别墅。唐季珊仍然经营他的华荣茶叶公司，王右家仍然应酬于达官贵人中间，唐家别墅很快成为台北上层社会的一个交际中心。1958年4月12日，由王右家编导的古装历史剧《龙女寺》，在三军托儿所连续公演20天，一时间颇受好评。只是由于风流成性的唐季珊旧习难改，又悄悄爱上酒吧女郎安娜小姐，致使王右家于1959年带着儿子离开台湾来到香港。失去王右家的唐季珊，茶叶生意一落千丈，以至于倾家荡产、流落街头。王右家在香港创业的计划，也同样没

① 章诒和：《这样事和谁细讲》，香港牛津大学出版社，2009年。

有获得成功,后来她只好返回台湾。1967 年前后,她因为头痛住进一所平民医院,“入院后昏迷不醒,越日即行逝世”。

九　应运而生的《日出》

曹禺的第一部经典戏剧《雷雨》开始构思于南开中学时期,完成于 1933 年暑假由清华大学毕业之际,其间经历了五六个年头的反复酝酿和重复修改。相比之下,《日出》更像是一部急就章。1936 年四五月间,曾经编辑《文学季刊》并且经手发表《雷雨》的巴金、靳以,正在南京筹办《文季月刊》,一心想拿曹禺的新剧作充当创刊号的扛鼎之作,所以催稿甚急。曹禺只好白天为天津河北女子师范学院的学生上课,晚上埋头写作《日出》:“《日出》写得非常之快,我一幕一幕地写,刊物一幕一幕地登,很像章回小说的连载,他们催着发稿,我还要教课,只得拼命写,有时几天不得睡觉。”①

1936 年 6 月,《文季月刊》在南京创刊,创刊号上发表了《日出》第一幕,《日出》全剧至第 4 期连载完毕。同年 11 月,《日出》作为《文学丛刊》第三集、《曹禺戏剧集》第二种,由巴金主持的上海文化生活出版社出版。曹禺在写作《〈日出〉跋》的同时,又对《文季月刊》上发表的“未定稿”进行了改写加工。其中最为明显的改动,是把旅馆茶房阿根,改名为颇带天谴诅咒意味的王福升即王八爷,并且改正删除了“第一幕在方达生口里有‘上海’字样”的“笔误”。

1936 年夏天,曹禺应校长余上沅的邀请,来到位于南京鼓楼东南角的国立戏剧学校任教,主讲《剧作法》、《西洋戏剧》和《现代戏剧与戏剧批评》等课程并兼做导演。国立戏剧学校创办于 1935 年 10 月 19 日,后台老板是以陈立夫、陈果夫兄弟为首的国民党 CC 系骨干、中央文化事业计划委

---

① 曹禺:《我的生活和创作道路——同田本相的谈话》,《戏剧论丛》1981 年第 2 期。

员会副主委张道藩。曹禺到南京工作，自然投合了郑秀的心愿。郑秀于当年从清华大学法律系毕业，她的父亲、时任最高法院检察署检察长的郑烈，希望女儿回到自己身边。郑秀回南京后，在南京政府审计部充当科员，主管大学经费的审核工作。

1936 年 10 月 27 日，曹禺与郑秀在南京平仓德奥瑞同学会举行订婚仪式。据郑秀回忆说："德瑞奥同学会类似一个国际俱乐部，在那里举行订婚仪式，事先发了二三百份请帖，国立剧专的同事，戏剧界的朋友，还有其他一些亲友。他的母亲特地从天津赶来。巴金和靳以是专程坐飞机从上海来的，那时上海到南京的飞机航线才开辟起来，机票 25 块钱。他们带来的礼物是一个十分漂亮的从美国进口的洋娃娃，这个洋娃娃会叫人。当订婚仪式即将结束时，田汉也来了，他拿了一幅中堂来作为礼物。晚上，在家里有个家宴。"①

最令曹禺激奋的，是新创作的《日出》所引起的热烈反响。1937 年元旦来临之际，萧乾作为曹禺的朋友，在自己主持的天津《大公报》"文艺"副刊上，先后采用三个整版的篇幅，对《日出》进行了一次"集体批评"。在 1936 年 12 月 27 日的《大公报》文艺副刊第 273 期上，刊登有燕京大学西洋文学系主任谢迪克（H. E. Shadick）的《一个异邦人的意见》、李广田的《我更爱〈雷雨〉》、杨刚的《现实的侦探》、陈蓝的《戏剧的进展》、李影心的《多方面的穿插》、王朔的《活现的廿世纪图》。在 1937 年 1 月 1 日的《大公报》"文艺"副刊第 276 期上，刊登有茅盾的《渴望早早排演》、孟实的《舍不得分手》、圣陶的《成功的群象》、沈从文的《伟大的收获》、巴金的《雄壮的景象》、靳以的《更亲切一些》、黎烈文的《大胆的手法》、荒煤的《还有些茫然》、李蕤的《从〈雷雨〉到〈日出〉》。

1937 年 2 月 18 日，作为对前两个整版的答复回应，《大公报》"文艺"副刊以整版篇幅发表曹禺的长文《我怎样写〈日出〉》，也就是在此前的

① 《苦闷的灵魂——曹禺访谈录》，第 214 页。

1936年11月已经被收入《日出》单行本的《〈日出〉跋》。对于一部新人新作能够展开如此规模的“集体批评”，称得上是中国现代戏剧史和现代文学史上的空前之举。

被曹禺称赞为“一位好心的编辑”的萧乾，在《新文学史料》1979年第2期发表的《鱼饵·论坛·阵地》中，曾有这样的回忆：“关于《日出》的讨论，这个剧本问世后，我想通过它把评论搞得‘立体化’一些。我长时期感到一部作品——尤其一部重要作品，由专业书评家来评论是必要的，由作者自剖一下也有助于深入了解，但应不应该也让读者发表一下意见？要不要请文艺界同行来议论它一下？我用三个整版做了一次试验，头两次是‘集体批评’，也即是请文艺界新老作家对它各抒己见，最后一期是作者的自我剖析。当时除了为加深读者对于剧本的理解之外，我还有一个意图，想用这种方式提倡一下‘超捧场超攻讦’，‘不阿谀，不中伤’，心平气和，与人为善的批评。讨论是热烈的，评者与作者的态度是诚恳的。”

依据现有的资料，被萧乾称之为“超捧场超攻讦”的集体批评，是颇有刻意策划、精心导演的双簧戏嫌疑的；所谓“超捧场”，其实是一场没有脱尽“捧场”味道的“超级捧场”。

1936年，为纪念《大公报》改版十周年，报社专门策划设立“文艺和科学奖金”。在恩师杨振声、沈从文的大力扶持下主持《大公报》文艺副刊的萧乾，于这一年春天来到上海，参与筹办沪版《大公报》，无形中起到了沟通上海与京津文艺家的桥梁作用。由萧乾一手操办的这场围绕《日出》的集体批评，是《大公报》在这次评奖活动中大造声势的重头戏。参与这次集体批评的大凡是经常为《大公报》文艺副刊连同《文季月刊》撰稿的京派同人或准同人，美籍教授谢迪克甚至还透露了没有最后完成的曹禺第三部戏剧《原野》的相关信息：“在社会资料的丰富和露露这个人物的创造上，作者显然比《雷雨》中进步多了，但在结构上则不如他第三出戏能包容《雷雨》和《日出》的共同优点，我确信我们将有一部伟作可读了。”

正是由于萧乾与参与这次集体批评的撰稿人之间同人、准同人的密切关系，保证了每个撰稿人能够及时读到由靳以、巴金主编的《文季月刊》，并且及时把各自的稿件交到作为《大公报》编辑的萧乾手中。《日出》于9月份在《文季月刊》连载完毕，11月份便由巴金主持的文化生活出版社出版，其间只有不到两个月的时间空当。在这两个月里，萧乾不仅成功组织到了全部稿件，还及时地把这些稿件转交曹禺，以便让他参照这些批评意见写作《我怎样写〈日出〉》，一方面作为《〈日出〉跋》收入11月份出版的《日出》单行本之中；一方面拿到《大公报》文艺副刊予以发表。萧乾的煞费苦心，由此即可见出一斑。

十 《日出》演出的轰动效应

《日出》在《文季月刊》发表后不久，曾经于1935年执导过上海复旦剧社《雷雨》演出的欧阳予倩，专程从上海来到南京向曹禺当面征求意见，表示要与上海戏剧工作社合作把《日出》一剧搬上舞台。上海戏剧工作社是由曾经主演过《雷雨》的复旦大学毕业生凤子（封禾了），与吴铁翼等人自发组织的复旦大学校友剧社。该剧社在欧阳予倩的执导下，经过几个多月的排演筹备，于1937年2月2至5日，在上海卡尔登大戏院隆重公演。公演之前，曹禺专程到上海为演职人员讲解《日出》并观看彩排，并且在《〈日出〉跋》中，对于第三幕的惨遭删除表示异议说：

> 这些天我常诧异《雷雨》和《日出》的遭遇，它们总不得已地受着人们的支解，以前因为戏本的冗长，《雷雨》被砍去了“序曲”和“尾声”，无头无尾，直挺挺一般躯干摆在人们眼前。现在似乎也因为累赘，为着翠喜这样的角色不易找或者也由于求布局紧凑的原故，《日出》的第三幕又得被删去的命运。这种“挖心”的办法，较之斩头截尾还令人难堪。我想这剧本纵或繁长无味，作戏人的守法似乎应先求理会，果若一味凭信自己的主见，不肯多体贴作者执笔时的苦心，便率尔

删除，这确实是残忍的。

与《雷雨》相仿佛，《日出》的内涵同样具有百科全书式的丰富多彩。因此，对于《日出》的误读与删改，并不妨碍首次公演的轰动效应。首演成功的消息传到日本东京，凤子的复旦同学严兴坤的丈夫林一屏，代表"中华留东同学会话剧协会"写信邀请凤子赴东京主演《日出》。凤子也恰好有到日本留学的想法，很快便抵达东京。

鉴于复旦戏剧工作社首演《日出》的经验教训，凤子到东京后坚持排演第三幕。1937 年 3 月 19 至 21 日，《日出》以中华国际戏剧协会的名义在神田一桥讲堂演出。这次演出赢得了更加广泛的好评，尤其是扮演花翠喜的尹孟珏，以其高超的演技扣动了观众们的心弦。三天公演后，本打算应观众的要求再加演两场，由于中国驻日使馆以有辱国体为名横加干涉，第四天演出只好删去第三幕，第五天索性辍演。凤子也因此放弃留学的念头返回国内。

在《日出》轰动日本东京的同时，由南京中国戏剧学会公演的《日出》也在国内引起轰动。由于《雷雨》、《日出》的公演为中华戏剧学会带来了丰厚的经济利益，中国戏剧学会由曹禺、戴涯、马彦祥等人联合发起，于 1937 年 6 月 1 日正式改组为职业剧团。

《日出》的成功，使得曹禺一时间变得空前活跃。1937 年 1 月 2 至 9 日，国立戏剧学校在新街口世界大戏院公演由张彭春、曹禺改译的《国民公敌》。由曹禺亲自执导的《争强》，也于 1 月 14 至 16 日在南京世界大戏院公演。出于对《日出》第三幕被删除的不满，曹禺征得校长余上沅的同意，亲自组织了全本《日出》的排演。排演过程中，适逢南开校友会南京分会成立，张伯苓、张彭春兄弟都在南京，曹禺便邀请自己的恩师张彭春来指导排演第三幕。经过三个月紧张排演，《日出》于 4 月 23 日作为国立戏剧学校第 11 次公演剧目在中正堂演出。多家报纸为此刊登醒目的广告和评论，《南京日报》"每日出电影"发行《日出》公演专号，《扶轮日报》发行《日出》公演特辑,《大夏晚报》也发行了《日出》公演特刊。

据曹树钧《走向世界的曹禺》考证,真正把《日出》演遍大江南北的,依然是作为中国第一个职业话剧团体的中国旅行剧团。1937 年春天,"中旅"特邀欧阳予倩执导《日出》,由陈白露原型之一的唐若青扮演陈白露,经过精心排演,于 6 月份在上海卡尔登大戏院公演,共演出 20 天,计 32 场。"导演在舞台调度上别具一格。剧中场景的展开,以陈白露与方达生看着窗上结的冰花回忆童年时双双的背景开始,把观众的想象引向遥远。最后以陈白露面向观众,对着精心设计的空框镜台默默端详自己作结,令人回味无穷。"①

十一　周扬与黄芝冈的"批评的批评"

正当文艺界颇为一致地为《日出》呐喊叫好的时候,黄芝冈犹如一匹不够合群的黑马,从左翼文艺的阵营里杀将出来,以一篇《从〈雷雨〉到〈日出〉》,把左翼文化人对于曹禺戏剧的政治化批判,推演到了一个极致。

在正文之前,黄芝冈在题记中公开表明自己高度政治化的功利立场:"最受观众欢迎的戏不一定是最好的戏剧;作者除技巧成熟而外还得对社会有正确认识和剖析;剧作者对剧情无正确的估量,不但是幻术般的欺骗了观众,而且也因为观众的盲目拥护认不清他自己的前途。"

基于所谓的"正确认识",黄芝冈先以"现实性"的名义对《雷雨》的"失败"痛加批判:"当《雷雨》在南京上演的时候,一位青年观众在深深地叹息着;他说:'爱情是最危险的。'我一回头看他,心上便起了一阵寒栗,因为他的话是千真万真的一句古话,外面包着一层糖衣;骨子里在宣传'万恶淫为首',谁能不说是这种意思呢? ……这剧中的最荒谬最大胆的断定

---

① 曹树钧:《走向世界的曹禺》,第 143 页。

莫过于工人们将工头卖了，工人卖工头是‘对门山里人咬狗，拿起狗来打石头’的事情，在这里代表着革命的整个毁灭，然而，事实上是不会有的；正好像头巾气的绝望战胜了青年的前途，‘一失足成千古恨’断送了青年人的生命是代表着旧势力的绝对稳固，然而事实上也是不会有的一样……事实上所有的是作者心里潜在的暗影在剧中的活跃，因此，《雷雨》对青年的指导上走上了歪路。”

同样是基于“现实性”的名义，黄芝冈接着批判《日出》道：“一直到最后，达生仍在狂喊着：‘竹筠（即白露）你听我一句，你这么下去，一定是一条死路，你听我一句要你还是跟我走……你看，外面是太阳，是春天！’难道白露一跟达生走，嫁给他，跟他养孩子便是生路了，便有了太阳春天么？难道说‘日出’的意义便只是这样，女人的‘日出’便只是和男人结婚生小孩么？好一个‘正式结婚至上主义者’呀！”

黄芝冈的这篇文章，与他的湖南籍老同学加老同乡的田汉所写的《暴风雨中的南京艺坛一瞥》一样，走的是鲁迅在《对于批评家的希望》中所批评的“独靠了一两本‘西方’的旧批评论，或则捞一点头脑板滞的先生们的唾余，或则仗着中国固有的什么天经地义之类的，也到文坛上来践踏”的“近于宗教家而且援引多数来恫吓”的文艺歧路。① 与鲁大海一厢情愿地以工人代表的身份，向周朴园发出“绝子绝孙”的天谴诅咒相仿佛；黄芝冈刚刚以“一个戏剧运动者”的身份，理直气壮地把鲁大海被工人弟兄所出卖认定为“事实上是不会有的”，他自己转眼之间就遭到同一阵营的周扬的迎头痛击。

1937 年 2 月，黄芝冈的《从〈雷雨〉到〈日出〉》发表在由夏衍、沙汀等人主持的“左联”机关刊物《光明》半月刊 2 卷 5 期中。一个月后，《光明》半月刊 2 卷 8 期推出周扬的《论〈雷雨〉和〈日出〉——并对黄芝冈先生的

---

① 鲁迅：《对于批评家的希望》、《反对“含泪”的批评家》，《鲁迅全集》第 1 卷，人民文学出版社，1981 年，第 401、403 页。

批评的批评》。与黄芝冈相仿佛，周扬在“批评的批评”中摆出来的，依然是鲁大海式的替天行道、天谴诅咒的神圣姿态。出于“保证文学批评的健全地发展和信用”的政治正确，周扬指责黄芝冈表现了“对于作家的态度的粗率”和“对于文艺的特殊性，以及文学和现实之关系的朴素而不正确的理解”，甚至于把黄芝冈的批评斥之为“如果不是由于色盲，就是出于‘毒舌’”。

在对黄芝冈实施严厉批评、无情打击的同时，周扬给予《雷雨》、《日出》的却是艺术创作方面的充分肯定：“《雷雨》和《日出》无论是在形式技巧上，在主题内容上，都是优秀的作品，它们具有反封建反资本主义的意义。”

接下来，周扬凭着异乎寻常的艺术直觉，指出了《日出》一剧“现实主义的不彻底不充分”：“作者说，他为《日出》全部材料的收集，受了不少的苦难，这努力是值得尊重的。但是我恐怕他还只是搜集了这些材料，整理了剪接了它们，还没有能够把他们综合，构成一个有机的整体。所以他现在还只能用片段的方法，人生零碎去阐明一个观念，而这个方法决不是艺术的大路。……《日出》的结尾，虽是乐观的，但却是一个廉价的乐观。他关于‘损不足以奉有余’的社会，只说出了部分的真实，他向黑暗势力叫出了：‘你们的末日到了。’而对于象征光明的人们的希望也只是一种漠然的希望，他还没有充分地把握：只有站在历史法则上而经过革命，这个‘损不足以奉有余’的社会才能根本改变。”

正如钱理群指出的那样，周扬对于同一阵营中的黄芝冈的“批评的批评”，实质上所要解决的是马克思主义者对于非马克思主义作家的战略选择问题：“是以‘批判’、‘揭露’为主，意在明确地与之划清界限，以保持自身的‘纯洁性’；还是以‘引导’为主，以从中引发出有利于自己的‘积极意义’。黄芝冈与周扬的分歧实质正在于此。”①

---

① 钱理群：《大小舞台之间——曹禺戏剧新论》，浙江文艺出版社，1994 年，第 97 页。

换言之,周扬对于黄芝冈的“批评的批评”,带着极其明显的政治操作意味。其历史意义在于正式确立了对“第三种人”的作品既有所批判又为我所用的标准化模式:先把“第三种人”的作品网罗到“现实主义”的“世界观与创作方法的矛盾”的文艺二元论的理论圈套之中,然后再像唐僧对孙悟空念诵紧箍咒一样,实施削足适履、为我所用的文艺为政治服从的政治批判。由于周扬的特殊地位,在此后长达半个多世纪的历史进程中,这种紧箍咒式的文艺二元论,一直是主宰中国的文艺理论与批评的主旋律。

1980年6月22日,曹禺接受田本相、杨景辉采访时,对于以周扬为代表的这种紧箍咒式的文艺二元论,进行了一番深刻反思:“我不大赞成戏剧的实用主义,我看毛病就出在我们的根深蒂固的实用主义上。总是引导剧作家盯在一些具体的问题上,具体的目标上。这样,叫许多有生活的人,有才能的人,不能从高度看,从整个的人类,从文明的历史,从人的自身去思考问题,去反映生活。我们太讲究‘用’了,这个路子太狭窄。对于文学艺术来说,实用主义是害死人的……不要用政治把人性扣住。这些话叫周扬听了,会很不舒服。当年,他写的批评《雷雨》、《日出》的文章,是很有分量的,但是,也是把人性的东西解释得很狭窄……这里提一下,建国初期,周扬的话,我佩服得不得了,我修改《雷雨》和《日出》,就是开明书店出版的那本剧作选,我基本上是按照周扬写的那篇文章改的,……我不是怪罪周扬,而是说明:不能把没有想通的东西,把自己还没有搞清楚的问题,就去生硬地灌到自己的作品中去……写作这东西,可是心血,是心血啊!”①

回过头来想一想,周扬等人动不动就要用“世界观与创作方法的矛盾”的紧箍咒,曲解割裂文艺作品的真实内涵的“现实主义”理论,也就是曹禺所说“引导剧作家盯在一些具体的问题上,具体的目标上”的“戏剧的实用主义”,整整扼杀了包括曹禺在内的几代文艺家的创作活力和艺术生命。成就曹禺成其为影剧大师的,反倒是集动物本能的野性蛮力和宗教精

---

① 《苦闷的灵魂——曹禺访谈录》,第36页。

神的神性魔力于一身的“原始的情绪”和“蛮性的遗留”，以及由此而来的“阴间地狱之黑暗 + 男女情爱之追求 + 男权家庭之反叛 + 专制社会之革命 + 舍身爱人之牺牲 + 天诛地灭之天谴 + 替天行道之拯救 + 阳光天堂之超度”的密码模式。这一惨痛的历史教训，必须引起人们高度重视。

第四章　《日出》中的阳光天堂*

与此前的《雷雨》相比较，曹禺的第二部经典戏剧《日出》，所集中表现的已经不再是私人性的男女情爱和家族宿命；而是整个社会贫富悬殊的阶级对立，以及老子《道德经》中所倡导的以“损有余而补不足”的阳光天堂“天之道”的神圣名义，对于“损不足以奉有余”的人间地狱“人之道”的现实世界而实施的“存天理，灭人欲”式的奉天承运、替天行道、天诛地灭、一网打尽的天谴罚罪。

一　陈白露的“有余”与“不足”

《日出》的戏剧情节并不复杂。剧中的女主人公陈白露是一位聪明美丽的女学生，父亲去世后失去了经济保障，只好依附于大丰银行经理潘月亭，被包养在某大都市的大旅馆里，过着见不到阳光的“放荡，堕落”的“发疯的生活”。她从前的“朋友”或者说是初恋情人方达生，从乡下老家前来英雄救美，却在与她相处的几天里，逐渐认识到整个社会的黑暗与不公，最后一个人昂首走向由砸夯的工人们，以及他们高亢雄壮地合唱着的“日出

---

* 本章主要内容，曾以《曹禺〈日出〉中的“有余”与“不足”》和《百年曹禺：中国社会的“有余”与“不足”》为标题，分别发表于《艺术百家》2010 年第 6 期和《名作欣赏》2010 年 11 月上旬刊。

东来，满天大红！要想得吃饭，可得做工！”的《轴歌》，所象征的“损有余而补不足”的阳光天堂。在既是绝对专制的“阎王”又是绝对有余的“财神”的金八主宰操纵之下，一场“存天理，灭人欲”式的奉天承运、替天行道、天诛地灭、一网打尽的天谴罚罪，即将降临到包括大丰银行经理潘月亭在内的所有有余者与不足者的头上。已经走投无路却又不愿意追随方达生追求阳光天堂的陈白露，只好吟唱着她的诗人前夫的天堂神曲——“太阳升起来了，黑暗留在后面；但是太阳不是我们的，我们要睡了”——而喝药自杀。

第一幕中，方达生从遥远的乡下乘火车来到某大都市的大旅馆，想通过求婚的方式把已经改名为白露的旧情人竹筠，从见不得阳光的“放荡，堕落”的“发疯的生活”中拯救出来，去和他一起过“真正的自由的生活”；却遭到陈白露的坚决拒绝。在与方达生发生争吵的过程中，陈白露有这样一段“自报家门”：“你要问我自己是谁么？你听着：出身，书香门第，陈小姐；教育，爱华女校的高材生；履历，一阵子的社交明星，几个大慈善游艺会的主办委员……父亲死了，家里更穷了，做过电影明星，当过红舞女。”①

到了第四幕中，陈白露又向方达生介绍了自己曾经有过的一段“平淡无聊，并且想起来很可笑”的婚姻生活。她的前任丈夫是一位诗人，而且是与方达生一样的“傻子”：“我爱他！他叫我离开这儿跟他结婚，我就离开这儿跟他结婚。他要我到乡下去，我就陪他到乡下去。他说‘你应该生个小孩！’我就为他生个小孩。结婚以后几个月，我们过的是天堂似的日子。他最喜欢看日出，每天早上他一天亮就爬起来，叫我陪他看太阳。他真像个小孩子，那么天真！那么高兴！有时候乐得在我面前直翻跟头，他总是说‘太阳出来了，黑暗就会过去的’。他永远是那么乐观，他写一本小说也叫《日出》，因为他相信一切是有希望的。”

---

① 本书所依据的《日出》剧本及《〈日出〉跋》，是田本相编《曹禺文集》第1卷收录的上海文化生活出版社1936年11月出版的版本，见《曹禺文集》第1卷，中国戏剧出版社，1988年，第250页。

对于陈白露来说，这种看似阳光天堂般神圣美好，实际上却“平淡，无聊，厌烦”的婚姻生活，无论如何也不能令她满意。用曹禺写在舞台提示里面的话说，陈白露所憧憬的是“在情爱里伟大的牺牲（如小说电影中时常夸张地来叙述的）”。孩子的夭折宣告了婚姻家庭的彻底破裂，再一次从家庭束缚中解放出来回到大都市的陈白露，依靠被她昵称为“我可怜的老爸爸”的潘月亭，在大旅馆里安置了一个被包养的家外之“家”。住在大旅馆里纵情纵欲的“放荡，堕落”生活，依然不能令她心满意足。潘月亭的破产又使她陷入债台高筑、走投无路的生活绝境。最后，她仿佛当真又仿佛演戏般从诗人前夫苍白空洞的天堂神曲——“太阳升起来了，黑暗留在后面，但是太阳不是我们的，我们要睡了”——中，参透了自己走投无路并且在劫难逃的人生宿命：“可……可……可上哪里去呢？我这个人在热闹的时候总想着寂寞，寂寞了又常想起热闹。整天不知道自己怎么样才好。你叫我到哪里去呢？”

既为相对有余者潘月亭奉献过美丽肉体，又对完全不足者小东西实施过慈善救助的陈白露，最后怀着对于美丽青春和美好情爱的无限留恋，尤其是对于诗人前夫以及“朋友”方达生所歌颂的“损有余而补不足”的阳光天堂的无限神往，吞下了过量的安眠药；从而彻底实现了“在情爱里伟大的牺牲”。换句话说，曹禺所谓“在情爱里伟大的牺牲”，其实就是以“存天理，灭人欲”式的自裁自赎，把陈白露美好的肉体和善良的灵魂，全部奉献给中国传统神道文化中天谴罚罪加阳光天堂的天罗地网般的神道祭坛。

● 香港影星夏梦在《日出》中扮陈白露

被曹禺称之为“《日出》的心脏”的第三幕，是专门为下等妓院“宝和下处”

的花翠喜、小东西这两个“可怜的动物”树牌坊、唱挽歌的。小东西是陈白露和方达生为一个“约莫有十五六岁的样子”的“瘦弱胆怯的小女孩子”起的代号；小翠是下等妓院“宝和下处”给她起的花名。她早年丧母，她的农民工父亲不久前在为潘月亭的银行大楼砸夯奠基时，被大铁桩子活活砸死；她自己流落到黑社会流氓头子黑三手里，被黑三当作贡品奉献给了金八。小东西因为“实在是怕他”，就在金八施暴时“狠狠地在他那肥脸上打了一巴掌”。作为惩罚，黑三等人把小东西痛打一顿，还饿了她一天多不给饭吃。小东西从黑三那里逃出来躲进陈白露的房间，进而跪倒在陈白露面前乞求拯救。被陈白露认作干女儿又被方达生认作“小妹妹”之后，小东西一时间大为改观，变成一个“涂彩的泥娃娃”。不曾想转眼之间，她就被黑三一伙人抓走并且送到了“宝和下处”充当雏女。

“大约有三十岁左右……已经为人欺凌蹂躏到几乎完全麻木”的老妓女花翠喜，与陈白露一样是既要把肉体奉献给有余者，又要对不足者实施救济补助的善良女性。只是陈白露的美丽肉体，相对固定也相对纯洁地奉献给有钱有势的潘月亭一个人；花翠喜的肉体却要极其廉价地不断出卖给众多的男性嫖客。陈白露补助的不足者，是与她完全没有血亲关系的小东西；花翠喜通过廉价卖淫换来的金钱，却全部补助了自己家里染上性病的丈夫、瞎了眼睛的两个儿子和瘫在床上的婆婆。耐人寻味的是，曹禺通过自传性人物方达生，给予陈白露的竟然是“放荡，堕落”、“一个钱也不值”的天谴诅咒；他自己在《〈日出〉跋》中，却为老妓女花翠喜极其廉价地歌唱起了神圣礼赞：

在这堆“人类的渣滓”里，我怀着无限的惊异，发现一颗金子似的心，那就是叫做翠喜的妇人。她有一副好心肠，同时染有在那地狱下生活各种坏习惯。她认为那些买卖的勾当是当然的，她老老实实地做她的营生，“一分钱买一分货”，即便在她那种生涯里，她也有她的公平。令人感动的是她那样狗似地效忠于她的老幼，和无意中流露出来对那更无告者的温暖的关心……而落在地狱的小东西,如果活下去,也就成为"人老珠黄不值钱"的翠喜,正如现在的翠喜也有过小东西一样的青春。

由此可知,在曹禺的心目之中,是完全没有现代性的以人为本、意思自治、契约平等、民主参与、宪政共和、大同博爱之类的价值体系和文明常识的。他几乎所有的价值判断,都是随着自己喜怒哀乐的情绪变化而不断变化。这种随心所欲、为所欲为的戏剧化处理,本身就是前文明时代的一种原始野蛮的极端表现,借用他自己的话说,就是"原始的情绪"和"蛮性的遗留"。

二 黄省三的"奉有余"

黄省三是大丰银行的"书记",也就是现在所说的文书和抄录员。作为工商契约社会中依照佣工合同上岗就业的现代员工,他做人的道德信条,却依然是中国传统农耕社会中"上天不负苦心人"之类远远落后于时代精神的"天地良心"。第二幕中,他刚一上场,就被旅馆茶房王福升揭穿了真实身份和本来面目:

> 我知道,你从前是书记,你姓黄,你叫黄省三,你找李先生,潘经理,大丰银行的人你都找。你到处装孙子。要找事。你当我不知道,不认识你?

> 我在这旅馆看见你三次,你都不认识我,就凭你这点王八记性,你还找事呢!去你个蛋吧!

面对王福升的揭发诅咒,黄省三既恼羞成怒又自欺欺人地呐喊出了反抗之声："你为什么骂人？我，我知道我穷，可是你不能骂我是王八，我不是王八，我跟你讲，我不是。你，你为什么——"

然而，"活脱脱一个流氓"的王福升，仅仅以一句威胁话语——"你要敢骂我一句，敢动一下子手，我就打死你"——就轻松解除了黄省三的精神武装。泄了底气的黄省三，只好从王福升身边悄悄走开。

在大丰银行秘书李石清面前，"实在没有路走"的黄省三，终于说出了自己确实充当了"王八"的家庭悲剧："我没有家，我拉下脸跟你说吧，我的女人都跟我散了，没有饭吃，她一个人受不了这样的苦，她跟人跑了。家里有三个孩子，等着我要饭吃。我现在口袋里只有两毛钱，我身上又有病，(咳嗽)我整天地咳嗽！李先生，您叫我回到哪儿去？您叫我回到哪儿去？"

面对黄省三的乞怜求救，同为无产阶级的银行雇员李石清，冷酷无情地回答说："怎么你连偷的胆量都没有，那你叫我怎么办？……我告诉你，这个世界不是替你这样的人预备的。(指窗外)你看见窗户外面那所高楼么？那是新华百货公司，十三层高楼我看你走这一条路是最稳当的。"

黄省三没有接受李石清的跳楼建议，而是在大丰银行经理潘月亭面前下跪乞怜道："(走到潘面前，哀痛地)经理，您行行好，您要裁人也不能裁我，我有三个小孩子，我不能没有事。经理，我跟您跪下，您得叫我活下去。"

像黄省三这样下跪乞怜，是很难感动工商契约社会中的资本家潘月亭，以及他的白领秘书李石清的。绝望之中的黄省三干脆摆出拼命架势，呐喊出他的替天行道式的天谴诅咒："我不是白拿你们的钱，我是拿命跟你们换哪！(苦笑)并且我就会死的。(愤恨地)你们真是没有良心哪，你们这样对待我，——是贼，是强盗，是鬼呀！你们的心简直比禽兽还不如——"

黄省三一边哭诉一边开始动手："(哭着)我现在不怕你们啦！我不怕你们啦！(抓着潘经理的衣服)我太冤了，我非要杀了——"但是，不等他把话说完,潘月亭当胸一拳就把他打倒在地。李石清更是以中国传统戏曲舞台上所常见的旁白点评,揭穿了黄省三阴柔胆怯的人性底蕴:“经理,他是说他要杀他自己——他这样的人是不会动手害人的。”

到了第三幕,曹禺借助下等妓院“宝和下处”的哑巴报贩与方达生之间的读报交流,以戏曲舞台所常见的从头道来讲故事的旁白腔调,简单介绍了黄省三的家庭惨剧:

> 一个书记怎么没有饭吃,怎样走投无路,只得买鸦片烟,把一家的小孩子自己亲手毒死。小孩子不肯吃,怎样买红糖搅在一起,逼小孩子喝下去。全家都死了,但是鸦片烟没有了,他自己就跑出去跳大河,但是不幸被警察捉住,把他带到局子里去,说他有罪,谋杀罪,不知是死是活……

到了第四幕中,曹禺是用阴间地狱里的“鬼”来形容“非常神经质而胆小”的黄省三的:“他幽然地进来,如同吹来了一阵阴风。他叫人想起鬼,想起从坟墓里夜半爬出来的僵尸。”

关于三个孩子被活活毒死以及自己的无罪释放,黄省三在李石清面前精神错乱地回忆说:“庭长,您不要信我这些邻居的话,他们是胡说八道,我那时候很明白,我没有犯神经病。国家有法律,你们不能放我。庭长!(抓住李的手)庭长,我亲手毒死了人,毒死我的儿子,我的望望,我的小云,我的……(抱着李)我的庭长,您得要杀死我呀!”

对于这种没头没脑的大肆渲染,戏曲舞台上的专业行话叫做“洒狗血”。《日出》中最擅长“洒狗血”的,就是这个连自己的亲生儿女都养不活的黄省三。他正是在淋漓尽致“洒狗血”的变态表演中,呐喊出了奴性反抗的最强音:

> 潘,潘经理,人不能这么待人呀,人不能这么待人呀!前些日子我

孩子们在，我要活着，我求你们叫我活着，可是你们偏不要我活着。现在（涕哭）他们死了，我要死了，我要死，我求你们叫我死，可是你们又偏不要我死。潘经理，我们都是人，人不能这么待人呀！（衰弱地哭了起来）

最为惨绝也最为难堪的是，黄省三除了扯开嗓子高喊天谴诅咒的道德高调之外，连寻死自杀的胆量和勇气都不具备，于是他只能一次又一次地求助于已经被他毒骂为“是贼，是强盗，是鬼”的潘月亭：“不，我求您，潘经理，您行行好吧。我再也活不下去了，我跟您跪下，您可怜可怜我吧，您别再逼我了（跪下），您让我走一条痛快的路吧。”

对于这样一个“鬼”一般的空洞人物，曹禺再一次借着李石清的戏曲式旁白，给出了“哀其不幸，怒其不争”的点评：“天啊！这个傻王八蛋，你为什么疯了？你为什么疯？你太便宜他了！”

三　李石清的“损不足”

积极主动地为阶级敌人潘月亭充当“损不足以奉有余”的帮凶打手的李石清，相对于底层职员黄省三等人来说，勉强称得上是有余者；相对于更加上层的高级富人潘月亭、陈白露、顾八奶奶等人来说，却又是一个货真价实的不足者和无产者。他为了讨好陈白露和潘月亭，不惜用典当皮大氅换来的钱款，强迫自己的妻子到以大旅馆为家的陈白露的房间里打牌应酬。面对妻子“孩子生了病，没有钱找好医生治，还得应酬”的抱怨，他呐喊出的是对于整个社会的满腔仇恨：

你看不出我自己总觉得我是个穷汉子吗？我恨，我恨我自己为什么没有一个好父亲，生来就有钱，叫我少低头，少受气吗？……我告诉你，这个社会没有公理，没有平等。什么道德服务，那是他们骗人。你按部就班地干，做到老也是穷死。只有大胆地破釜沉舟地跟他们拼，还许有翻身的那一天。

李石清通过讨好巴结被他贬斥为“舞女不是舞女，娼妓不是娼妓，姨太太又不是姨太太，这么一个贱货”的陈白露，被潘月亭破格提拔为一名秘书。然后又通过偷开潘月亭的抽屉窃取商业机密之类的违法行为，当上一名襄理。接下来，他一方面在弱势者面前炫耀自己高人一等的身份等级；另一方面，以奴性的忠诚死心塌地替潘月亭出力卖命，以至于连重病住院的小儿子的死活都置之度外。令他意想不到的是，潘月亭根本不理会他的耿耿忠心，银行刚刚出现转机，就把他斥骂为“不学无术的三等货”一脚踢开。被解除职务的李石清只好像黄省三一样，在“洒狗血”式的呐喊抗议中彻底败露自己甘受奴役的精神空虚：

我为着你这点公债，我连家都忘了，孩子的病我都没有理，我花费自己的薪水来做排场，打听消息。现在你成了功赚了钱，忽然地，不要我了。（狞笑）不要我了……

接下来，李石清接到报馆张先生打来的电话，获悉潘月亭的大丰银行并没有赚钱，而是在金八的主宰操纵之下面临着破产倒闭的命运。他的情绪因此亢奋起来，反过来抢占中国传统道德“存天理，灭人欲”的制高点，向潘月亭发起天诛地灭的天谴诅咒：

潘经理，你可怜可怜你自己吧。你还不及一个穷光蛋呢。我叫一个流氓耍了，我只是穷，你叫一个更大的流氓耍了，他要你的命……明天早上我要亲眼看你的行里要挤兑，我亲眼看着付不出款来，我还亲眼看着那些十块八块的穷户头，（低声恶意地）也瞧不起你，侮辱你，挖苦你，骂你，咒你，——哦，他们要宰了你，吃了你呀！你害了他们！

> 你害了他们！他们要剥你的皮，要挖你的眼睛！你现在只有死，只有死你才对得起他们，只有死，你才逃得了！

正是在这种“洒狗血”式的煽情表演中，李石清充分暴露了自己的心理黑暗和精神空虚。剧作者曹禺先让潘月亭揪住李石清的脖子，逼迫他呐喊出黄省三式的丧气话——“你杀了我吧！你宰了我吧。可是金八不会饶了你……”——随后又让他接到妻子给小儿子报丧的电话，进一步堵塞他的心窝，泄掉他的底气。泄了气的李石清只能像被他骂为“傻王八蛋”的黄省三一样，灰溜溜地不辞而别。

四　从“有余”到“不足”的潘月亭

大丰银行经理、人称“四爷”的潘月亭，是一个“短发已经斑白，行动很迟缓”的“庞然大物”；一个见到陈白露，“他的年纪、举动态度就突然来得如他自己的儿子一般年青”的性情中人。在《日出》所有的出场人物中，他是唯一可以与金八直接进行不对等谈判的重量级人物，同时也是最为直接地遭受金八的主宰操纵的一个傀儡。在第四幕中，像赌徒一样把大丰银行的命运抵押给金八的潘月亭，与陈白露之间有这样一番推心置腹的真情表白：

> 我告诉你，公债到底还要涨，涨，大涨特涨。这一下子真把我救了！你知道，我今天早上忽然听说公债涨是金八在市面故意放空气，闹玄虚，故意造出谣言说他买了不少，叫大家也好买，其实他是自己在向外抛，造出好行市向外甩。那时候我真急了！我眼看我上了他的当，我买的公债眼看着要大落特落，我整个的钱都叫他这一下子弄得简直没有法子周转，你看我这一大堆事业，我一大家子的人，你看我这么大年纪，我要破产，我怎么不急？我告诉你，露露，我连手枪都预备好了，我放在身上，我——（咳嗽）

潘月亭尽管在应对金融危机时夺走了黄省三等人的职业饭碗，同时又安插了像胡四那样拿干薪不做事的白相闲人，从而制造了《日出》中最为典型的一例"损不足以奉有余"的实证个案。基于现代工商契约社会所通行的以人为本、意思自治、契约平等、民主参与、宪政共和、大同博爱的价值体系和文明常识，潘月亭并没有像黄省三、李石清、金八、黑三等人那样，明显触犯相关的法律法规。他与陈白露之间年龄悬殊的婚外情爱，尽管没有履行合法的婚姻手续，却是建立在甲、乙双方两情相悦、平等自愿的契约诚信之上的。用陈白露的话说，"我没故意害过人，我没有把人家吃的饭硬抢到自己的碗里。我同他们一样爱钱，想法子弄钱，但我弄来的钱是我牺牲过我最宝贵的东西换来的。我没有费着脑子骗过人，我没有用着方法抢过人，我的生活是别人甘心愿意来维持，因为我牺牲过我自己。我对男人尽过女子最可怜的义务，我享着女人应该享的权利！"

在金八暗箱操纵的公债交易中，潘月亭像傀儡一样陷入一场金融骗局，以至于债台高筑、彻底破产，从而与黄省三、小东西等人一样，变成了被掠夺、被损害的不足者。难能可贵的是，即使在大难临头的情况下，他依然没有忘记让王福升给陈白露捎去一句贴心话："叫您好好保重，多多养自己的病，叫您以后凡事要小心点，爱护自己……"

随着潘月亭经营的大丰银行负债破产，包括顾八奶奶、胡四、张乔治、陈白露在内的依附于大丰银行讨生活的相对有余者，全部变成赤贫如洗的完全不足者。该剧中唯一战无不胜、攻无不克的绝对胜利者，就是一直躲藏在幕后从事暗箱操作的神秘人物、既是绝对专制的"阎王"又是绝对有余的"财神"的官商合一的金八。

五 "阎王"加"财神"的金八

在《日出》第一幕中，由于"代表一种可怕的黑暗势力"的金八，一直躲藏在幕后为非作歹，曹禺只好通过陈白露与私自躲藏到她房间里避难的小东西，以及旅馆茶房王福升之间的旁白对话来加以介绍。

据王福升介绍："金八爷！这个地方的大财神。又是钱，又是势，这一帮地痞都是他手下的，您难道没听见说过？"

陈白露听了，开始担心起小东西的命运："（低声）金八，金八。（向小东西）你的命真苦，你怎么碰上这么个阎王。——小东西，你是打了他一巴掌？"

长期把陈白露包养在大旅馆里的潘月亭，对于金八的评论是："这个家伙不大讲面子，这个东西有点太霸道。"李石清在第二幕中对于金八化公为私、官商合一的特殊身份另有介绍："本来公债等于金八自己家里的东西，操纵完全在他手里……"

在中国传统的儒、释、道三教合流的民间宗教信仰里面，自古就有十地阎罗的观念。在每个俗称"阎王"的"黑脸的阎罗（地藏王）"手下，又有"活无常"、"死有分"，以及牛头、马面等许多鬼卒供它驱使、为它效劳。作为在阴间地狱里面专门负责替天行道、天谴罚罪的地狱之王，"阎王"身上最为可贵的美德，就是铁面无私的公正严明。关于这一点，鲁迅在《无常》中介绍说：

> 人是大抵自以为衔些冤抑的；活的"正人君子"们只能骗鸟，若问愚民，他就可以不假思索地回答你，公正的裁判是在阴间！……无论贵贱，无论贫富，其时都是"一双空手见阎王"，有冤的得伸，有罪的就得罚。①

比起《原野》中的"阎王"、《雷雨》中既是自然现象又是人格化的宗教神祇的"雷雨（雷公）"，《日出》中既是绝对专制的"阎王"又是绝对有余的"财神"的金八，因为在政教合一的替天行道、天谴罚罪的神圣法权之外，

---

① 鲁迅：《无常》，《鲁迅全集》第2卷，人民文学出版社，1981年，第270页。

又多了一份官商合一的主宰经济命脉的神奇魔力，就越发显得战无不胜、攻无不克。他以见不得阳光的暗箱操作所实现的，既不是老子《道德经》中“损有余而补不足”的“天之道”，也不是“损不足以奉有余”的“人之道”，而是阴间地狱中更加公平均等也更加黑暗专制的既要损有余也要损不足的一网打尽的天谴罚罪。

作为地狱之王金八的帮凶打手，以黑三为首的“穿黑衣服，歪戴着毡帽”的“一帮地痞们”，所扮演的恰恰是鲁迅在《无常》中介绍的以勾魂摄魄、夺人性命为专职专责的“黑脸，黑衣”的“死有分”的角色。进一步说，也就是中国明朝的锦衣卫和东厂、西厂，以及清朝雍正皇帝的血滴子、蒋介石的蓝衣社之类专门从事黑色恐怖的邪恶角色。

六　空喊高调的方达生

第一幕中，方达生刚一上场亮相，就对在陈白露面前大发酒疯的张乔治发出他的天谴诅咒：“这简直是鬼！”紧接着，他又对“放荡，堕落”、“一个钱也不值”的陈白露，展开“存天理，灭人欲”的道德感化：“你难道不知道金钱一迷了心，人生最可宝贵的爱情，就会像鸟儿似地从窗户飞了么？”

小东西的出现给方达生提供了新一轮表演作秀的机会，致使他高调承诺要带着小东西一起离开。小东西被黑三等人抓走之后，方达生一度找到下等妓院“宝和下处”，并且意外得到一份精神收获：他从卖报的哑巴那里，得知银行小职员黄省三的家庭惨剧，使他对于整个社会有了更加全面的了解，从而萌发了普度众生的神圣使命感。但是，拥有这份精神收获的方达生，并没有与近在咫尺的小东西见上一面，反而在“魔鬼般”的黑三的威胁敲诈之下，乖乖交钱后空手离去。

这是既没有“补不足”也不能“损有余”的方达生，在替陈白露预订过一张和自己一同离开的火车票之后，第二次也是最后一次奉献钱财。被西方戏剧视之为艺术生命的意志冲突和动作冲突，却因为方达生委曲求全地

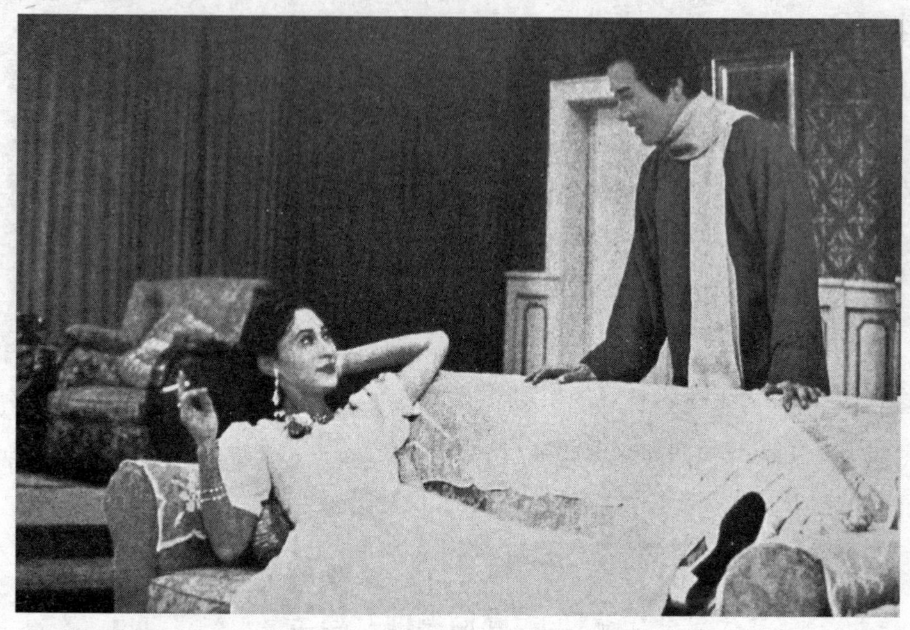

● 1980年代北京人艺《日出》中的方达生、陈白露

乖乖交钱而轻松化解。留在"宝和下处"的未成年的雏妓小东西，反而表现出坚决拒绝"奉有余"的阶级斗争精神，从而通过上吊自杀的方式，把自己仅有的处女贞节，奉献给了中国传统神道文化中天谴罚罪加阳光天堂的天罗地网般的神道祭坛。她以自己不可替代的宝贵生命，所成全的却是中国传统社会中极端落后野蛮的"存天理，灭人欲"的"饿死事小，失节事大"的道德观念。

从"宝和下处"回到大旅馆，方达生再一次以替天行道、天谴罚罪的神圣姿态，向陈白露表白自己刚刚获得的新一轮的道德觉悟："现在我看清楚他们了，不过我还没有看清楚你，我不明白你为什么要跟他们混、你难道看不出他们是鬼，是一群禽兽。"

为了把自己从所谓"人生最可宝贵的爱情"中解脱出来，已经被陈白露拒婚的方达生，极其廉价地为陈白露设计了另一种人生出路：由他出面替陈白露包办一位"一定很结实，很傻，整天地苦干，像这两天那些打夯的人一样”的“真正的男人”；也就是像已经惨死在建筑工地上的小东西的父亲那样的农民工。“聪明”的陈白露当然不肯接受方达生的这种包办婚姻。方达生在自己的新方案遭到拒绝之后，像在“宝和下处”放弃被他称呼为“小妹妹”的小东西一样，丢下已经喝药自杀的初恋情人陈白露，迫不及待地以局外超人的神圣姿态，到窗外砸夯的工人身上去寻找“损有余而补不足”的阳光天堂：

> （敲门）你听！你听（狂喜地）太阳就在外面，太阳就在他们身上。你跟我来，我们要一齐做点事，跟金八拼一拼，我们还可以——（觉得里面不肯理他）竹筠，你为什么不理我？（低低敲着门）你为什么不说话？你——（他回转身，叹一口气）你太聪明，你不肯做我这样的傻事。（陡然振作起来）好了，我只好先走了，竹筠，我们再见。

既没有“补不足”也不能“损有余”的局外超人方达生，是《日出》中调子最高却又奉献最少的出场人物。对于方达生见死不救、廉价自私的临阵脱逃，最为经典的解释是鲁迅写在《娜拉走后怎样》中的一段话：“天下事尽有小作为比大作为更烦难的。譬如现在似的冬天，我们只有这一件棉袄，然而必须救助一个将要冻死的苦人，否则便须坐在菩提树下冥想普度一切人类的方法去。普度一切人类和救活一人，大小实在相去太远了，然而倘叫我挑选，我就立刻到菩提树下去坐着，因为免得脱下唯一的棉袄来冻杀自己。”

七 以人为本的现代文明

就整个人类的文明历史来看，第一个在世俗层面上表现出以人为本、意思自治、契约平等、大同博爱的价值体系和文明常识的现代个人，应该是基督教所信仰的耶稣基督。他的以人为本的自我健全，主要表现在相辅相成的三个方面：

第一是意思自治、自我牺牲的救赎意识。也就是以牺牲自己的肉体生命为代价，为全人类承担罪责，从而在上帝与人类之间缔结新一轮的宽恕一切人类原罪的福音契约。《圣经》中的所谓“新约”，就是这样得名的。

第二是上帝面前人人平等的契约规则。“新约”《圣经》中的福音契约的现代价值，并不在于甲乙双方在实体正义方面的完全平等；而是在于双方契约一旦成立，即使至高无上的宗教上帝，也要像人类共同体中的每一位个人一样，在平等契约的程序正义的层面上共同遵守契约规定。如此一来，便以上帝的名义突破了游牧农耕社会里面等级森严的身份歧视、身份奴役和身份特权，从而在人类历史上第一次呐喊出人与人之间平等博爱的文明意识和契约规则。随着基督教作为世界性宗教的广泛普及，工商契约社会里最为基本的甲、乙双方意思自治、契约平等的诚实信用；以及民主参与、宪政共和的制度规则和法律面前人人平等的程序正义，才得以逐步确立。

第三是公共领域内形而下的国家权威和政府权力，与形而上的信仰教育、道德精神以及灵魂追求之间政教分离、各守边界的契约规则。也就是耶稣在《马太福音》第 22 章中所说的“凯撒的物当归给凯撒，上帝的物当归给上帝”。

继耶稣基督之后，正是基于现代性的以人为本、意思自治、契约平等、民主参与、宪政共和、大同博爱的价值体系和文明常识，拥有足够多的健全个人的欧美民主国家，逐步制订完善了切实保障每一位个人最为基本的人身自由权、精神自由权和私有财产权的宪政民主制度。作为信仰之主，耶稣基督与前文明社会的主宰者、统治者之间的根本区别就在于，他是以自我健全、承担罪责的文明姿态为全社会以及全人类奉献服务的；而前文明社会的主宰者、统治者对于全社会以及全人类的最高追求，却是既天下为公又化公为私的征服霸占和专制奴役，也就中国古代的《诗经·小雅·北山》中所歌颂的“溥天之下，莫非王土；率土之滨，莫非王臣”。

在《〈雷雨〉序》中公开以神道设教、替天行道的宗教先知加抒情诗人自居的剧作者曹禺，显然不是像基督耶稣那样自我健全、承担罪责的一个人；而是像剧中的方达生那样，渴望着到子虚乌有的彼岸天堂里面享受廉价特权的一个人。关于《日出》中的戏剧人物，他在《〈日出〉跋》中解释说：

> 在《日出》，也是一个最重要的角色我反而将他疏忽了，他原是《日出》唯一的生机，然而这却怪我，我不得已地故意把他漏了网。写《雷雨》，我不能如旧戏里用一个一手执铁钉，一手举着巨锤，青面红发的雷公，象征《雷雨》中渺茫不可知的神秘。那是技巧上的不允许。写《日出》，我不能使那象征着光明的人们出来，却因为一些有夜猫子眼睛的怪物无昼无夜，眈眈地守在一旁，是事实上的不可能。我曾经故意叫金八不露面，令他无影无踪，却时时操纵场面的人物，他代表一种可怕的黑暗势力，但把那些劳作的人们，那拥有光明和生机的，也硬闭在背后，当做陪衬，确实是最令人痛心的，一桩无可奈何的安排。

由此可知，在曹禺的心目之中，《日出》里面是存在着等级森严的三个层面的戏剧角色及社会形态的。

第一个层面的"最重要的角色"，指的是"硬闭在背后"不能出场的、既"象征着光明"又自相矛盾地"拥有光明和生机"的"那些劳作的人们"。也就是只能合唱着"日出东来，满天大红！要想得吃饭，可得做工！"的《轴歌》"当做陪衬"的砸夯工人。他们所对应和象征的，是老子《道德经》中形而上的子虚乌有的"损有余而补不足"的阳光天堂。

第二个层面的次等重要的角色，是"无影无踪，却时时操纵场面"的既是绝对专制的"阎王"又是绝对有余的"财神"的金八。他所代表的是一种"可怕的黑暗势力"，他所主宰操纵的，是把剧中所有的有余者和不足者一网打尽、天诛地灭的阴间地狱。

第三个层面的最不重要、最为劣等的"傀儡"角色，是剧中一个个活生生的出场人物，以及由他们所构成的人间地狱式的“损不足以奉有余”的现实社会。用曹禺《〈日出〉跋》中的话说：“《日出》希望献与观众的，应是一个鲜血滴滴的印象，深深刻在人心里，也应为这‘损不足以奉有余’的社会形态。”

曹禺创作《日出》时的职业身份，是在天津的河北女子师范学院的英文教师。基督教的《圣经》，恰好是他给女学生讲课时采用的英文教材。熟读《圣经》的曹禺，在《日出》中展现了所谓“损不足以奉有余”的社会现实，以及由金八主宰的既损有余又损不足的阴间地狱；进而把自己的最高理想，寄托在从来都没有实现过而且也永远不可能真正实现的“损有余而补不足”的阳光天堂。对于现代欧美国家已经存在数百年的第四种社会形态，也就是既要“奉有余”也要“补不足”的以人为本、意思自治、契约平等、民主参与、宪政共和、大同博爱的宪政民主社会，曹禺表现出的却是完全彻底的格格不入。

在人类社会迄今为止最不坏也最文明的宪政民主社会里，除了无法验证的超世俗的宗教上帝之外，是不承认任何世俗性质的绝对真理、绝对价值、绝对权威、绝对主宰的。在这样的社会里，解决贫富差别以及阶级斗争的最为有效的办法，首先是通过“奉有余”的方式，依法鼓励资本家进行扩大再生产，从而为最广大的无产者和不足者提供就业机会，以便最大限度地实现既要“奉有余”也要“补不足”的共同富裕。与此同时，依法行政的政府机构及其公职人员，还可以通过公开透明的公共财政和公共服务体系，为尽可能多的社会成员尤其是生存在贫困线之下的不足者，提供最低限度的社会救济和福利保障。

八 “予及汝偕亡”的天谴诅咒

《日出》剧本之前的八段引文，除了第一段出自中国本土的老子《道德经》之外，其余七段全部出自基督教《圣经》。但是，贯穿于这七段《圣经》语录中的核心观念，并不是耶稣基督初步表现出的以人为本、意思自治、契约平等、民主参与、宪政共和、大同博爱的价值体系和文明常识;而是老子《道德经》中所传达的奉天承运、替天行道、天诛地灭、一网打尽的极其原始野蛮的天谴罚罪。关于这一点,曹禺在《〈日出〉跋》中介绍说:

> 我想不出一条智慧的路,顾虑得万分周全。冲到我的口上,是我在书房里摇头晃脑背通本《书经》的时代,最使一个小孩子魄动心惊的一句切齿的誓言:"时日曷丧,予及汝偕亡!"(《商书·汤誓》)萦绕于心的,也是一种暴风雨来临之感。我恶毒地诅咒四周的不公平。除了去掉这群腐烂的人们,我看不出眼前有多少光明。诚如《旧约》那热情的耶利米所呼号的,"我观看地,地是空虚混沌;我观看天,天也无光。"我感觉到大地震来临前那种"烦躁不安",我眼看着要地崩山惊,"肥田变为荒地,城邑要被拆毁。"在这种心情下,"我已经听见角声和打仗的喊声。"我要写一点东西,宣泄这一腔愤懑。我要喊"你们的末日到了!"对这帮荒淫无耻,丢弃了太阳的人们。

前面已经谈到过,当黄省三呐喊着要杀人时,李石清给出的旁白点评是:"他这样的人是不会动手害人的。"对于曹禺写在《〈日出〉跋》里面的这种天谴诅咒式的神道高调,鲁迅在《灯下漫笔》(1925)中,也给出过同样性质的泄气评论:

> "时日曷丧,予及汝偕亡!"愤言而已,决心实行的不多见。实际上大概是群盗如麻,纷乱至极之后,就有一个较强,或较聪明,或较狡猾,或是外族的人物出来,较有秩序地收拾了天下。厘定规则:怎样服役,怎样纳粮,怎样磕头,怎样颂圣。而且这规则是不像现在那样朝三暮四的。于是便"万姓胪欢"了;用成语来说,就叫作"天下太平"。①

---

① 鲁迅:《娜拉走后怎样》,《鲁迅全集》第1卷,第161页。

鲁迅所说的“较强，或较聪明，或较狡猾，或是外族的人物”，指的就是商汤王、周武王以及金八式的打着奉天承运、替天行道之类最为神圣美好的旗号，专门从事公天下、救天下、打天下、坐天下、治天下、私天下、家天下的改朝换代、暴力革命的真命天子和独裁皇帝。特别值得一提的是，在曹禺最为著名的三部经典作品《雷雨》、《日出》、《原野》中，没有出现一名政府官员的影子。他在《〈日出〉跋》中谈到当年的文艺审查制度时，表现出的分明是对于强权政府及其公职人员的恐惧逃避：

> 有一位好心的朋友责问我：“你写得这么啰唆，日头究竟怎么出来，你并没有提。”我只好用一副无赖的口吻告诉他：“你来，一个人到我家里来，我将告诉你在这本戏里太阳是怎么出来的。”

正是出于对强权政府及公职人员的恐惧逃避，曹禺不仅没有勇气明确界定金八既政教合一又官商合一的正式身份，而且不敢明确界定《日出》剧情的发生地点。他在发表于《文季月刊》1936 年第 5 期的《〈日出〉第三幕附记》中专门声明说：“第一幕在方达生的口里有‘上海’字样，那是一时的笔误，忘记改掉，因为整个这一本戏并没有限定发生在中国某一处商埠里。”

用阶级论的观点来加以衡量，《日出》中的相对有余者潘月亭，属于大资产阶级的资本家。完全不足者黄省三和相对不足者李石清，属于无产阶级和小资产阶级的知识分子。单就黄省三来说，这样一个犯下人命大案并且已经进入法律程序的刑事犯，与他此前曾经就业的大丰银行之间，已经不存在人身依附式的经济债务关系，应该对他承担依法管制或依法救济的社会责任的，是掌握并且行使公共权力的政府司法机关及政府民政部门。被法庭释放的“鬼”一般的黄省三，完全没有理由撇开强权政府欺软怕硬地向潘月亭表现自己的奴性反抗。在官本位的中国传统社会里，真正剥夺压迫无产阶级“不足者”的，并不是通过扩大再生产创造社会财富的资产阶级,而是像金八那样既不创造财富也不服务民众的政教合一、官商合一的强权政府及其各级官员。曹禺把黄省三的个人及家庭悲剧完全归罪于潘月亭,显然是对于最应该承担社会责任的强权政府及其公职人员欺软怕硬的偏袒开脱。这与其说是怕官仇富的剧中人物黄省三的人生失败,不如说是比黄省三更加怕官仇富的剧作者曹禺的创作失败。进一步说,随着潘月亭的大丰银行破产倒闭,被曹禺和自传性人物方达生歌颂为拥有太阳并且象征天堂的砸夯工人,必然要沦落为像黄省三那样下岗失业的完全不足者。由方达生连同下岗失业的砸夯工人所代表、所追求的"损有余而补不足"的阳光天堂,一旦强制性地付诸现实,只能是比金八所主宰的阴间地狱更加黑暗也更加残酷的人道灾难。1958 年前后用人类社会根本不可能实现的极端高调,来强制几乎所有中国人大公无私地过集体生活尤其是吃大锅饭的人道灾难,就是最有说服力的事实证据。

比起西方社会的阶级斗争学说,真正能够解释《日出》中有余者与不足者之间的社会矛盾和阶级对立的,是鲁迅的《灯下漫笔》。剧中的完全不足者黄省三、小东西,显然是属于鲁迅所说的"想做奴隶而不得"的一类人;剧中的相对不足者潘月亭、陈白露、李石清、花翠喜等人,则属于"暂时做稳了奴隶"的一类人。曹禺自己在《〈日出〉跋》中所展现的精神面貌,其实是与"想做奴隶而不得"的黄省三、李石清一样阴柔胆怯的可怜相:

> 我总是悻悻地念着我这样情意殷殷,妇人般地爱恋着热望着人,而所得的是无尽的残酷的失望……我如一只负伤的狗扑在地上,啮着咸丝丝的涩口的土壤,我觉得宇宙似乎缩成昏黑的一团,压得我喘不出一口气……

对于像曹禺这样把自己的爱恨甚至于自己的命运全部寄托在别人身上的一类人,恩格斯在《反杜林论》中解释说:"无论自愿的形式是受到保护,还是遭受践踏,奴役依旧是奴役。甘受奴役的现象发生于整个中世纪,在德国直到三十年战争后还可以看到。普鲁式在1806年战败之后，废除了依附关系，同时还取消了慈悲的领主们照顾贫、病和衰老的依附农的义务，当时农民曾向国王请愿，请求让他们继续处于受奴役的地位——否则在他们遭受不幸的时候谁来照顾他们呢？……无论如何，我们必须认定，平等是有例外的。对于缺乏自我规定的意志来说，平等是无效的。"①

总而言之，剧作者曹禺与他笔下几乎所有的戏剧人物一样，属于鲁迅所说的或者"暂时做稳了奴隶"或者"想做奴隶而不得"的既大同又小异的一类人；也就是恩格斯所形容的因为"缺乏自我规定的意志"而"甘受奴役"的一类人。

九 怕官仇富的阳光天堂

纵观《日出》全剧，最不把别人当人来对待的，既不是绝对专制的"阎王"加绝对有余的"财神"的神秘人物金八；也不是被黄省三控诉为"是贼，是强盗，是鬼"的大丰银行经理潘月亭；反而是一再把自己笔下的戏剧人物贬斥为"鬼"、"傀儡"、"可怜的动物"的剧作者曹禺，以及他在剧中的第一代言人、一再诅咒别人是"鬼"和"禽兽"的方达生。在收入《准风月谈》的《"抄靶子"》一文中，鲁迅专门介绍过像曹禺、方达生这样的传统中国人，从来不把本国人当人的历史传统：

> 中国究竟是文明最古的地方，也是素重人道的国度，对于人，一向是非常重视的。至于偶有凌辱诛戮，那是因为这些东西不是人的缘故。皇帝所诛者，"逆"也，官军所剿者"匪"也，刽子手所杀者"犯"也，满洲人"入主中原"不久也就染就了这样的淳风，雍正皇帝要除掉他的弟兄，就先行御赐改称为"阿其那"与"塞思黑"，我不懂满洲话，译

① 鲁迅：《灯下漫笔》，《鲁迅全集》第1卷，第212页。

不明白,大约是“猪”和“狗”罢。黄巢造反,以人为粮,但若说他吃人,是不对的,他所吃的物事,叫作“两脚羊”。①

在曹禺的刻意安排下,《日出》中遭受天谴罚罪的第一目标,既不是相对有余者潘月亭,也不是挣扎在死亡线上的完全不足者黄省三、小东西;而是被方达生诅咒为“放荡,堕落”的初恋情人陈白露。早在第一幕的舞台提示中,曹禺已经为生活在所谓“狭之笼”的“桎梏”之中的陈白露,撒下了一个天诛地灭、在劫难逃的天罗地网:

她只有等待,等待着有一天幸运会来叩她的门,她能意外地得一笔财富,使她能独立地生活着。然而也许有一天她所等待的叩门声突然在深夜响了,她走去打开门,发现那来客,是那穿着黑衣服的,不做一声地走进来。她也会毫无留恋地和他同去,为着她知道生活中意外的幸福或快乐毕竟总是意外,而平庸,痛苦,死亡永不会放开人的。

与这段舞台提示相印证,第四幕在介绍“穿黑衣服,歪戴着毡帽”的黑三,奉金八之命守候在门口监视潘月亭的同时,还在王福升与陈白露之间安排了这样的对话:“可是,小姐,今天的账是非还不可的,他们说闹到天也得还!一共两千五百元,少一个铜子也不行!您自己又好面子,不愿跟人家吵啊闹啊地打官司上堂。您说这钱现在不从四爷身上想法子,难道会从天上掉下来?”

紧接着跑上场的是刚刚从醉梦中醒来的张乔治,他对于陈白露的痴人说梦,所预示的正是由金八主宰操纵的奉天承运、替天行道、天诛地灭、一网打尽的天谴罚罪:

---

① 恩格斯:《反杜林论》,《马克思恩格斯选集》第3卷,人民出版社,1972年,第138、139页。

（摸着心）白露，我做了一个梦，I dreamed a dream。哦，可怕极了，啊，Terrible！Terrible！啊，我梦见这一楼满是鬼，乱跳乱蹦，楼梯，饭厅，床，沙发底下，桌子上面，一个个啃着活人的脑袋，活人的胳臂，活人的大腿，又笑又闹，拿着人的脑袋壳丢过来，扔过去，戛戛地乱叫。忽然轰以一声，地下起了一个雷，这个大楼塌了，你压在底下，我压在底下，许多许多人都压在底下……

曹禺之所以要刻意对陈白露实施与其说是“损有余”，不如说是“存天理，灭人欲”的天谴罚罪，最为根本的原因就在于他以神道设教、替天行道的宗教先知加抒情诗人自居的极其廉价自私并且怕官仇富的男权特权意识。早在南开中学时期的《今宵酒醒何处》、《杂感》、《中国人，你听着》等小说和杂文中，自称“呆子”的17岁的曹禺，已经把“聪明人”尤其是女性“聪明人”，划定为天谴诅咒的首选对象。对于呐喊出“我对男人尽过女子最可怜的义务，我享着女人应该享的权利！”的女权人物陈白露，坚守自己极其廉价自私的男权地位和特权身份的曹禺，无论如何是不能容忍的。同样是出于这种极其廉价自私并且怕官仇富的男权特权意识，在既是绝对专制的“阎王”又是绝对有余的“财神”的金八都还没有出手杀人的情况下，剧作者曹禺却主动充当了让未成年的雏妓小东西上吊自杀的罪魁祸首。

关于自传性人物方达生，曹禺在《〈日出〉跋》中解释说：“倒是白露看得穿，她知道太阳会升起来，黑暗也会留在后面，然而她清楚：‘太阳不是我们的’，长叹一声便‘睡’了。这个‘我们’有白露，算上方达生，包含了《日出》里所有在场人物。这是一个腐烂的阶层的崩溃，他们——不幸的黄省三、小东西、翠喜一类的人也做了无辜的牺牲——将沉沉地‘睡’下去，随着黑夜消逝，这是不可避免的必然的推演。”

单从这段话来看，方达生是应该与剧中像“鬼”、“傀儡”、“可怜的动物”一样的所有出场人物，共同遭受金八主宰操纵的奉天承运、替天行道、天诛地灭、一网打尽的天谴罚罪的；而不是像剧中所展现的那样，仅仅对方达生网开一面,让他一个人独自走向“损有余而补不足”的阳光天堂。但是,曹禺在《〈日出〉跋》中刚刚表示过的“必然”,转眼之间就变成自相矛盾、自欺欺人、自食其言的“茫茫然”:

> 说老实话,《日出》末尾方达生说:“我们要做一点事,要同金八拼一拼!”原是个讽刺,这讽刺藏在里面,(自然我也许根本没有把它弄显明,不过如果这个吉诃德真地依他所说的老实做下去,聪明的读者会料到他会碰着怎样大的钉子。)讽刺的对象是我自己,是与我有同样书呆子性格,空抱着一腔同情和理想,而实际无补于事的“好心人”。……可怜的是这帮“无组织无计划”,满心向善,而充满着一脑子的幻想的呆子。他们看出阳光早晚要照耀地面,并且能预测光明会落在谁的身上,(《日出》331页,方达生:“(狂喜地)太阳就在外面,太阳就在他们身上。”)却自己是否能为大家‘做一点事’,也为将来的阳光爱惜着,就有些茫茫然。

在极其廉价地寻求自己“为将来的阳光爱惜着”的拯救与新生方面,自称“茫茫然”并且以“渺小的好心人”自许自恋的曹禺,其实是永远不会含糊的。关于这一点,他的女儿万方曾经有过十分传神地解释分析:“有时候在外人面前,他的真诚是用惯常的、虚伪的方式来表现的。这种说法不是人人都能明白,这是我的说法。但,他的喜怒哀乐最后总是遮盖不了的。……我至今弄不清在他的思想深处,是否定自己多,还是肯定自己多,或者更多的是对自己的怜悯,他永远不能领悟‘自足常乐’和‘随遇而安’的欣然。”①

比起万方所说的“用惯常的、虚伪的方式表现他的那种真诚”,鲁迅在《娘儿们也不行》中,另有更加透彻也更加精辟的经典论述:“孟夫子说过

---

① 万方:《我的爸爸曹禺》,《文汇月刊》1990年第1期。

的：'养生者不足以当大事，唯送死可以当大事'。娘儿们只会'养生'，不会'送死'，如何可以叫她们来治天下！……懂得这层道理，才明白军缩会议，世界经济会议，废止内战同盟等等，都是一些男子汉骗骗娘儿们的玩意儿；他们自己心里是雪亮的：只有'送死'可以治国平天下，——送死者，送别人去为着自己死之谓也。"①

《日出》中真正"送别人去为着自己死"的罪魁祸首，并不是"代表一种可怕的黑暗势力"的神秘人物金八，而是既廉价自私又怕官仇富的剧作者曹禺以及剧中的自传性人物方达生。曹禺不仅精心安排了没有出场的小东西的农民工父亲、黄省三的三个儿女以及李石清的小儿子的无辜死亡；而且通过出场人物陈白露和小东西自裁自赎的献祭牺牲，为自传性人物方达生一个人走向"损有余而补不足"的阳光天堂，提供了两个最为美好也最为善良的铺路石。既廉价自私又怕官仇富的方达生，在剧中扮演的其实是与"代表一种可怕的黑暗势力"的金八主动合谋的负面角色。他不把别人当人来平等对待的天谴诅咒，一方面为金八主宰操纵的既要损有余又要损不足的天谴罚罪，提供了奉天承运、替天行道、天诛地灭、一网打尽的神道理由；与此同时也为他自己一个人极端自私又极端廉价地走向神圣美好的阳光天堂，提供了一种神道设教、替天行道的神道借口。

话又说回来，正是因为有了剧作者曹禺既廉价自私又怕官仇富的男权特权意识，直接根源于他的"原始的情绪"和"蛮性的遗留"的"阴间地狱之黑暗 + 男女情爱之追求 + 男权家庭之反叛 + 专制社会之革命 + 舍身爱人之牺牲 + 天诛地灭之天谴 + 替天行道之拯救 + 阳光天堂之超度"的密码模式；连同其中天谴罚罪加阳光天堂的天罗地网般的神道祭坛；才有可能继《雷雨》之后，再一次较为圆满地呈现在《日出》剧情之中。从这个意义上说，集中表现中国社会贫富悬殊的阶级对立，以及老子《道德经》所倡导的

① 鲁迅：《娘儿们也不行》，《鲁迅文集》第8卷，第357页。

以“损有余而补不足”的阳光天堂“天之道”的神圣名义，对于“损不足以奉有余”的人间地狱“人之道”的现实世界实施天谴罚罪的四幕剧《日出》，是曹禺继“绝子绝孙”的《雷雨》之后，创作出的又一部戏剧化的叙事诗和宗教化的戏剧诗。

第五章 《原野》中的野蛮复仇*

在曹禺所有的影剧作品中,《原野》是"原始的情绪"和"蛮性的遗留",以及由此而来的"阴间地狱之黑暗 + 男女情爱之追求 + 男权家庭之反叛 + 专制社会之革命 + 舍身爱人之牺牲 + 天诛地灭之天谴 + 替天行道之拯救 + 阳光天堂之超度"的密码模式,表现得最为充分也最为极端的一部经典作品;同时,也是最具艺术魅力和最富学术争议的一部经典作品。

一 《原野》的创作与演出

1937 年 3 月至 8 月,曹禺在爱情与事业的双重收获和满足中,创作完成了他的第三部经典戏剧《原野》,由章靳以主编的《文丛》杂志第 1 至 5 卷连续刊载。据曹禺回忆,《原野》的剧名得之于波斯诗人欧涅尔的一首小诗:"要你一杯酒,一块面包,一卷诗,只要你在我身边,那原野也是天堂。"①当时在南京四牌楼附近安家的曹禺,正在与郑秀商谈婚姻大事。"只要你在我身边,那原野也是天堂"的浪漫情怀,是谈婚论嫁的青年男女普世大同的心理常态。

---

* 本章主要内容曾以《〈原野〉:野性的复仇与宗教的反叛》为标题,发表于《戏剧》(中央戏剧学院学报)1998 年第 1 期。

① 高瑜:《沉睡中的唤醒——曹禺谈〈原野〉》,《北京艺术》1982 年第 8 期。

鉴于《雷雨》、《日出》所引起的轰动效应，当年的文艺界对于《原野》寄寓了很高的期待。剧本还没有连载完毕，便到了巴金手中，作为上海文化出版社《文学丛刊》第五集、《曹禺戏剧集》第三种正式出版。抢先拿到剧本的著名导演应云卫，在上海业余实验剧团组织了强大的演员阵容，并且邀请曹禺专程到上海为剧组演职人员讲解排演过程中的注意事项。

1937 年 8 月 7 日，上海业余实验剧团在卡尔登大戏院隆重推出为期一周的首轮公演。可惜的是，当时的上海正处于"乌云压顶城欲摧"的危难关头，人们再也拿不出几个月前欢迎《日出》的那种热情来欢迎《原野》了。8 月 13 日，史称"八一三事变"的淞沪会战正式爆发。8 月 14 日，上海业余实验剧团是在飞机的轰炸声中坚持完成首轮公演的。关于《原野》所遭受的冷遇，胡风晚年回忆说："8 月 12 日夜，我去看在演出的话剧《原野》。人心被战争所吸引，几乎没有买票的观众。到了十多个文艺界的人，我只记得有欧阳予倩。戏还是照演。换幕中间，化着妆的演员走到看客友人里面闲谈……"①

在《原野》首演之前，由中国剧作者协会与上海戏剧界联谊会联合发起组织的上海戏剧界救亡协会，于 1937 年 7 月 28 日宣告成立。就在《原野》举行首演的 8 月 7 日，由该协会组织夏衍、郑伯奇、张庚、孙师毅、崔嵬、张季纯、马彦祥、王震之、阿英、于伶、宋之的、姚时晓、袁文殊等人集体创作的三幕"时事煽动剧"《保卫芦沟桥》，也在上海蓬莱大戏院举行盛况空前的首轮公演，上海影剧界参加公演的演员达近百名之多。与《保卫芦沟桥》相比，《原野》的演出显得非常不合时宜。

在此后的几十年时间里，《原野》虽然演出不断，却从来没有像《雷雨》、《日出》那样在全国范围内引起轰动效应。1981 年，该剧由南海影业公司搬上银幕，由凌子（叶向真）导演，杨在葆扮演仇虎，刘晓庆扮演花金子。限于当时的政治环境，影片只在一部分大城市里进行过内部放映。这

---

① 《胡风回忆录》，人民文学出版社，1993 年，第 73 页。

年9月,《原野》在意大利威尼斯电影节上获得“最受推荐电影”的荣誉称号,从此才开始受到国内影剧界的普遍关注。田本相在访谈录中,记录有曹禺当年的如下谈话:

> 我是不赞成的,它把一些地方改了,仇虎那些极相信鬼神的地方给改了。那种岁月,又有什么办法？我是不熟悉农民,但是我的那个奶妈——段妈给我讲了许多这样的农村的故事……我是写这样三种类型:一种是焦阎王已变坏了;一种是白傻子,他还能活下去;一种是仇虎,他就活不下去,没有他的路。仇虎的复仇观念是很强的,原始的,那个时候共产党还没出世……杀了大星之后,他却变得精神恍惚起来,于是在他眼前出现了阴曹地府,牛头马面,还有焦阎王……最后一幕,是现实的,也是象征的,没有仇虎的出路,金子死得更惨。①

曹禺所谓“仇虎那些极相信鬼神的地方”,其实就是《〈雷雨〉序》中所说的集动物本能的野性蛮力和宗教精神的神性魔力于一身的“原始的情绪”和“蛮性的遗留”,以及由此而来的“阴间地狱之黑暗+男女情爱之追求+男权家庭之反叛+专制社会之革命+舍身爱人之牺牲+天诛地灭之天谴+替天行道之拯救+阳光天堂之超度”的密码模式。删改了“仇虎那些极相信鬼神的地方”,电影版《原野》也就不再是曹禺《原野》的本来面目了。尽管如此,电影版《原野》依然不失为一部比较成功的艺术作品。曹禺《原野》原著的艺术价值得到观众与读者的逐渐认知,很大程度上得益于电影版《原野》引起的轰动效应。随着《原野》一剧知名度的提高,对于该剧形形色色的误读现象非但没有减少和消失,反倒呈现出众说纷纭、莫衷一是的混乱态势。

---

① 田本相、刘一军编著:《苦闷的灵魂——曹禺访谈录》,江苏教育出版社,2001年,第54页。

二 保家护种的焦母

《原野》一剧的故事情节是这样的：仇虎的父亲仇荣与焦大星的父亲焦阎王是拜过天地的换帖兄弟。在军阀队伍里当连长的焦阎王退伍回乡后，设下圈套活埋了义兄仇荣，又把仇虎的妹妹卖给了妓院，把仇虎送进了监狱。等到仇虎越狱返乡的时候，焦阎王已经去世，与仇虎有过婚约的花金子也嫁给了焦大星。一心要为父亲、妹妹复仇的仇虎，按照中国传统社会"父债子还"的老办法，把焦大星连同焦大星的独生子小黑子"一网打尽"，从而在十天之内实现了让焦阎王一家"绝子绝孙"的复仇计划。仇虎原始野蛮的复仇行为欠下了新一轮血债，等待他的是原野黑林子中由俗称"阎王"的"黑脸的阎罗（地藏王）"所主持的天诛地灭、天谴罚罪的地狱审判。陷身于原野黑林子之中走投无路的仇虎，最终只好选择自杀以反抗这种不公正的地狱审判。

与《雷雨》中的鲁侍萍相仿佛，老一代的焦母是一个传统得不能再传统的旧式女性，一个比男权家长焦阎王更富于保家护种的血亲观念的男权卫士，她的原型可以一直追溯到古诗《孔雀东南飞》中焦仲卿的寡母。1922 年，北京女子高等师范学校教授袁昌英以三幕悲剧《孔雀东南飞》，开创了参照弗洛伊德的精神分析学说重塑中国女性形象的创作路径，并且成为爱美剧运动——英文 Amateur 的音译，指的是以学生剧团为主体的非职业、不以营利为目的戏剧运动——中的保留剧目。该剧对于曹禺《原野》的写作有着较为直接的影响。

就死去丈夫的焦母来说，她赖以生存的全部意义，就在于拥有并且捍卫焦阎王所遗留的男权家庭。在焦阎王活着的时候，夫妻二人把共同的爱心全部寄托在宝贝儿子焦大星身上。为了不把大星卷进冤冤相报的报应轮回，他们采取瞒和骗的方式呵护着这棵焦家的独苗。为了保佑焦大星无病无灾、长命百岁，焦阎王特意在神位面前求来一只铜耳环悬在他的左耳下。为了既保佑欠下血债的焦阎王不被罚下地狱，又保佑焦家不被绝子绝孙，焦母还以善男信女的虔诚“念了九年《大悲咒》，烧了十年的往生钱”。夫妻二人万般呵护的结果，把焦大星培养成为“简直经不得风霜”的“一根细草”。在大星丧妻之后，焦阎王还为他娶来“好看的媳妇”花金子。正是这种非人性的溺爱，注定了焦大星在劫难逃的人生宿命。

对于焦阎王生前给焦大星强娶花金子的举措，比焦阎王更富于男权意识和家族观念的焦母，有着截然不同的另一种看法：“我早就跟大星说过，要小心点，你别听你爸的话娶金子回家来，‘好看的媳妇败了家，娶了个美人忘了妈’。”但是，这个恪守三从四德之类“妾妇之道”的老妇人，终归是男权家庭的奴隶和傀儡，她没有胆量公开阻挠丈夫的意愿，只是把自己的意见保留下来讲给儿子听。

焦阎王死后，焦母当仁不让地充当起保家护种的卫道士。她为了保家护种，或者说是为了捍卫自己异化变态的占有情欲，近乎本能地仰仗着曹禺在《〈雷雨〉序》中所说的“原始的情绪”和“蛮性的遗留”，一再采取非人性、反人道的极端手段，对仇虎、花金子实施天诛地灭式的天谴诅咒和攻击陷害。剧作者曹禺为了强调焦母身上交通神鬼的超常魔力，在《原野》序幕的舞台提示中，既赋予她高度男性化的怪异扮相，又从美国著名剧作家奥尼尔的《悲悼》（又名《只因素服最相宜》）中，为她借来一身“最相宜”的“素服”：

> 由轨道后面左方走上一位嶙峋的老女人，约莫有六十岁的样子。头发大半斑白，额角上有一块紫疤，一副非常峻削严重严厉的轮廓。扶着一根粗重的拐棍，张大眼睛，里面空空不是眸子，眼前似乎罩上一层白纱，直瞪瞪地望着前面，使人猜不透那一对失了眸子的眼里藏匿着什么神秘。她有着失了瞳仁的人的猜疑，性情急躁；敏锐的耳朵四笔八面地谛听着。她的声音尖锐而肯定。她还穿着丈夫的孝，灰布褂，外面罩上一件黑坎肩，灰布裤，从头到尾非常整洁。

与《雷雨》中以母爱名义和男权标准,对四凤实施灵魂禁锢和天谴诅咒的鲁侍萍相仿佛,焦母也是以保家护种的神圣名义来教导呵护焦大星的:"(对自己的儿子)记着在外头少交朋友,多吃饭,有了钱吃上喝上别心疼。听着!钱赚多了千万不要赌,寄给你妈,妈跟你存着,将来留着你那个死了母亲的儿子用。再告诉你,别听女人的话,女人真想跟你过的,用不着你拿钱买;不想跟你过,你就是为她死了,也买不了她的心。"

只有在精神崩溃的癫狂状态中,焦母才会暂时抛开保家护种的神圣使命,赤裸裸地暴露出潜意识中极其原始黑暗的占有欲望:

"金子,你说呀!你说呀!你长得好看,你又能说会道的。你丈夫今儿给你买花,明儿为你买粉,你是你丈夫的命根子,你说呀,你告我吧。我老了,没家没业的,儿子是我的家私,现在都归你了。"

"我就有这么一个儿子,他就是我的家当,现在都叫你霸占了。……"

第一幕中,仇虎还没有公开露面,瞎眼的焦母就凭着交通神鬼的超常魔力,从焦阎王的在天之灵那里得到了"猛虎临门,家有凶神"的神谕,并且在花金子面前说了出来:"(摸起锡箔,慢慢叠成元宝,一句一句地)我梦见你公公又活了——"

仇虎的归来激起焦母极其强烈的保家护种的使命感。她到原野黑林子的小庙里,从活神仙那里求来"肚子上贴着素黄纸的咒文,写有金子的生辰八字,心口有朱红的鬼符,上面已扎进八口钢针"的木人,企图借助巫婆神汉的巫术符咒置花金子于死地。她还假借死去的仇荣的"魂"劝说仇虎放弃复仇,以便"保下你们仇家后代根"。接下来,她一面委派常五通知侦缉队抓捕仇虎和花金子;一面向花金子当面告饶道:"以前譬若我错了,我待你不好,就照你说的吧,磨你,叫你在家里不得好过。"

交通神鬼的焦母,处心积虑地为仇虎和花金子布下一张人力所及的天罗地网。不曾想,她自己最终还是弄巧成拙,败给了仇虎为她布下的另一张更加强大的天罗地网。不仅儿子焦大星被仇虎杀死,她自己还鬼使神差般举起原本要杀死仇虎的铁杖,亲手杀死了自己的孙子小黑子。在遭受一网打尽、绝子绝孙的天谴罚罪之后，焦母像《雷雨》中的周朴园、鲁侍萍、周蘩漪一样丧失了所有的人生寄托。她并不就此罢休，而是拼上老命请出民间土著所执迷、所信奉的至高至上的“天（老天爷）”，从而启动了新一轮的家族复仇和天谴诅咒：“你的心太狠了，虎子，天不容你呀！”

三 退化变种的焦大星

比之于《孔雀东南飞》中唯母命是从的焦仲卿，焦大星身上已经多了几丝现代气息，却依然不是恩格斯在《反杜林论》所说的具备了“自我规定的意志”的现代个人。用仇虎的话来说，焦大星之所以能够拥有一份自我意识和人性火花，一方面得益于“他妈看他是个奶孩子，他爸当他是个姑娘”的昵爱；另一方面得益于花金子对于他的欺骗：“他媳妇也不肯把真事告诉他，因为他媳妇从那天嫁他起就看不上他，嫌他。”

对于人世间血仇争杀的盲目无知，反而使焦大星消解了前文明时代的“原始的情绪”和“蛮性的遗留”，从而拥有了《原野》中仅有的一份与人为善的人道情怀。但是，以“原始的情绪”和“蛮性的遗留”为原动力和内驱力的剧作者曹禺，却基于以神道设教、替天行道的宗教先知加抒情诗人自居的男权意识和特权身份，把焦大星与人为善的人道情怀认定为不可饶恕的退化变种。早在《雷雨》中，曹禺就借着鲁大海之口斥责与人为善的周萍说：“你父亲虽坏，看着还顺眼。你真是世界上最用不着，最没劲的东西。”到了《原野》中，在曹禺的刻意安排下，焦大星在序幕中刚一上场，就被花金子推到了两难悖论的人生绝境：

焦花氏 你说“淹死我妈！”

焦大星 （惊骇望着她）什么，淹死——

焦花氏 （期待得紧）你说呀，你说了我才疼你，爱你。（诱惑地）你说了，你要干什么，我就干什么。你看，我先给你一个。（贴着星的脸,热热地亲了一下)香不香?

与《雷雨》中周蘩漪对于周萍的情爱诱惑相仿佛,花金子这种一擒一纵的情爱诱惑,堪称是极具中国特色的意淫式的精神强暴。面对花金子意淫式的精神强暴,焦大星第一次沦落到自我丧失以至于人性堕落的边缘,差一点说出"淹死我妈"的灭伦之语。焦母的及时赶来,看似要拯救焦大星于精神倒悬之中,落到实处的却是另一个轮回的精神强暴:

"(用杖指着他)死人!还不滚,还不滚到站上干事去,(狠恶地)你难道还想死在那骚娘们的手里!死人!你是一辈子没见过女人是什么样是怎么!你为什么不叫你媳妇把你当元宵吞到肚里呢?我活这么大年纪,我就没有见过你这样的男人,你还配那死了的爸爸养活的?"

十天之后,焦母委派常五把在外面做事的焦大星叫回家中。焦大星回到家里的第一件事,依然是向金子表白情爱之心:"(软弱的)金子,你进了我家的门,自然不像从前当闺女那样地舒服。可我从来也没有埋怨过你,我事事替你想,买东买西,你为什么一见我,尽说这些难听的话呢?"

对于焦大星的推心置腹,花金子的回应照例是不领情、不买账的撒泼放刁:"我们今天也算算账,我上辈子欠了你家的什么?我没有还清,今生要我卖了命来还。(抹着鼻涕)哼,我又偷人,又养汉,我整天地打野食,姘人,我没有脸。我是婊子,我这还有什么活头,哦,我的天哪!(扑在桌上,捶胸顿足,恸哭起来)。"

一心一意要与人为善的焦大星万万没有想到,在接下来的审奸戏中,再一次被推到两难悖论的人生绝境中受污辱、受损害的,依然是作为男权家长的他自己:"嗯,(麻痹)嗯,打!打!(举起皮鞭,想用力向金子身上——但是人仿佛凝成了冰,手举在空中,泪水盈眶,呆望着花氏冷酷无情的眼。静默。忽然扔下鞭子,扑在母亲足下恸哭起来)哦,妈呀!"

这一次及时赶到的救星,换成了与花金子偷情通奸的仇虎。就是在这场审奸戏中,《雷雨》中由鲁大海呐喊出的"绝子绝孙"的天谴诅咒,又从花金子的口中呐喊了出来。

仇虎的通奸与复仇已经是一个公开的秘密，被蒙在鼓里的只有作为第一受害人的焦大星自己。当天夜里，在鬼气森森的焦阎王家里，退化变种的焦大星竟然染上阴魂不散的阎王父亲的鬼气，于烦恶中预言着自己和小黑子在劫难逃的悲惨命运：

"今天这孩子是怎么回事，简直像是哭我的丧。"

"我直望着孩子的眼，孩子仿佛看见了什么似的，那么死命地干嚎。"

即使这样，焦大星对于义兄仇虎的归来，依然抱着与人为善的平常心态："他是您的干儿，跟我又是从小的朋友，这次特来看我们，我们跟人无仇无冤，疑心人家要害我们干什么？"对于偷情通奸、离经叛道的花金子，焦大星也依然在进行着周萍式的反省自责："妈，您不能这么赶她出去。……我知道她这次是真心地不——不要脸，不要脸，做了这么一件对——对不起我的事，可是，妈，难道我们就没有一点错么？难道我们——"

不过，比之于《雷雨》中那个能够在现代人性和现代人道的层面上公开宣称"我爱四凤，她也爱我，我们都年青，我们都是人"，并且能够鼓起勇气对自己实施自裁自赎的周萍；焦大星显然逊色了许多。尽管他企图把自己变回"阎王的种"，面对夺走自己妻子的仇虎，他却像《日出》中的黄省三、李石清、方达生那样，始终鼓不起真刀实枪拼命斗争的勇气，反倒乖乖地向花金子交出手中的匕首。当场面上只剩下焦大星和花金子的时候，焦大星竟然像《雷雨》中主动提出要和周萍、四凤乱伦群居的周繁漪那样，向花金子做出最大限度的让步：

"（忽然疯狂地）那么，只要你在这儿，我可以叫他来，我情愿，我不在家的时候，你……你……可以跟他……（说不下去）"

堕落到如此境地的焦大星，已经彻头彻尾地失落了自己仅有的一点人性火花。"恨恶到了极点"的花金子，干脆斥骂他是"天生的王八！"令人不堪的是，意犹未尽的剧作者曹禺，还要仿照莎士比亚笔下的麦克白斯的口吻和《日出》中李石清的腔调，借着杀死焦大星的仇虎之口实施鞭尸式的

旁白点评,以期达成戏曲舞台上所常见的淋漓尽致“洒狗血”的艺术效果:

“我知道他心里有委屈,说不出的委屈。(突然用力)我举起攮子,他才明白他就有这一会工夫,他忽然怕极了,看了我一眼,(低声,慢慢)可是他喉咙里面笑了,笑得那么怪,他指指心,对我点一点头——(忽然横了心,厉声)我就这么一下子!哼,(声忽然几乎听不见)他连哼都没有哼,闭上眼了。(匕首扔在地上)人原来就是这么一个不值钱的东西,一把土,一块肉,一堆烂血。早晚是这么一下子,就没有了,没有了。”

四 野蛮复仇的仇虎

与《雷雨》、《日出》一样,《原野》中所有的出场人物,大都是曹禺所说的“鬼”、“傀儡”和“可怜的运动”,也就是恩格斯在《反杜林论》中所说的因为“缺乏自我规定的意志”而“甘受奴役”的空洞人物。《原野》对于这种“缺乏自我规定的意志”的空洞人物的最为经典的传神写照,是花金子的如下台词:

“虎子,你走这一条路不是人逼的么?我走这条路,不也是人逼的么?谁叫你杀了人,不是阎王逼你杀的么?谁叫我跟着你走,不也是阎王逼我做的么?我从前没有想嫁焦家,你从前也没有想害焦家,我们是一对可怜虫,谁也不能做了自己的主,我们现在就是都错了,叫老天爷替我们想想,难道这些事都得由我们担待么?”

表面上最为野蛮勇猛的一对男女,内心深处却偏偏是最为软弱的“一对可怜虫”。这是曹禺戏剧中最为奇妙的精神现象。正是由于“缺乏自我规定的意志”,以“原始的情绪”和“蛮性的遗留”为野蛮复仇的原动力和内驱力的仇虎,只能凭借着中国传统文化所固有的宗教神道的名义,来实施以焦家的“绝子绝孙”、“一网打尽”为第一目标的野蛮复仇。

“初一十五庙门开,牛头马面两边排……殿前的判官呀掌着生死的薄……青脸的小鬼哟,手拿拘魂的牌……阎王老爷哟当中坐,一阵哪阴风啊，吹了个女鬼来……”这曲具有极其浓厚的宗教色彩的民间小调《妓女告状》，所印证的是仇虎那 15 岁就被焦阎王卖到妓院的妹妹的悲惨命运。上吊而死的妹妹的冤魂，是仇虎实施圣战式的野蛮复仇的第一个精神筹码。

第二幕中，当仇虎实在鼓不起勇气杀死焦大星的时候，不得不搬出第二筹码——被焦阎王活埋而死的老父亲仇荣的冤魂——随着一句“爹呵，你要帮我”的望天乞灵，仇虎终于狠下心来，把匕首插进醉梦中的焦大星的胸膛。

同样是以“原始的情绪”和“蛮性的遗留”为原动力和内驱力，比起此前的《雷雨》和《日出》，《原野》一剧的独到之处在于，它在第三幕中不仅最大限度地活现了由俗称“阎王”的“黑脸的阎罗（地藏王）”一手把持的阴间地狱；还最大限度地活现了内在于仇虎灵魂深处的神道心狱：

焦花氏 （忽起疑惑，抓住仇虎）虎子，你告诉我小黑子究竟怎么死的？

仇　虎 （机械地）他奶奶打死的。

焦花氏 我知道。可你叫我把黑子抱到屋里是怎么回事？

仇　虎 唔。（低沉）一网打尽，一个不留。

…………

仇　虎 ……我在狱里做苦力，叫人骗了老婆，占了地，打瘸了腿，嗯，对！对！我仇虎是好百姓，苦汉子，受了多少欺负，冤枉，委屈，对！对！我现在杀他焦家一个算什么？杀他两个算什么？就杀了他全家算什么？对！对！大星死了，我为什么要担待？对！他儿子死了，我为什么要担待？对！我为什么心里犯糊涂，老想着焦家祖孙三代这三个死鬼，对！对！我自己那年迈的爹爹，头发都白了，（忽然看见右面昏黑里出现了什么，不知不觉地慢下来）人都快走不动了。

由于“天(老天爷)”没有也不可能为迷失在原野黑林子中的仇虎提供实质性的帮助,仇虎在《原野》第三幕第四景的地狱审判中,像《窦娥冤》中赴法场的窦娥那样,昏头昏脑地把天谴诅咒的目标,自相矛盾地指向了至高无上的“天(老天爷)”:“金子,你求什么?你求什么?天,天,天,什么是天?没有,没有,没有!我恨这个天,我恨这个天。你别求它,叫你别求它!”

出于对“天(老天爷)”的仇恨和绝望,仇虎掉转头去祈求阴间地狱里面俗称“阎王”的“黑脸的阎罗(地藏王)”:“小人仇虎身有两代似海的冤仇,前在阳世,上有老父年迈,下有弱妹幼小,都为杂种狠心的焦连长所害,死于非命……小人两代似海的仇冤,千万请阎王老爷做主,阎王老爷做主。”

随着替天行道的“阎王老爷”变身为穿着军装的杀父仇人焦连长,彻底绝望的仇虎于失魂落魄、精神倒悬之中,终于绕到神道心狱的边缘,觑破了中国传统宗教神道自欺欺人的虚假骗局:

“好,好,阎王!阎王!原来就是你,就是你们!我们活着受尽了你们的苦,死了,你们还想出这么个地方来骗我们,想出这么个地方来骗我们。”

“现在仇虎不相信天,不相信地,就相信弟兄们一块儿跟他们拼,准能活,一个人拼就会死。叫他们别怕势力,别怕难,告诉他们我们现在要拼得出去,有一天我们的子孙会起来的。”

仇虎的这种人格完成,其实只限于审美意义上的阿Q式的精神胜利。他只是凭着自己交通神鬼的通天慧眼,于失魂落魄的精神倒悬中觑破了中国传统神道文化以天神天命天意天理天道天堂为本体本位,以人身依附的天、地、君、亲、师的身份等级捆绑限制所有个人的天罗地网般的神道体系的虚假之处;而没有在以人为本、意思自治、契约平等、民主参与、宪政共和、大同博爱的人道主义本体论的意义上,凭着“自我规定的意志”再前进一步,从而像古希腊悲剧中的普罗米修斯、俄狄浦斯王,以及莎士比亚戏剧中的哈姆莱特、易卜生戏剧中的斯铎曼医生那样,以自我解放、自我负责、自我健全的建设性态度，勇敢地承担起属于自己的一份社会责任。曹禺戏剧与黑格尔《美学》所介绍的主要表现“自由的个人的动作的实现”，以及“对自己的罪行负责正是伟大人物的光荣”的崇高悲剧之间，难以逾越的文化鸿沟就在于此。

五　花金子的黄金天堂

在《〈日出〉跋》中，曹禺曾经对“大约有三十岁左右”，“已经为人欺凌蹂躏到几乎完全麻木”的老妓女花翠喜大唱颂歌：“在这堆‘人类的渣滓’里，我怀着无限的惊异，发现一颗金子似的心，那就是叫做翠喜的妇人。”从这个意义上讲，《原野》中的花金子，在很大程度上就是还没有被逼进妓院里的花翠喜。

比之于《雷雨》中的周蘩漪，花金子在“交织着最残忍的爱和最不忍的恨”的“一切都走向极端”的“最‘雷雨’的性格”方面，堪称是有过之而无不及。原本是“野地里生野地里长”的农家少女的土著出身，从根本上保证了她的“原始的情绪”和“蛮性的遗留”的纯粹性。在逃出监狱的初恋情人仇虎还没有出现之前，花金子与《雷雨》中的周蘩漪一样，是在地狱般的男权家庭中与自己的家人既相互依赖又相互厮杀的一名旧式女性。是从远方归来的仇虎，唤醒了花金子潜意识中阳光天堂般的神圣理想：

仇　虎　嗯，坐火车还得七天七夜。那边金子钱财铺的地，房子都会飞，张口就有人往嘴里送饭，睁眼坐着，路会往后飞，那地方天天过年，吃好的穿好的，喝好的。

焦花氏　（眼里闪着妒羡）你不用说，你不用说，我知道，我早就知道，可是，虎子，就凭你……

对于男女情爱，花金子要求的既是人身依附式的奉献与拥有，同时也是相互间的肉体施虐与灵魂强暴。在这方面,有“真正的男人”和“野老虎”之称的仇虎恰好与她完全般配,两个人之间很快便碰撞出一种虽人性稀薄却又灿烂夺目的情爱火花:“(仇虎替她插花,她忽然抱住仇虎怪异地)野鬼,我的丑八怪,这十天你可害苦了我,害苦了我了!疼死了我的活冤家,你这坏了心的种,(一面说一面昏迷似地亲着仇的颈脖,面颊)到今天你说你怎么能不要我,不要我,现在我才知道我是活着,你怎么能不要我,我的活冤家,(长长地亲着仇虎,含糊地)嗯——”

当常五站在大门口叫门时,正在与仇虎通奸偷情的花金子,竟然说出这样的台词:“(还抱着仇虎,闭着眼,慢慢推开。蓦地回头向中门,放开嗓音,一句一句地,也长悠悠地)别忙噢!常五伯,我在念经呢,等等,我就念完喽。”

把充满暴力色彩的通奸偷情比作善男信女的念经礼佛,这种极端情绪化的离经叛道只有花金子这样的野女子才会做得出;也只有曹禺这样以“原始的情绪”和“蛮性的遗留”为原动力和内驱力的剧作者才想得到。曹禺在《〈雷雨〉序》中介绍周蘩漪的舞台提示——“这类女人总有她的‘魔’,是个‘魔’,便有它的尖锐性。也许蘩漪吸住人的地方是她的尖锐。她是一柄犀利的刀,她愈爱的,她愈要划着深深的创痕。她满蓄着受着抑压的‘力’,……爱这样的女人需有厚的口胃,铁的手腕,岩似的恒心。”——用在花金子身上就显得更加合适。

离经叛道的花金子和仇虎已经不满足于像焦大星那样委曲求全地建设常态社会中的情爱家园;而是怀抱着“我当了皇上,你就是军师”的打天下、坐天下、家天下的汤武革命式的神圣理想,一心向往着彼岸性的黄金铺地的阳光天堂:

仇　虎　金子,你要上哪儿?

焦花氏　远,(长长地)远远的——(托着腮)就是你说那有黄金子铺地的地方。

仇　虎　（惨笑）黄金？哪里有黄金铺地的地方，我是骗你的。

焦花氏　（摇头）不，你不知道，有的。人家告诉过我说。有！我梦见过。

仇　虎　金子，大星回来——

［雾里的火车渐行渐远，远远有一声悠长的尖锐的车笛。］

焦花氏　（假想）你别说话，你听，到那个地方，就坐这个。"吐兔图吐，吐兔图吐"，坐着火车，一直开出去，开，开，开到天边外。哼，我死也不在这儿呆下去了。

在花金子对于彼岸性的黄金铺地的阳光天堂既执拗又痴迷的神往之中，观众和读者所体会到的是与《雷雨》中周冲对于四凤的痴情说梦相映成趣的永恒美感。这种永恒美感，就像中国民间宗教神道对于"真空家乡，无生父母"的八字真言的痴迷神往一样，带给人们的是一种被曹禺称之为"原始的情绪"和"蛮性的遗留"的永恒魅力。在白莲教及其他民间宗教的经典之中，诸如"无生母，在家乡，想起婴儿泪汪汪；传书寄信还家罢，休在苦海只顾贪；归净土，赶灵山，母子相逢坐金莲"的妙语真言比比皆是。白莲教所宣扬的以彼岸性的阳光天堂为精神家园的"习教即无生父母之儿女，初皆生长天宫，故以天宫为家乡"①的神道信仰，所印证的正是中国传统神道文化中最为原始、最为永恒也最具艺术魅力的集体无意识；也就是以"原始的情绪"和"蛮性的遗留"为原动力和内驱力的曹禺，从中国传统神道文化中概括升华出来的"阴间地狱之黑暗＋男女情爱之追求＋男权家庭之反叛＋专制社会之革命＋舍身爱人之牺牲＋天诛地灭之天谴＋替天行道之拯救＋阳光天堂之超度"的密码模式；以及其中最为原始、最为永恒也最具艺术魅力的天谴罚罪加阳光天堂的天罗地网般的神道祭坛。

---

① 白莲教《消释收圆行觉宝卷》，见黄育楩《续刻破邪详辩》，《清史研究》1982 年第 3 期，第 128 页。

无论黄金铺地的阳光天堂有多么神圣美好,梦想终归是梦想。花金子在世俗生活中依然是一个不能够独立自主地掌握自己前途命运的旧式女子。就在她与仇虎大白天在焦家正屋的焦阎王神像下偷情通奸的时候,他们偏偏遭遇了"阎王的眼动起来"的"活见鬼"。刚刚还在标榜自己"我说哪儿,就要做哪儿"的花金子,立即换上另一副面孔,可怜兮兮地"缩成一团",倒在仇虎的怀抱之中寻求庇护。随着剧情的展开,花金子阴柔软弱、空虚胆怯的另一面一步步地暴露无遗。

在焦大星所主持的审奸戏中,底气不足的花金子一度表现出"甘受奴役"的绝对屈服,委曲求全地跪倒在焦母、焦大星连同焦家的祖宗牌位之前接受审判。只有当焦大星举起鞭子的时候,她身上的"原始的情绪"和"蛮性的遗留"才被再度激活,从而爆发出以本能人欲反叛神道天理的叛逆心声:"你爸爸把我押来做儿媳妇,你妈从我一进门就恨上我,骂我,羞我,没有把我当人看。我告诉你大星,你是个没有用的好人……你不配要金子这样的媳妇。"

接下来,花金子还恶声恶气地呐喊出"绝子绝孙"的天谴诅咒:"(跑到香案前,掀开红包袱,拿起扎穿钢针的木人)大星,你看,她要害死人!想出这么个绝子绝孙的法子害死我。你看,你们看吧!(把木人扔在地上)。"

在旧家庭的窝里斗中,花金子即使有过暂时的软弱,仍然不失为一名胜利者。当欠下人命血债的仇虎在原野黑林子里失魂落魄、神魂颠倒的时候,花金子依然能够表现出比"野老虎"般的仇虎更加阳刚强悍的清醒意识。在第三幕第一景中,花金子以"我们要飞哪儿,就飞哪儿"的浪漫情怀替仇虎开脱道:"小黑子不是你害的,天知道,地知道!你想这个做什么?你还不想跑?我的命在你手里,虎子,自己别叫自己吓着,你别'磨烦'……"

一句"我的命在你手里",恰好败露了花金子即使在离经叛道之后,也依然是一个只能在中国传统神道文化的天罗地网中讨生活的旧式女性。只要自己的男人由阴盛阳衰的焦大星转换为所谓"真正的男人"仇虎,她还是愿意"甘受奴役"的。也正是由于"缺乏自我规定的意志"，花金子在第三幕第二景中，一度像《雷雨》中的鲁侍萍那样望天乞怜："我们是一对可怜虫，谁也不能做了自己的主，我们现在就是都错了，叫老天爷替我们想想，难道这些事都得由我们担待么？"

到了第三幕第三景中，仇虎在原野黑林子里陷入了四面突围却又只能一次接一次地回归原点的"鬼打墙"般的人生绝境，只好向花金子承认了自己所编造的谎言骗局："（明白这些声音都是她脑内的幻象，哀怜地唉口气）嗯，金子，也许我到过那黄金铺的好地方。可（愤恨地）我就思想起我在那块地方整年整月地日里夜里受的罪，我做苦力，挑土块，挨鞭子，一直等到我腿打瘸，人得了病，解到旁处，我才逃出来。那里的弟兄跟我一样受着罪，死的死，病的病，那里黄金倒是有，可不是我们用，我们的弟兄一个一个瘦得像个鬼，（声音渐小）像个鬼，苦，——苦，——苦……"

事情至此已经真相大白，仇虎当初对于"黄金铺的好地方"的描绘，连同"有弟兄接济我"的保证，完全是一个弥天大谎。所谓"黄金铺的好地方"，其实是他服刑做工时的一个地狱般的金矿，那些"接济"他的弟兄们依然被留在金矿里受苦受难。更进一步说，即使仇虎与花金子能够冲出原野黑林子获得新生，他们所要追求的黄金铺地的阳光天堂，也依然是中国历史上旧得不能再旧的男人当皇上、女人当军师，或者是男人当强盗、女人当强盗婆的奉天承运、替天行道、改朝换代、一统江山的家天下和私天下。

好在女人天生喜爱谎言，受骗上当的花金子并不在意仇虎自欺欺人的天堂骗局。在充当大救星和引路人的仇虎立不起、靠不住的情况下，她只好像《雷雨》中的周蘩漪、鲁侍萍、鲁四凤和《日出》中的妓女花翠喜、小东西那样，再一次以最为可怜的低姿态跪地祈祷："（喃喃地）怎么走？（忽然走到白杨树下，跪下）哦，天啊，可怜可怜我们吧，再露一会儿月亮吧，再施舍给我们一点点儿的亮吧！（哀恳地）哦，就一会儿，一会儿，天，可怜可怜我们这一对走投无路——"

花金子连同她所中意的"真正的男人"仇虎，最终像焦大星一样暴露出了各自身上彻头彻尾的意志薄弱和精神空虚。直到全剧闭幕前的第三幕第五景，经过漫漫长夜里生死轮回的大刺激、大磨难，花金子的精神面貌才在“满天大红”的背景下有所改观，并且攀升到义无反顾的最高境界：“后悔？我这一辈子只有跟着你才真像活了十天。哼，后悔！”

对于花金子和仇虎来说，黄金铺地的阳光天堂，即使在被彻底拆穿之后，仍然不失其永恒魅力和永恒价值。当作为大救星和引路人的仇虎不得不选择自杀时，留给花金子的依然是既自相矛盾又自欺欺人的神圣祝福：“现在那黄金子铺的地方只有你一个人配去了。”

有可能怀上仇虎的儿女，也就是焦母所说的“仇家的后代根”的花金子，为了不让仇家“绝子绝孙”，最后一个人逃出原野黑林子追寻根本就不存在的黄金铺地的阳光天堂去了……

六 白傻子的愚不可及

《原野》一剧中，在自裁身亡的仇虎和亡命天涯的花金子身后，还有一个既出入于事局之中又超然于事局之外的神秘人物，他就是“无父无母，寄在一个远亲的篱下，为人看羊，砍柴，做些零碎的事情”的白傻子。他还没有上场，就“兴高采烈”地贡献出一种“不可解的声音”：“漆叉卡叉，吐兔图吐。呜——呜——呜。”

这种模仿“一列疾行的火车”并且指向天边外的黄金铺地的阳光天堂的“仙乐”，犹如传统戏曲舞台的锣鼓经，几乎贯穿了全部的剧情，不仅渲染出一种阳光天堂般充满希望的诗意氛围，还为一心想飞往天边外的黄金铺地的阳光天堂的仇虎和花金子，一次又一次地注入精神动力。

单就艺术成就来说，《原野》一剧在中国戏剧史上所做出的最为突出的创造性贡献，就是借助传统戏曲舞台上控制节奏、渲染气氛、活现人物的锣鼓经，把“活见鬼”式的戏剧场面，活灵活现地移植到了现代话剧之中。因为无父母、无家业、无私欲、无情爱、无知识、无追求、无作为而超然中立、四大皆空的白傻子，在这个方面发挥了最大的潜能。第二次上场的时候，他为《原野》贡献出的是另一种戏曲式的锣鼓经："嗒嘀嗒嘀嗒"的"洋号"和"得——锵，得——儿锵！"的"威武的军鼓"的交响合奏。

这种交响合奏所印证的是白傻子对于花金子的一份本能情爱："（笑嘻嘻地，顺口一数落）新媳妇好看，傻——傻子看了直打转；新媳妇丑，傻——傻子抹头往外走。""（老实地）老……虎要都是这样，我看还……还是老虎好。"

随着这段轻松活泼的过场戏，剧情陡然间发生转折，焦母带领白傻子破门而入对花金子和仇虎捉奸拿双。捉奸失败的焦母摔了个头破血流。超然于事局之外的白傻子，却在享受着他从来没有过的情爱满足："（惧怯地，看着花氏）还有……还有……还有一个……（花氏忽然跑到傻子面前，神情异外诱惑，在他的面颊上非常温柔地亲了一下，傻子仿佛失神落魄，立在那里）。"

随着这份短暂的情爱满足，花金子一记重重的耳光，干净彻底地扼杀了白傻子身上仅有的一份私情，从而保证了这位四大皆空的神性人物的绝对纯粹超然。

第二幕中，仇虎"学着女人的喉咙"吟唱的《妓女告状》，是剧中的戏曲式锣鼓经的另一种旋律："初一十五庙门开，牛头马面哪两边排……殿前的判官呀掌着生死的簿……青脸的小鬼哟，手拿拘魂的牌……阎王老爷哟当中坐，一阵哪阴风啊，吹了个女鬼来。"

印证着《妓女告状》阴森凄惨的旋律格调，仇虎一步步实施着他的复仇计划。在焦家已经"绝子绝孙"、"一网打尽"之后，《妓女告状》的歌词又由超然于事局之外的白傻子吟唱出来，无形中启动了针对欠下新一轮血债的仇虎的天谴罚罪。白傻子也因此以一种超然中立的姿态，行使起替天行道的神圣职能。他所奉行的"天之道"，与《日出》中"损有余而补不足"的"天之道"一样，出自老子的《道德经》："勇于敢，则杀；勇于不敢，则活。此两者或利或害。天之所恶，孰知其故？是以圣人犹难之。天之道，不争而善胜，不言而善应，不召而自来，默然而善谋。天网恢恢，疏而不失。”

第三幕第四景中，在原野黑林子最为黑暗的时刻，也就是仇虎和花金子最为落魄、最为绝望的时刻，“勇于不敢”的白傻子再一次以超然中立的姿态唱起了《妓女告状》：“四面又唱起了多少低沉的声音，哀悼地重复着：‘牛头马面两边排！’这时仇虎忽而看见在右边破庙前黑暗里冉冉立起牛头和马面，如同一对泥傀儡，相对起立。”

在写作《原野》之前的1936年11月，曹禺在《〈日出〉跋》中对于没有把“雷公”的形象活现在《雷雨》一剧中而深表遗憾。在《原野》中，随着对于《妓女告状》的歌词内容及音乐旋律的巧妙运用，戏曲舞台上司空见惯的“活见鬼”场面，终于被活灵活现地移植到了中国话剧的舞台之上。

[当中远处又唱：“殿前的判官哟，掌着生死的簿。”]

仇　虎　你听见了没有？

焦花氏　嗯，听见，这一定是狗蛋学的你。

[紧接，四外阴沉沉地合唱“殿前的判官哟掌着生死的簿”。仇虎的眼里又在庙前边土台旁幻出一个披戴青纱，乌冠插着黑翅的判官，像个泥胎，悄悄地立在那里。]

仇　虎　（倒呼出一口气）怎——么——回——事？

焦花氏　虎子！

仇　虎　妈呀！

[不间断地当中远处又唱：“青面的小鬼拿着拘魂的牌。”]

焦花氏　（拉着仇虎）走吧！虎子！（仇虎不动）

[立时，四边和起：“青面的小鬼拿着拘魂的牌。”仇虎望见黑地里冉冉冒出一个手执拘牌的青脸的小鬼，立在土台之旁，恰如泥像。]

仇　虎　哦！（揩揩头上的汗）

[当中远处又唱，但是此次威森森地：“阎王老爷哟当

中坐。”]

[立刻仿佛四面八方和起那沉重而森严的句子，如若地下多少声音一齐苦痛而畏惧地低吼出来：“阎王老爷哟当中坐。”似乎都等待着那最后的审判。仇虎望见一片昏黑的惨阴阴的雾里渐渐显出一个头顶平天冠，两手捧着王笏的黑脸的阎罗（地藏王），端坐小土庙之上，前面的土台成了判桌。阎罗正如庙里所见，一丝不动，塑好的泥胎。]

当仇虎以灵魂出窍的方式卷入由俗称“阎王”的“黑脸的阎罗（地藏王）”所主持的地狱审判的时候，超然中立的白傻子悄然引退，于睡梦中享受着一种在家即出家、入世即出世、原野即天堂、无可而无不可、无为而无不为的神仙乐趣：“铁道旁哩石后面白傻子呼呼地打着鼾，侧身靠倚哩石，身旁有熄了火的纸灯笼歪歪地躺在土上。傻子的衣服也为荆棘钩破，脸上沾腻上许多土，脚光光的，破鞋乱放在一旁。傻子多年做着甜美的梦，脸上是平静而愉快的微笑。”

这里所说的白傻子的多年美梦，其实就是曹禺自己的多年美梦。早在1928年南开中学时期，18岁的曹禺就在长篇剧诗《南风曲》中，借着在灵魂出窍的睡梦中神往于“梦中情人”的“呆笨的村童”，做过同样的美梦。在《南风曲》之前的小说处女作《今宵酒醒何处》中，曹禺还专门采用“哲人般的呆子”的概念来形容过自传性人物夏震不作为也不敢作为的大智若愚和愚不可及。在《〈日出〉跋》中，曹禺所表达的依然是对于白傻子这种“勇于不敢”的宗教化人生境界的神往之情：“我羡慕那些有一双透明的慧眼的人，静静地沉思体会这包罗万象的人生，参悟出来这个中的道理，我也爱那朴野的耕田大汉，睁大一对孩子似的无邪的眼，健旺得如一条母牛，不深虑地过着纯朴真挚的日子……我以为这个戏应该再写四幕，或者整个推翻，一切重新积极地写过，着重那些应有光明的人们……我讲过《日出》并没有写全，确实需要许多开展。”

从某种意义上说,《原野》正是"并没有写全"的《日出》的"整个推翻"和"重新积极地写过"。剧中的仇虎和花金子,就是曹禺要着重描写的"应有光明的人们",也就是在大旅馆窗户外面打夯的工人,以及在下等妓院里面卖淫养家的花翠喜。为了让仇虎和花金子冲破由俗称"阎王"的"黑脸的阎罗(地藏王)"所把持的天诛地灭、天谴罚罪的天罗地网,朝着由"满天大红"的"日出"所象征的彼岸性的阳光天堂正面迎去,曹禺最大限度地调动在《雷雨》、《日出》中已经演练过的"原始的情绪"和"蛮性的遗留",赋予仇虎和花金子最大份额的野性蛮力和神性魔力。与此同时,又给"勇于不敢"的白傻子留下了一条网开一面的人生出路。

看似无父母、无家业、无私欲、无情爱、无知识、无追求、无作为的白傻子,在人类文化史上却大有来头。南开中学时期的曹禺编译演出的英国戏剧家高尔斯华绥的《争强》中,就存在着西方文化中的"争强者必自杀"的人生哲理。[①] 被中国传统道教奉为太上老君的老子,在《道德经》中更把"勇于敢,则杀;勇于不敢,则活"的大智若愚、明哲保身,极端神圣化为形而上的"天之道"。高度中国化的佛教禅宗,所宣扬的同样是心如止水、四大皆空、人生无常、因果报应的出世避世哲学。被正统儒教奉为经典的《论语·公治长》中,也明确记载着圣人孔子"愚不可及"的聪明话:"子曰:'宁武子,邦有道,则知;邦无道,则愚。其知可及也,其愚不可及也。'"

《原野》第四幕中,当"勇于不敢"且"愚不可及"的白傻子从睡梦中醒来的时候,已经是"满天大红"的第二天破晓。他拎着从铁道旁的野塘里捞出来的"十天前仇虎投入塘里的铁镣",面对趋炎附势、为虎作伥的常五说出了看似无心却又满带禅理机锋的一句话:"你说这副镯子?水塘里捡的,(举起)你不要?"

仇虎随后在与花金子的对话中,对于这副铁镣另有说明:"那天我解开这个东西(指铁镣)今天又要戴上了。"

---

① 黄佐临:《南开公演的〈争强〉与原著之比较》,《大公报》1929年9月23、24日。

《原野》中一再出现的这副铁镣，正是中国传统神道文化中替天行道、天诛地灭或者说是“存天理，灭人欲”的天罗地网、天谴罚罪的具象化。在剧作者曹禺的眼里，除了像白傻子那样既绝对虚空又绝对超然的神性人物之外，一切的芸芸众生都只是被网罗在天罗地网之中遭受天谴罚罪的“鬼”、“傀儡”和“可怜的动物”。明白了这一点，最终在“满天大红”的“破晓”后逃出原野黑林子的花金子，最有可能的人生归宿，其实就是《日出》中花翠喜、小东西所在的下等妓院“宝和下处”。借用曹禺晚年的说法，“最后一幕，是现实的，也是象征的，没有仇虎的出路，金子死得更惨”。①

七　原始情绪的全面推演

相对而言，由于执行替天行道、天诛地灭的天谴罚罪的“雷公”没有现身出场，《雷雨》中的“原始的情绪”和“蛮性的遗留”，并没有在被称为“最‘雷雨’的性格”的戏剧人物身上，得到充分发挥和全面展开。《日出》中被先验性地悬置起来的“损有余而补不足”的“天之道”和“损不足以奉有余”的“人之道”，本身就是对于鲜活生动、复杂多元的现实社会的削足适履。只有到了《原野》当中，作为戏剧创作与戏剧人物的原动力和内驱力的“原始的情绪”和“蛮性的遗留”，才通过集动物本能的野性蛮力和宗教精神的神性魔力于一身的仇虎、花金子的野蛮复仇和情爱冲动，得到了最为充分地发挥、最为全面地展开和最为激烈地呈现。

在该剧的“序幕”中，一开始就呈现出了围绕着林中野庙四面铺开，并且由民间宗教中的各种神灵鬼怪所盘踞的蛮荒神秘的大旷野：“大地是沉郁的，生命藏在里面。泥土散着香，禾根在土里暗暗滋长。巨树在黄昏里伸出乱发似的枝秋蝉在上面有声无力地振动着翅翼。巨树有庞大的躯干，爬满年老而龟裂的木纹，矗立在莽莽苍苍的原野中，它象征着严肃、险恶、

① 田本相：《曹禺传》，北京十月文艺出版社，1988年，第208页。

反抗与幽郁,仿佛是那被禁梏的普饶密休士,羁绊在石岩上……在天上,怪相的黑云密匝匝遮满了天,化成各色狰狞的形状,层层低压着地面。远处天际外逐渐成一张血湖似的破口,张着嘴,泼出幽暗的赭红,像噩梦,在乱峰怪石的黑云层堆点染成万千诡异艳怪的色彩。"

以这种蛮荒神秘的大旷野为背景,曹禺通过戏曲式亮相推出了他心目中的"普饶密休士"(普罗米修斯)式的英雄人物仇虎:"他蓦地跳起来,整个转过身来,面向观众,屏住气息瞩望。——这是一种奇异的感觉,人会惊怪造物者怎么会想出这样一个丑陋的人形:头发像乱麻,硕大无比的怪脸,眉毛垂下来,眼烧着仇恨的火。右腿打成瘸跛,背凸起仿佛藏着一个小包袱。筋肉暴突,腿是两根铁柱……是一个刚从地狱里逃出来的人。"

在"序幕"结束时,仇虎与花金子的情投意合,无形中已经注定焦家"绝子绝孙"的天谴宿命。为此,曹禺在幕落时刻意为焦母安排了一个富于象征意义的定格场景:"(立在巨树下面像一个死尸,喃喃地)哼!死不了的狐狸精,叫火车压死她!(原野里一列急行火车如飞地奔驰好大野风!探路灯着巨树下的焦氏,看见她的白发和衣裾在疾风里乱抖。)"

第一幕的剧情,发生于"后十天的傍晚,在焦大星家里",曹禺依然忘不了在舞台上为"原野"留出足够的空间:"是一间正房,两厢都有一扇门,正中的门通着外面,开门看见是篱墙,远的是草原、低云和铁道附近的黑烟。中门两旁各立一窗,窗向外开,都支起来,低低地可以望见远处的天色和巨树……"

到了第三幕第一景,由天神、地祇、人鬼所盘踞着的原野黑林子,更是演变成一个以林中野庙为中心的草木皆兵的阴间地狱:"这里盘踞着生命的恐怖,原始人想象的荒唐;于是森林里到处蹲伏着恐惧,无数的矮而胖的灌树似乎在草里伺藏着,像多少无头的战鬼,风来时,滚来滚去,如一堆一堆黑团团的肉球……在舞台的前面,下边立起参差不齐的怪石屏挡着,上边吊下来狰狞的杈枝,看进去像一个巨兽张开血腥的口。"

与这样的背景相对应,再一次以戏曲式的定格亮相现身于舞台之上的仇虎，已经演变为一个"猿人"式的"真人"："仇虎由右面背着身走进来……后脑勺突成直角像个猿人，由后面望他，仿佛风卷过来一根乌烟旋成的柱。回转身，才看见他的大眼睛里藏蓄着警惕和惊惧。时尔，恐怖抓牢他的心灵，他忽而也如他的祖先——那原始的猿人，对着夜半的森野震战着，他的神色显出极端的不安。希望，追忆，恐怖，愤恨连续不断地袭击他的想象，使他的幻觉异乎常态地活动起来。在黑的原野里，我们寻不出他一丝的'丑'，反之，逐渐发现他是美的，是值得人的高贵的同情的。他代表一种被重重压迫的真人，在林中重演他所遭受的不公。"

第三幕第五景开幕时，天色已经破晓，神秘蛮荒的黑林子中已经隐去了天神、地祇、人鬼潜伏出没的野庙，序幕中"由辽远不知名的地方引来的两根铁轨"，再一次出现在原野中十分显眼的地方。《日出》结局的"满天大红"也在"原野"上再度呈现："天际外仿佛放了一把野火，沿着阔远的天线冉冉烧起一道红光……大地轻轻地呼息着，巨树还那样严肃，险恶地矗立当中，仍是一个反抗的魂灵。"

经过一番你死我活的轮回争杀，最后一次上场的仇虎像巨树一样，显现出普罗米修斯式的"高贵"："仇虎驼着背，满脸汗，仿佛肩着千斤的重量。臂上肌肉愤怒地突起，两只眼暴出来，一手托着枪，插在腰里的匕首闪着光。现在他更像个野人，在和四周的仇敌争死活。看见了巨树，眉目间露出好的沉算，沉定地望着前面。"

片刻之后，陷身于重重包围之中的仇虎，就是依靠着这棵巨树，用匕首完成了剧作者曹禺所谓的普罗米修斯式的"高贵"。

曹禺把自己笔下的仇虎与古希腊悲剧中的普罗米修斯相提并论的同时，又颇为心虚地把普罗米修斯的悲剧性崇高降格为仇虎所谓的"高贵"。与普罗米修斯因为给人类盗取火种而遭受专制主神宙斯的残酷惩罚不同，仇虎针对焦阎王一家的野蛮复仇，连同他与花金子之间的野蛮情爱，为的只是在彼岸性的黄金铺地的阳光天堂里面，实现男人当皇上、女人当军师，或者男人当强盗、女人当强盗婆的家天下、私天下的专制梦想。他之所以能够在大旷野中巨树般地顶天立地,只是由于剧作者曹禺把自己潜意识或集体无意识中"怪、力、乱、神"式的"原始的情绪"和"蛮性的遗留",最大份额地移植到了仇虎的肉体与灵魂之中,使他最大限度地具备了动物本能的野性蛮力和宗教精神的神性魔力。被曹禺奉之为"真正的男人"的仇虎,就是仗着这种前文明时代的"野老虎"般的野性蛮力和神性魔力,既赢得了花金子的芳心,又实施了圣战式的野蛮复仇,并且跨出了要飞往天边外的黄金铺地的阳光天堂的第一步,从而把中国传统话本小说和戏剧传奇中英雄加美人的故事套路,推演到了"阴间地狱之黑暗+男女情爱之追求+男权家庭之反叛+专制社会之革命+舍身爱人之牺牲+天诛地灭之天谴+替天行道之拯救+阳光天堂之超度"的一种极致。

总而言之,《原野》是一部通过仇虎和花金子圣战式的野蛮复仇与神道反叛,连同白傻子愚不可及的替天行道与明哲保身,来全盘推演曹禺潜意识中的"原始的情绪"和"蛮性的遗留"的戏剧化的宗教文本和宗教化的戏剧文本。再一次套用曹禺《〈雷雨〉的写作》中的话说,《原野》与《雷雨》、《日出》一样,"是一首诗,一首叙事诗",一首"叫观众如听神话似的,听故事似的"①来观赏的戏剧化的叙事诗和宗教化的戏剧诗。

---

① 曹禺:《〈雷雨〉的写作》,《质文(杂文)》月刊1935年第2号。

第六章　舍家爱国的《蜕变》*

现实生活中的曹禺毕竟是一位有血有肉、有妻有女的世俗人物。随着年龄的增长,他的“原始的情绪”和“蛮性的遗留”中的动物本能的野性蛮力和宗教精神的神性魔力,难免会出现一些衰减退化现象。随着抗日战争的全面爆发,远离社会现实尤其是政治操作的天谴罚罪与阳光天堂,也不再为观众尤其是戏剧界中普遍左倾的批评家们所欢迎、所追捧。在这种情况下,曹禺不得不把自己以神道设教、替天行道的宗教先知加抒情诗人自居的身份特权,委曲求全地服从和服务于轰轰烈烈的抗战宣传。于是,在他的笔下出现了严重缺乏艺术魅力的抗战戏剧《全民总动员》和《蜕变》。

一　从南京到重庆

1937 年 7 月初的一天,曹禺接到继母薛咏南由天津打来的电报,得知大哥万家修病故,便于 7 月 6 日从南京赶回天津。第二天,震惊中外的“七七”芦沟桥事变发生。7 月 29 日,北平宣告沦陷,天津市区也随之紧张起来。“八一三”淞沪战争爆发后,国立戏剧学校西迁长沙。曹禺只好告别继母、寡嫂和两个未成年的侄子,乘英国太古公司的轮船,绕道香港赶赴武

* 本章的部分内容,曾经以《〈蜕变〉的首演及其他》为题发表于《新文学史料》1999 年第 1 期。

昌,与先期到达的郑秀会合。曹禺与郑秀在外婆家里停留两周,便赶往长沙国立剧校的新校址。同年10月8至10日,国立剧校在长沙又一村民众大会堂举办第二次公演,每天日夜两场,共演6场,演出剧目是曹禺参与执导的"时事煽动剧"《炸药》,以及另外两部独幕剧《毁家纾难》和《反正》。紧接着,曹禺执导骆文宏编写的街头剧《疯了的母亲》,并且率领学生赴湘、鄂、川各地进行旅行公演。同年12月,曹禺执导李庆华编写的街头剧《觉悟》,再一次率领学生赴湘、鄂、川旅行公演。

在抗战初期亢奋热烈的爱国氛围里,曹禺与郑秀之间的爱情也水到渠成、瓜熟蒂落。到达长沙不久,两个人便在长沙青年宫举行结婚仪式,由校长余上沅亲自出面担任证婚人。两个人婚后居住在两间临时租用的民房里,他们的蜜月是在日本飞机不间断空袭骚扰的炸弹声中度过的。

据沈从文回忆,他与茅盾、巴金、曹禺等10位作家,曾于1937年的年底,得到中共方面欢迎他们到延安去的邀请。他为此事专程由武汉赶到长沙,与曹禺一同去八路军驻长沙办事处拜访徐特立。由于战争形势的变化,这一计划被迫取消。这是曹禺与中共高层有文字记录的第一次正式接触。①

1937年12月31日,由国共两党联合组建的中华全国戏剧界抗敌协会(简称"全国剧协"),在汉口光明大戏院举行成立大会,该协会是抗战时期最早出现的一个全国性文艺组织。曹禺与张道藩、方治、洪深、朱双云、田汉、熊佛西、余上沅、宋之的、阿英、李健吾、陈白尘、郑君里、陈波儿、陈治策、向培良、顾仲彝、王平陵、赵丹、章泯、石凌鹤、王莹、唐槐秋、应云卫等91人,当选为理事会理事。会议通过了由田汉等人起草的宣言,决定以每年10月10日的双十国庆节为戏剧节。至此,在《〈日出〉跋》中表示自己是"无组织无计划"的"有心人"和"好心人"的曹禺,终于成为半民间半官方的文艺组织中的重要成员。

---

① 沈从文:《〈散文选译〉序》,《读书》1982年第2期。

随着日本军队的不断推进和中国军队的节节败退，国立剧校于1938年元旦接到向重庆转移的指令。这时的曹禺已经被任命为剧校专任导师兼教务主任，必须随剧校师生走水路集体转移。对于从小养尊处优、娇生惯养的曹禺来说，这种半军事化的集体生活，无疑是相当艰苦的，他的精神状态却因此变得空前激昂。据他的学生陈永倞回忆："这时曹禺是教务主任，我记得他还穿着棉袍子，打着锣，到街上去招集观众，每次都是他敲锣，一面打锣，一面吆呼：'看戏了！'他没有一点教授的架子。"①

1938年2月，国立剧校到达重庆，暂时安顿在曾家岩知还山馆，并于28日宣布开学。同年4月份又定校址于北碚上清寺。曹禺与郑秀安家于枣子岚垭。在长沙和重庆期间，曹禺最值得称道的一件事情，是对于吴祖光的戏剧处女作《凤凰城》的发现与扶持。

当年的国立剧校的校长秘书吴祖光，比一部分学生还要年轻。他的戏剧处女作《凤凰城》，是利用晚上休息时间完成的。他先把剧本交给既是校长又是表姑父的余上沅，余上沅口头上答应帮助审读，一个星期过去却没有结果。吴祖光只好取回剧本转而向曹禺请教。

据吴祖光晚年回忆，《凤凰城》是根据抗日英雄苗可秀的事迹编写而成的。东三省沦陷后，苗可秀奔赴战场组织东北青年铁血军，被俘后经日寇多方劝降宁死不屈，最终牺牲于凤城县。剧本完成后，"我找到了同住在校园里（长沙稻谷仓王氏宅院）的教务长、编剧课专任导师曹禺老师，简单说明了情况，把稿子交给了他……第二天一早，曹禺先生就找到了我，他十分高兴地肯定我写出了一个好戏，并且认为这正是目前抗战的形势之下最需要而还没产生的剧本……他当时就把校友剧团的负责人、毕业生余师龙找了来，叫他和剧团的同学们赶快阅读和研究这个剧本。"该剧于1938年5月在重庆国泰大戏院首演，由汪德、余师龙导演。"正好剧中人当年的东

---

① 田本相、刘一军编著：《苦闷的灵魂——曹禺访谈录》，江苏教育出版社，2001年，第198页。

北大学校长王卓然先生来到重庆,他是苗可秀的校长。另一个剧中人赵侗亦来到重庆,他是东北青年铁血军司令苗可秀死后的接班人。这两个剧中人都参加了《凤凰城》的首演式。整个演出十分轰动,并立即影响及于全国,以至港澳和东南亚。是全民抗战以来第一个以抗战为主题的多幕大戏,亦是抗战八年以来演出场次最多的戏。"①

二　关于编剧术的演讲

1938 年 6 月 11 日,中国青年救亡协会邀请戏剧界著名人士举行茶话会,商定"战时戏剧讲座"的开班事宜。7 月 25 日,"战时戏剧讲座"在重庆小梁子青年会正式开讲,曹禺的《编剧术》被列为第一讲。

在写于 1930 年的《〈争强〉序》中,曹禺明确反对过"生生地把'剧'卖给'宣传政见'"的"宣传剧"。② 在写于 1935 年的《〈雷雨〉的写作》中,曹禺更加明确地宣扬了自己超越于社会问题尤其是现实政治之上的诗化戏剧观:

> 我写的是一首诗,一首叙事诗……这固然有些实际的东西在内(如罢工等),但决非一个社会问题剧。——因为几时曾有人说"我要写一首问题诗"?因为这是诗,我可以随便应用我的幻想……叫观众如听神话似的,听故事似的,来看我这个剧……

但是,到了《编剧术》的演讲稿里,置身于抗战洪流之中的曹禺,却为抗战宣传剧找足了与时俱进的神圣理由:

---

① 吴祖光:《"投机取巧"的〈凤凰城〉——我从事剧本写作的开始》,《剧专十四年》,中国戏剧出版社,1995 年,第 39 页。

② 曹禺:《〈争强〉序》,《争强》单行本,1930 年南开新剧团出版。

> 一切剧本全都可以说有着宣传性的，不单是抗战剧……我们的古人曾经说过“文以载道”。简单地说，我们的文艺作品要有意义，不是公子哥儿嘴里哼哼的玩意儿。现在整个民族为了抗战，流血牺牲，文艺作品更要有时代意义，反映时代，增加抗战的力量，在这样伟大前提之下，写戏之前，我们应决定剧本在抗战期中的意义。具体地讲，它的主题跟抗战有什么关联……若是误解了宣传的意义，以为凡是宣传都是因为本身不可靠，才竭力宣传使人相信可靠，这样的聪明人是不配谈宣传，谈抗战剧的。①

对于曹禺来说，这种以“文以载道”的“宣传性”为第一原则的“编剧术”，其实是一种自我贬低、自我阉割的紧箍咒。此前奉行诗化戏剧观的曹禺，与宣扬这种“编剧术”的另一个曹禺之间的区别，就像是敢于反对玉皇大帝的齐天大圣孙悟空，与被压在五行山下然后又被观音菩萨戴上紧箍咒，从而不得不降格充当唐僧西天取经的大徒弟的另一个孙悟空之间的区别一样。

谈到“抗战剧里的人物，还是写他的‘个性’好呢，还是按‘典型’写好呢?”，曹禺给出的答案是：“人物典型化，很易流为‘过分’。如抗战剧中所写汉奸和英雄，大都是这类典型加倍地强调的产物。这样写法，固然黑白分明，不易错误。但是结果往往宣传自宣传，观众自观众。二者之间毫不发生任何深刻的关系……典型绝不是一种过分地夸张，更不能离开真实。要使观众觉得汉奸时常正是和他差不多有着人类的脆弱性的人物，只为了‘一念之差’，把握得不稳，不能认清国家与小我的关系，因而犯了汉奸的行为。半黑半白的小汉奸，只要我们睁开眼就在我们眼前。看了抗战剧，我们希望观众能恳切地想想自己的行为，留心身旁的人的行为，这才收到宣传的功效。”

---

① 曹禺：《编剧术》，文载《战时戏剧讲座》，重庆中正书局，1940年。

回过头去想一想,曹禺在《雷雨》、《日出》、《原野》中所塑造的被他贬称为"鬼"、"傀儡"、"可怜的动物"的戏剧人物,大都属于"有着人类的脆弱性"的"半黑半白"的同一类别。对于写惯了这种"半黑半白"人物的曹禺来说,抗战戏剧所要求的英雄人物无疑是一个崭新课题。再也"开不出仙方"的他,只好凭着抗战爱国的热情表示说:

如何去创造一个有血有肉的爱国人物呢?如何使我们的观众得到一种不可磨灭的深刻印象呢?我开不出仙方,使诸位立刻获得这样的神奇,不过我可以讲一段故事,说明这条路大概在那里。几年前,古北口的抗战开始,那时我正在北平,知道了,很兴奋地随着朋友们一同去慰劳前线的士兵。一路上已经看见了许多令人感动的事实。我们到了前线的后方,有一天,在道旁看见对面抬着一个年轻的伤兵,胸前湿腻腻的是绛红色的血,他的牙咬着,眉头皱着,显出很痛苦的样子……我们扶他起来,为他裹好创口,倒水给他喝。虽然我们都没有学过看护,但是同伴们的殷勤和诚恳仿佛感动了他……他手抚着腰,困难地从破口袋里掏出一张破烂的票子,带着很惭愧的神色,仿佛觉得拿不出手的样子,说:"我这里就……就剩下两角钱了,洋学生你们拿去洗个澡罢!"说完,就死了。这印象深深地留在我们的脑里,至今难忘。这就是一个活生生的中国士兵,他在疆场虽然为国家死了,但是他和他的灵魂,却永活在大家的心里。如果我们能好好地写出这样的人物,他不只感动我们,他更会使我们了解抗战中的许多实际重要的问题,逼我们非迅速解决不可的。

以已经死去"却永活在大家的心里"的"活生生的中国士兵"的神圣名义,正面揭露"逼我们非迅速解决不可"的"抗战中的许多实际重要的问题",其实是曹禺正在酝酿构思的《蜕变》一剧的基本思路。这种思路在曹禺此前的剧作中也曾经出现过,《雷雨》中的工人代表鲁大海,就是凭借着阴间地狱里面惨死工人的冤魂的名义，向亲生父亲周朴园发出“绝子绝孙”的天谴诅咒的。《日出》中的方达生，也是以已经死去以及正在劳作的不足者尤其是打夯工人的神圣名义，呐喊出“跟金八拼一拼”的神圣高调的。《原野》中的仇虎，更是借助于死去的父亲和妹妹的冤魂的名义，实施绝子绝孙、一网打尽的野蛮复仇的。在与时俱进地提倡“文以载道”的抗战戏剧观的曹禺眼里，吴祖光直接从事抗战宣传并且引起轰动效应的戏剧处女作《凤凰城》，就是抗战戏剧最为现实的标本：

> 实在讲，伟大的戏剧，好的结尾的动人之处，固然在结构的精绝，然而更靠性格描写的深刻。例如：吴祖光先生编的《凤凰城》，结尾苗可秀死了，大愿虽然未酬，但是他的伟大的人格却更加深入观众的心里。假如依着一贯的公式，不顾真实，硬为凑成一个欢喜的结局，观众纵然一时鼓掌欢呼，但绝不及原来的结局那样深远动人，足以启发观众崇高钦敬的心情，激动强烈的抗战意识。

在《编剧术》中，曹禺还介绍了戏剧情节的编排方法：“有了动作，还要看编排……我们旧小说内，有所谓‘欲知后事如何，且听下回分解’的手法。虽不十分与我们现在讲的相当，然而却是很相近的……文章有所谓‘起承转合’。戏剧——若以故事为中心——到了‘中段’也有所谓故事‘陡转’(Peripety)的方法……这是一个简单的方法，但是许多伟大的作品，常是因把它运用得精妙而获胜成功。”

作为反面教材，曹禺还介绍了另外一种编剧模式：“中国旧剧界有一句老话：‘戏不够，神来凑。’编唱本之前没有计划，写到后来自己也不知道如何结尾，只能用鬼神出现，搭救她们(如《南天门》)，这种错误，即是在伟大的剧作家，有时也不免要触犯的。例如：莫里哀所作的《伪君子》的结尾，奸人得势，忠厚的奥贡养虎遗患，受了泰笃夫的种种欺凌，妻子被侮辱，财产被侵占，眼见泰笃夫要把做房主的奥贡赶出门外，戏是急转直下，简直已经无法转圜。然而正在戏要结束的当口，忽然不知为什么，被贤明的国王知道了，突然派来一群官吏，将泰笃夫抓去处罪，于是善良胜利，大快人心。这种毫无预备的奇突发展，显然看出临时凑合，令人无法信服。写戏结尾，有时固然可以出人意料，细细回想一下，却也要在人意中，这才有趣味。”

这段话其实是曹禺对于自己在《雷雨》、《原野》、《日出》中所展现的既根源于中国传统神道文化，又充分吸纳外国宗教文化的“阴间地狱之黑暗＋男女情爱之追求＋男权家庭之反叛＋专制社会之革命＋舍身爱人之牺牲＋天诛地灭之天谴＋替天行道之拯救＋阳光天堂之超度”的密码模式的归纳总结。包括曹禺戏剧的内的中国戏剧以及以莫里哀为代表的一部分西方喜剧作品里面，之所以总是要出现“戏不够，神来凑”的现象，根本原因就在于这种戏剧不是黑格尔《美学》所介绍的主要表现“自由的个人的动作的实现”，以及“对自己的罪行负责正是伟大人物的光荣”的崇高悲剧。

三 《全民总动员》

继《编剧术》之后，曹禺在 1938 年 9 月出版的《文艺月刊》2 卷 3 期中，还发表有一篇《省察自己》，其中进一步表达了“文以载道”的爱国思想：“让我们老老实实地省察自己，从九一八以来，除了一同热烈喊口号之外，我们对于抗战建国的工作，究竟做了多少。”

由于广州、武汉等前方战区的军事失利，大多数戏剧团体云集重庆，由此奠定了重庆在全国戏剧运动中的首要地位。在这种情势下，由国共两党共同参与、中华全国戏剧界抗敌协会重庆分会出面组织的中华民国第一届戏剧节，于 1938 年 10 月 10 日双十国庆节正式开幕。这届戏剧节的压轴大戏，是由曹禺、宋之的合作编写的《全民总动员》。

《全民总动员》是一部典型的抗战爱国宣传剧。1940 年 3 月，该剧更名为《黑字二十八》，作为“国立戏剧学校战时戏剧丛书之四”由重庆中正书局出版。在该剧的正文后面，附录有第一届戏剧节的演出委员会名单，担任演出委员会主任委员的，正是国立剧校的后台老板、国民党的 CC 派文化大员张道藩。另据曹禺发表于《人民戏剧》1981 年第 7 期的《我的一生始终接受着党的教育》一文的说法，“宋之的同志与我合作写抗战剧本《全民总动员》，也是周恩来同志的指示。”

《全民总动员》讲述的是一个谍战传奇。剧中主要的故事情节，是代号“黑字二十八”的日本间谍，潜入抗日战争的后方基地，收买汉奸刺探我方军事情报，企图对我方将领实施恐怖暗杀活动，最终被巧扮疯子的邓队长成功破获。这部“文以载道”的抗战宣传剧中最为关键的败笔，恰恰在于“道”的落空。关于这一点，曹禺在《〈黑字二十八〉序》中介绍说：

> 上演以后，我们发觉了其中有些地方，因为写作的匆忙，并不能如我们所拟想的那么满人意。特别是在《全民总动员》这一点题工作上，还遗留着一些弱点。所以现在以《黑字二十八》这一剧名，与诸君相见。而把《全民总动员》这个丰富的剧名，留给下一次的机会。①

在剧本创作方面几乎是完全失败的《全民总动员》，在当时的抗战氛围中所赢得的却是一个盛况空前的演出团队。按照曹禺的说法，“当时舞台上的优秀演员大部分都集中在重庆。这些演员参加‘戏剧节’的热诚，是无从比拟的。因为在全国，这是我们戏剧界的第一次‘戏剧节’，所以在写作之初，我们便从演出委员会接受了那样奢侈的一个演员名单，但为了这样奢侈的演员名单来写剧本，却并不是容易的事。这需要庞大的题材和细心的安排。”

《全民总动员》的正面英雄人物、救亡团体的邓队长，之所以被设计为

---

① 曹禺：《〈黑字二十八〉序》，重庆中正书局，1940 年 3 月出版。

一个“疯子”，就是预先考虑到著名演员赵丹的演剧特点。在演出过程中，赵丹扮演的邓疯子装疯卖傻、嬉皮笑脸、忽冷忽热、成竹在胸，与施超扮演的汉奸张希成的做贼心虚、强自镇静、阴险狡猾、弄巧成拙形成鲜明对比。剧情演到紧张之处，全场观众紧张得屏住了呼吸。当邓疯子机警地夺下汉奸手里的炸弹时，观众们空悬的心情也像是一块石头落了地，全场随之报以热烈的掌声。公演期间，国共双方以及民间私营的《新华日报》、《时事新报》、《国民公报》、《中央日报》等重要媒体，都给予最高规格的欢迎和肯定，其原因就在于它所展示的“政治上的成功”以及“剧人的大团结”。

1939 年 1 月 1 日，为纪念中华全国戏剧界抗战协会成立一周年并庆祝新年元旦，重庆戏剧工作者近 3 000 人举行盛大火炬游行，并且别开生面地组织了《抗战进行曲》的游行表演。游行表演由《自由魂》、《民族公敌》、《怒吼吧中国》、《为自由和平而战》、《全民总动员》等戏剧作品中的人物情节串联而成，以车辆为舞台，配以灯彩和龙狮、高跷表演。山城重庆为之万人空巷。

四　与时俱进的《正在想》

1939 年 4 月，日本飞机多次对重庆进行狂轰滥炸，国立剧校再一次奉命搬迁，被疏散到 300 里外的江安小县，设校址于城西紧靠城墙的文庙中，曹禺一家被安置在曾任中共江安县委代理书记的张安国家里。

为配合自己的教学活动，曹禺把墨西哥作家约菲纳·尼格里的独幕剧《红丝绒的山羊》改编成为《正在想》，于 1939 年 10 月 19 日在校内首演。关于该剧，田本相介绍说：“对此剧历来有着种种猜测和看法。有人认为《正在想》是作者的自我解嘲，说曹禺有将近五年不曾写作了，他很想改变自己与现实的关系，可能《正在想》所反映的正是作者此时自嘲的心境。这种看法是不符合实际的。《正在想》创作之前，他刚完成了《蜕变》，怎么说是五年没有创作呢？还有的认为，此剧改编的目的，是为了讽刺大汉奸汪精卫的。显然，这种看法也是脱离剧本实际的臆测。”①

而在事实上，《正在想》的写作与演出的时间，并不是在《蜕变》之后，而是在《蜕变》之前。该剧讲述的是一个与时俱进赶时髦的戏班班主的滑稽故事。剧中的老窝瓜是马家戏班的班主、一位表演滑稽戏法的50岁左右的老艺人。借用舞台提示中的说法，他是一个“傻好儿”。他自己在剧中自称是“马天才”。老友老盖儿骂他是“怕老婆的货”。他的妻子小甜瓜骂他是“乌龟孙”。剧中与丈夫并不和睦的小甜瓜，又被剧作者曹禺认定为“聪明”人：“聪明的小甜瓜暗自不信这一套吉利话，却也不便议论。心想说不定这‘傻好儿’时来运转，福至心灵，也许从此大家就翻了身。再者，变变也好，就算是做梦都好。”

眼见蹦蹦戏、说大鼓、单口相声、歌舞团生意兴隆，“傻好儿”老窝瓜突然间悟出了“要发财，得改行”的道理，决定以后专演最受欢迎的“话剧”。这位连本国汉字都不会书写的“傻好儿”，竟然改编了一部文明话剧“改良《平贵回窑》”。他不仅委托门口摆测字摊的算命先生帮忙写作剧本，而且专门给自己起了一个响亮的艺名“马天才”，同时还给妻子小甜瓜起了一个颇为感伤的艺名“悲秋女士”。夫妻之间为此还有一段戏曲跺板式的一唱一和：

小甜瓜　（身世凄凉）老喽！

老窝瓜　（摇头想哭）不成喽！

小甜瓜　（眼圈通红）年头改喽！

老窝瓜　（抬头，哭声）秃子妈！

小甜瓜　（不觉也怜惜她的老伴，慢慢地）秃子爹！

老窝瓜　（忽有所感，豁然贯通，蓦立）所以我说你得叫悲秋，悲秋女士。就是那“黛玉悲秋”的意思！

---

① 田本相等著：《曹禺评传》，重庆出版社，1993年，第155页。

与曹禺戏剧中几乎所有不能够独立自主地掌握自己前途命运的“鬼”、“傀儡”、“可怜的动物”一样，老窝瓜的内心深处，高悬着一个阳光天堂般神圣美好的彼岸梦想：

（飘飘然）不是我贫嘴，秃子妈，你就听我给小秃子起的名字起得多好，马一飞，这一飞就飞上了天，将来包银就二百块。

（非常慷慨地）不，你拿去，你都拿去。我马天才图名不图利。我想的这几出戏，就够我万古扬名，以后，整千整万的钱，都归你。

小甜瓜其实与“傻好儿”老窝瓜一样，是一个拥有自相矛盾的多重人格的空洞人物。正因为如此，尽管她对于丈夫的为人心中有数，却架不住对方一轮又一轮的情感攻势。为了成全丈夫的事业，她卖弄风骚请来三教九流捧场助阵。不曾想，登台演出的老窝瓜、小甜瓜和小秃子，连台词都没有来得及熟记下来，只能依赖拉洋片唱西洋景的哈哈笑，躲藏在幕后一句一句地提词。演出过程中，不能把戏里的当“王八”与戏外的怕老婆区分开来的老窝瓜，为了证明自己是“男子种”，在台下观众的怂恿下对倒在台上装死的小甜瓜额外踢了一脚，从而激起小甜瓜脱离剧情的厮打纠缠。一场标榜为文明话剧的戏剧演出，最终变成一幕低级趣味的生活闹剧。在前来捧场助阵的人们一哄而散的情况下，剧中又专门运用戏曲舞台所常见的抖包袱、洒狗血的一段旁白来进行点题：

小甜瓜　（追赶）你不是说你一脑袋都装的是戏吗？（把老窝瓜逼得走投无路，举棍）你个乌龟孙！（就要打去）

老窝瓜　（大叫）秃子妈，我有（甜瓜停住手）我有……我有好的。

小甜瓜　（叉腰）在哪里？

老窝瓜　（实无办法，只好幽默）我，我，我正在想。

在老窝瓜和小甜瓜戏里戏外纠缠不清的同时，他们的儿子小秃子即马一飞，也在运用老窝瓜即马天才变滑稽戏的老戏法，对小红展开情爱攻势："（站起）还有军乐队，红军服，蓝呢裤，头顶白兔子毛，'滴滴打打，打打滴'，把你吹到我们家里。……（神采焕发）进大门，入洞房，抬头一望，喝！里面金皮柜，银皮箱，虎皮椅子象牙床，团龙靠枕，喷香的被，鸭绒褥子，绣花帐，（向小红近旁偎坐）这时候我们吃交杯酒，长寿面，子孙饽饽，团圆饭，——这时候，（小秃子不自觉对小红忽然一笑，二人立刻都低下头）"正当小秃子说得高兴的时候，小红的同伴领弟以一句"刻薄"话揭穿了他的骗局："这一段我听你爸那天（指幕）在台上说过。"

至此，剧作者曹禺巧妙地把老窝瓜的全部底细和盘托出：所谓的文明话剧乃至现代话剧，与走乡串市闯江湖的民间草台班的变戏法，原本就是一回事。无论怎么变化，都走不出中国传统文化万变不离其宗的神道骗局和文化怪圈，也就是鲁迅在《女吊》中所概括的"开场的'起殇'，中间的鬼魂时时出现，收场的好人升天，恶人落地狱"。这其实也是曹禺戏剧永远也难以摆脱的文化宿命。

意犹未尽中，曹禺还在《正在想》的末尾处，继《雷雨》一剧的序幕与尾声之后，再一次仿效传统戏曲传奇《桃花扇》的旧例，附加上一场余声余韵的歌舞戏。从而通过一哄而散的李保长等人的卷土重来，在委曲尽情、淋漓尽致的嬉笑怒骂中，对"傻好儿"老窝瓜加以围攻并且痛施杀手：

> 冬瓜甜瓜老窝瓜，一脑袋浆糊烂扒扒，加点酱油放点醋，就当作猪脑髓吃了吧！（叫）嘿，你一嘴，我一嘴，那旁边气坏了剧作家，从今以后才知道，原来他是个大傻瓜。嘻嘻嘻，哈哈哈，看戏的在前面笑哈哈，嘿！你们诸位先不要笑，编这幕戏的也是一个大傻瓜。嘻嘻嘻，哈哈哈！（白）他气死了。

《正在想》所嘲笑、所调侃的对象，并不限于曹禺自己。与"手势腔调俱脱不了旧剧的气味"的"改良《平贵回窑》"最具可比性的,是吴祖光轰动一时的抗战戏剧《凤凰城》。关于这一点,吴祖光晚年在《"投机取巧"的〈凤凰城〉——我从事剧本写作的开始》中回忆说:"就是在我 20 岁的 1937 年,非常偶然地写了这个《凤凰城》……这个剧本写得太幼稚,今天一看会教我感到脸红耳赤。譬如剧中苗可秀别家出征总带着义仆张生,直到他殉国死难,完全是旧戏里公子随身的书童那样的主仆关系。第一幕可秀和妻子分别,赵侗打趣,居然唱了一段京剧'平贵别窑'。弟弟可英要随他参加战争,他劝弟弟要好好读书……现在连我自己也看不下去。这也说明,比起半个世纪以前的 1937 年,我到底还是进步多了。"

应该说,在老窝瓜与小甜瓜身上,是印证着曹禺与郑秀之间的几缕神韵的。曹禺与郑秀当年在清华园里,就是通过戏台上的扮演情人开始戏台之下的情爱追逐的。写作《正在想》的曹禺,已经有两年多的时间没有写出像样的剧本,妻子郑秀一年前因为生育大女儿万黛而辞掉工作,养家糊口的担子不可推卸地落在不善持家理财的曹禺肩上。相对于后生可畏甚至于后来居上的吴祖光,曹禺完全称得上是像老窝瓜那样的同行前辈。正是在妻子郑秀的催促逼迫以及吴祖光后来居上的竞争压力之下,曹禺颇为急功近利地接连写作出了《正在想》和《蜕变》。与《正在想》中所表现的与时俱进赶时髦的精神危机不同,曹禺在接下来创作的《蜕变》中,为摆脱阴间地狱般的精神危机和生存危机,极其廉价地找到了一条不需要跨越从此岸世界到彼岸世界的天堑鸿沟,就可以直达阳光天堂般神圣美好的理想境界的人生捷径。

五　《蜕变》中的权与法

1940 年 3 月 23 日,《华西日报》报道说:"国立戏剧学校定于本月二十五日自江安出发至重庆,公演曹禺氏新作《蜕变》……"据此可以把《蜕变》初稿的写作时间,限定为这一年的 3 月 23 日之前。

《蜕变》与当时的国民政府教育部政务次长顾一樵(毓秀)创作的四幕历史剧《岳飞》、由国立剧校校长余上沅和教员王思曾共同编剧的音乐剧《从军乐》一道,被列为1940年4月1日开幕的国立剧校重庆公演的演出剧目。为了这次公演,国立剧校专门成立演出委员会,由国民党中央宣传部部长兼国立剧校校务委员会主任张道藩亲自挂帅任总指挥,校长余上沅任演出委员会主任,剧作家吴祖光任领队,著名导演张骏祥任舞台主任。

《蜕变》的剧情围绕着直接为抗日战争服务的××省立伤病医院而全面展开。"蜕变"之前,这家医院仿佛是一个阴间地狱,以救死扶伤为神圣天职的丁大夫连最低限度的工作条件和必备药品都得不到。随着钦差大臣般的视察专员梁公仰从天而降,这家医院启动了大刀阔斧的行政改革,从而发生了翻天覆地的变化。被梁公仰真诚挽留的丁大夫,在"蜕变"后阳光天堂般的新医院里大显身手并且修成正果,以至于享受到了康复后即将重返前线的一营伤兵高呼万岁的崇高荣誉。用曹禺写在《关于〈蜕变〉二字》一文中的说法,"这本戏固然谈的是行政问题,但这种高深的专门学问决非如此窳陋的作品能在三点钟的演出时间内谈得透彻明了。戏的关键还是在我们民族在抗战中一种'蜕'旧'变'新的气象。这题目就是本戏的主题。"①

在第一幕的舞台提示中,曹禺像写论文一样,围绕着××省立伤兵医院的行政问题,发泄着自己"文以载道"并且天人感应的天谴诅咒:

> 原来抗战以前,院中行政上的一切设施,俱无一定的制度。到了现在,搬到这个穷乡僻壤,"天高皇帝远",院里更缺乏"守法"的精神。从院长起,他用人办事但凭他自己一时的利害喜怒为转移,下属会逢迎,得到他的信任,便可以任意越权,毫无忌惮;不得他的欢心的,就只能在院内混吃等死,甚至如果负起责任,反遭申斥。公务员既无人勇

① 《蜕变》单行本,重庆文化生活出版社,1941年1月。

> 于负责，官职的进退，也只好看院长的喜恶。一人的喜怒好恶本是捉摸不定的，（何况窥测长官心理的工作，已大有人抢）多数职员只好委委屈屈，噤若冬眠的蛰虫，凡事不问不闻，绝不作春天的指望。在此地"法"既不能制滥私，励廉洁，偏偏院长嘴里时常谈起法治精神，侈言："行政不该人存政举，人亡政息。"而自己实施起来正是"行动自行动，法律自法律"。似乎在势当权的人，只须说说了事，对于"负责""守法"两点，自己绝对无需以身作则，推己及人的。

但是，指责伤兵医院院长秦仲宣"对于'负责''守法'两点，自己绝对无需以身作则，推己及人"的剧作者曹禺，对于现代工商契约社会所通行的以人为本、意思自治、契约平等、民主参与、宪政共和、大同博爱的价值体系和文明常识，尤其是司法机关独立办案、法律面前人人平等、疑罪从无的罪由法定、程序正义优先于实体正义的法律常识，表现出的却是更加极端的盲目无知和公然违背。他在剧中只能通过根源于自己的"原始的情绪"和"蛮性的遗留"的"阴间地狱之黑暗+男女情爱之追求+男权家庭之反叛+专制社会之革命+舍身爱人之牺牲+天诛地灭之天谴+替天行道之拯救+阳光天堂之超度"的密码模式，尤其是传统戏曲传奇中"戏不够，神来凑"的编剧套路和路径依赖，借助于和现代法治精神背道而驰的天神救星般、钦差大臣般的视察专员梁公仰的从天而降，来处理这家医院由阴间地狱向阳光天堂的蜕旧变新。

剧中为这家阴间地狱般的伤兵医院带来第一缕阳光的，是既身怀绝技又疾恶如仇的丁大夫。在为丁大夫所写的舞台提示中，一直以神道设教、替天行道的宗教先知加抒情诗人自居的曹禺，赋予这位女性名医的是高度男权化、特权化的舍家爱国的"仁侠精神"：

> 丁大夫看去只像三十开外，其实她已经是个十七岁的孩子的母亲了……她的脸有些男相，轮廓明显，皮色看去异常洁净。薄唇角微微

下垂，眼睛大而锐利，满面是刚健率直的气概，在愤怒时，有威有畏。她的身材较普通女子略高，十分健壮……她所受的高深教育不但使她成为中国名医，并且使她养成爱真理，爱她的职业所具有的仁侠精神的习性。抗战开始，她立刻依她所信仰的，为民族捐弃在上海一个名医的舒适生活，兴奋地投入了伤兵医院。早年在国外，和她同去求学的她所深爱的丈夫，既因病死去，以后医院的事业便占据了心灵。现在她的十七岁正在求学的独儿，在开战之后立刻自动加入抗战服务团，参加工作，她更是了无牵挂，按她一直信仰着的精神为着人们活着。

拿着庶务主任马登科迟迟没有发出去的“那封催药的公文”出场亮相的丁大夫，一开口就以马登科为靶子，居高临下地呐喊出替天行道、抗战爱国的天谴诅咒：“（忿极）我恨不得我能发明一种血清，打到你们每个人的血管里，把你们心里的毒质：‘懒’毒，‘缓’毒，‘愚’毒，‘无耻’的毒，‘自私’的毒，‘过分聪明’的毒，‘不负责任’的毒，一起洗干净。这样，抗战的前途才真有办法。”

当听到马登科斥责别人为“天生他们这种当奴隶的脑袋”时，丁大夫更是借题发挥，尽情表现了她自己“生下来就预备当主人”的身份特权意识：“马先生，你难道想象不出？有一种人活在世上并不是为的委委曲曲，整天打算着迎合长官，拍马吹牛，营私舞弊？你难道就看不出这种人生下来就预备当主人，爱真理，爱国家，言行一致，说到做到，把公事看得比私事重？（情感迸发）真的，你不知道我们现在是家破人亡，整个民族要靠这次抗战来翻身？那么你为什么还不明白一个人到了现在可以什么都不顾，就希望把自己这点力量献给国家，争取到了胜利，好做一个自由的人？马先生，我跟您无私怨无私仇，但是你屡次对我拖延，撒谎，耽误公事。到了现在，药品还没有拿来，叫我跟着伤兵同志受痛苦，病重，我只能站在旁边，一夜一夜地等，等，等，等到天亮而毫无更好的办法，我就认你是我的仇人，我的天大的仇人!”

在戏剧情节“起承转合”的第一个高潮中,剧作者曹禺“起”得太高,一下子把丁大夫抬举到“生下来就预备当主人”和“自由的人”的理想境界;接下来便只能让她在难以为继的精神空悬中,自相矛盾地败露出既当不得医院的主人又当不得自己的主人的人格虚空:“(长叹)马先生——我要走了。”

这样的戏剧处理,与《雷雨》中鲁大海面对周萍的交出手枪,《日出》中方达生面对黑三的乖乖交钱,《原野》中的焦大星面对花金子的交出匕首,颇有神似之处。泄了底气的丁大夫还算乖巧知趣,演戏般给自己垫上了一个高调台阶:“不过在我离开此地之前一定要把离开此地的原因跟伤兵同志们说清楚,我想你们诸位也愿意大家明白你们的真相的……”

在第二幕中,手握重权的视察专员梁公仰,在丁大夫的诊断室里苦苦等待,忙着给小伤兵开刀做手术的丁大夫硬是不肯赏脸参拜。多亏敌军飞机前来空袭,才使这位梁专员等来一个帮助丁大夫抬担架的机会。轰炸过后,丁大夫突然想起病房里的伤兵,她得到的答复是:“专员带着院长,职员,在两分钟以内抢着搬走的。”

随着被丁大夫贬称为“老头”的梁公仰亮明视察专员的强权身份,自称是“生下来就预备当主人”和“自由的人”的丁大夫,马上表现出前倨后恭的身份特权意识,以抹杀出卖所有医护人员和行政人员四个月的劳绩为代价,对于梁公仰大加捧场:

> 谢谢你!老先生!两分钟的工夫,你做了我们在此地四个月的事情!
>
> (突然发现这个人跟她所想象的完全不同,诚恳地)我愿意跟老先生学习做事的精神。

接下来,依仗特殊权力替天行道的梁公仰,采取私设刑堂现场办公的方式，把这家医院积重难返的行政问题易如反掌地加以解决："我奉了中央命令，要把这个医院重新改组。公务员们，负责的，继续工作；不负责任的，或者查办，或者革职。政府要在半个月以内把这个医院改为前线伤兵医院。"

戏剧情节在颇为神奇地陡转之后，还有一个小收煞，就是梁公仰在第二幕结尾处对于准备辞职的丁大夫的招安挽留："丁大夫，政府派我彻底整理这个医院，改归部立，调向前线。我希望丁大夫不离开此地，跟我一同服务。"

作为对于丁大夫十分肉麻地当面吹捧的奖赏回报，梁公仰在挽留丁大夫之后，还相应地抹杀掉这家医院里面其他个人的存在价值，只赋予丁大夫一个人与自己一道充当"主人"和"自由的人"的身份特权："（翻着白眼从眼镜上边望过去）丁大夫，请坐。（丁走过去）这是我所想的关于医院改革的计划，（和蔼地）我们乘这个时候来研究一下好么？"

至此，这家阴间地狱般的伤兵医院里的一场行政制度层面上的蜕旧变新，已经大功告成；随之而来的，是思想意识也就灵魂深处的一场政教合一、天谴罚罪的思想改造及蜕旧变新。

六　天谴罚罪的思想改造

在第三幕的舞台提示中，剧作者曹禺另有一段"文以载道"的点题之语："××省立后方医院，经过梁专员那次彻底改革后，在短时期之内就开赴前线的后方……从那时起到现在，整整一年有半。医院里的行政人员易旧换新，变动很大。工作中，多少惨痛的牺牲，使人们在不断的经验与学习里逐渐树立一个合理的制度。这制度有了守法的长官偕同下属来遵随，大家工作的态度和效能，也慢慢入了正轨。现在院里的公务人员，权责划清，系统分明而且勤有奖，惰有罚。一年来，奉公守法，勤奋服务的风气，已经启导造成，虽然勇于负责的进取精神，还有待培养。"

在以神道设教、替天行道的宗教先知加抒情诗人自居的曹禺看来，比起“公务人员”低层次的“奉公守法，勤奋服务”、高层次的“勇于负责的进取精神”的理论探讨，只能在观音菩萨般的丁大夫和清官救星般的视察专员梁公仰之间正面展开。这也是戏剧情节新一轮的起承转合的高调起点：

丁大夫　（眨着眼，想想，仿佛说明很困难，一面笑着）这，这非常不容易讲。事实上，院里的事情都在办，该进行的也都在进行。就是实际做起来，总仿佛（略顿）缺少了点什么。其实蓦一看也找不出来什么错，就是仔细想想，又觉得（微顿，用手在空中绕一绕，似乎在找什么字）这机器上的螺丝不，不够紧，里面缺少了一种——（微想）一种更热（略顿）更强的，嗯——

梁公仰　（凝望）推——动——力——量，对么？

与第二幕中由清官救星梁公仰一手包办的蜕旧变新相仿佛，这场针对“公务人员”的“推动力量”的思想改造和灵魂蜕变运动，虽然由观音菩萨般的丁大夫倡议发起，它的组织实施依然要依赖梁公仰凌驾于“法治精神”之上的政教合一、权大于法的替天行道、天谴罚罪。这家医院蜕变改组之后新来的33岁的副院长温宗书，“对自己分内的职务可以做得胜任愉快，但办起紧迫的要公，总缺少一点推动的能力和果断的气魄”，于是便被梁公仰当作了天谴罚罪的首选对象：

（怒目）怎么叫不可能？（像一只鸷鸟逼视一个无力的鸡雏，雷滚似的一气说下去）你从上面一时领不下来，你该找省内医药管理处；省内医药管理处要不来，你该找动员委员会；动员委员会弄不来，你要找人民团体，人民团体捐不来，你该求殷实商家，殷实商家借不来，你再托人写文章在报纸上喊。要！要！要！要我们的蚊帐！卡车！金鸡纳霜！

哪怕这三件东西你要从地里面挖出来，你得完全办到，你才算完！

梁公仰这种替天行道、天谴罚罪的思想改造，归根到底依然是中国传统神道文化中根深蒂固的“存天理，灭人欲”的诛心之术，与《雷雨》中周朴园的逼蘩漪喝药、鲁侍萍的逼四凤发誓和《原野》中花金子、焦大妈对于焦大星的精神强暴一脉相承。然而，遭受天谴罚罪式的精神强暴的温宗书连同梁公仰自己，并不是也不可能是依靠“勇于负责的进取精神”来解决实际问题的，而是利用与“法治精神”背道而驰的权大于法的人事关系，把医院所需的蚊帐、卡车、金鸡纳霜弄到手的。相对于这种政教合一、权大于法的陋规权术，中国社会真正需要的是从马克思《〈黑格尔法哲学批判〉导言》中所说的“人本身是人的最高本质”的人道主义本体论入手，逐步确立以人为本、意思自治、契约平等、民主参与、宪政共和、大同博爱的价值体系和文明常识，以及依法制约政府部门的公共权力的现代行政制度、依法促进社会化扩大再生产的现代经济制度。《蜕变》一剧中依靠天神救星般、钦差大臣般的视察专员梁公仰，所实现的从阴间地狱到阳光天堂的蜕旧变新，显然是背道而驰地认错了方向、走错了路子的反蜕变。

七　舍家爱国的丁大夫

在第三幕立竿见影的一场替天行道、天谴罚罪的思想改造铺垫下，剧作者曹禺在第四幕的舞台提示中，进一步介绍了发生在这家医院中的蜕旧变新的新气象：“又过了十个月的光景……现在那前线医院，奉命把一部分有经验，有学识并且勇于负责的人员调回大城市，办理一所规模更大的后方伤兵医院……感谢贤明的官吏如梁公仰先生者，在这一部分的公务人员的心里，已逐渐培植出一个勇敢的新的负责观念……种种表现前因后果的事实，证明在抗战过程中，中国的行政官吏，早晚必要蜕掉那一层腐旧的躯壳，迈进一个新的时代。”

第四幕的剧情主要围绕丁大夫的独子丁昌的病情而展开。据丁大夫介绍,丁昌"在前线不小心,胸部中了一枪。以后又转成肺炎。好了。现在盲肠仿佛又有了毛病。"在谈到经过行政改革和思想改造的双重蜕变的这家伤兵医院时,丁大夫又介绍说,"现在的院长非常负责,什么事都很顺手的。"在"什么事都很顺手"的这家伤兵医院里,丁大夫自己的精神面貌,也由此前主要从事于替天行道的天谴诅咒的男权刚烈,蜕变为主要从事治病救人的和颜悦色甚至于阴柔无主:

> 哦,我不怕,抗战以来,我无论什么事,从来不从悲观处想。不过,到了这时候,一个做母亲的心,总有点管不住——(用手帕擦眼泪)就是了。

在"病人脉搏已经停止,胡医官两层衣服都汗透了"的最后关头,丁大夫再一次发挥不可替代的高超医术和救苦救难的精神魅力,亲手把自己已经死去的独生子救活过来。随后,由营长李铁川率领的已经康复并且准备开赴前线的一营伤兵,列队于医院花园之中,喊出了震天价响的"抗战胜利万岁!"——"中华民国万岁!"——"丁大夫万岁!"的高呼声。当丁大夫从手术室里出来的时候,"丁大夫万岁! 抗战万岁! 伤兵母亲万岁!"的呐喊声再度升起,连清官救星梁公仰也前来捧场凑趣:"恭喜你,丁大夫。"已经蜕变为新官吏的"公务员"谢宗奋,更是跑上前来当面礼赞道:"你真是我们的英雄。"

在一营伤兵连同清官救星梁公仰等人的铺垫抬举之下,超凡入圣的丁大夫当仁不让地凌空而起,发表了"存天理,灭人欲"式的爱国宣言。其中的最后一款,是用公然违背现代法理的舍家爱国的神圣名义,把已经成年的拥有自己独立人格的儿子大包大揽地奉献出去:

> 诸位老朋友,这几分钟,我觉得比一年还要长。(略重)幸亏诸位

在我旁边，你们不但增加了我的勇气，并且无形中，是你们的榜样，你们的力量，才纠正我方才心里头，几乎是犯定了的错误！……为着一个做母亲的私心，我把我们共同的大理想，——一个自由平等，新的形式的国家给忘掉了……我看见了你们的榜样，我怎么能够再顾念到一个小小的自己，不给我的孩子他应该得到的权利，不催他跟你们一道走呢！朋友们：（热诚地伸出手）让我们相亲相爱地活下去吧！我希望我永远配做你们的同志。（突然庄严地）在你们面前，我现在立誓，把我的孩子也献给我们共同的母亲——我们的祖国！

回答丁大夫的爱国宣言的，是一营伤兵再一次"突然爆炸似的大家欢呼起来：'丁大夫万岁！''丁大夫万岁！'"

据1943年4月23日的《新华日报》报道，由郭沫若兼任团长的中国万岁剧团，在三青团中央团部演出《蜕变》时，蒋介石应邀观看演出，剧中原有的"丁大夫万岁"的欢呼声，被临时改写为"蒋委员长万岁"。蒋介石"对该剧演出颇为赞识，当演出至第四幕，末尾荣誉军人伤愈重上前线，高呼'蒋委员长万岁'时，观众均肃然致敬，台上台下，打成一片。蒋委员长莞尔一笑，闭幕后，蒋委员长复对若干剧情有所指示，该剧已先后获得国民党中宣部及政治部之奖金及奖状。"①

对于舍家爱国的丁大夫来说，"丁大夫万岁！抗战万岁！伤兵母亲万岁！"的超凡入圣、修成正果，只不过是口惠而实不至的阿Q式的精神胜利法。剧作者曹禺早在第二幕中，就让冒着敌机轰炸的危险为小伤兵做完手术的丁大夫，颇为多情地埋下一个伏笔："记着，我的孩子，好了以后，再上前线的时候，你务必要来看我一趟。"

在李铁川率领一营官兵准备赶赴前线的最后关头，小伤兵适时出场，给丁大夫献上"一条小得像女人手帕似的绣花红兜肚"；并且特别介绍"我

---

① 参见张耀杰：《〈蜕变〉的首演及其他》，文载《新文学史料》1999年第1期。

奶奶说是给小丁大夫戴的”,祝福丁大夫“长命百岁”。这种既要舍身爱国又要自相矛盾地“长命百岁”并且子孙兴旺的人生正果,所透露出的恰恰是剧作者曹禺“怪、力、乱、神”式的价值混乱。

同样是在抗日战争的大背景下,清官救星梁公仰为了表现自己舍家爱国的大公无私,反而把自己的儿子赶回老家去种地谋生。这种看似循公办事、铁面无私的政治表现,暴露出的却是另一种无端包办别人的选择权利和爱国权利的公然违法。借用丁大夫的话说,就是“不给我的孩子他应该得到的权利”。同样是违法剥夺自己儿子的正当权利,丁大夫的舍家爱国在“存天理,灭人欲”的道德意义上,显然要比梁公仰的保家爱国要更加高尚一点点。

八　清官救星梁公仰

前面已经谈到过,与此前的《雷雨》、《日出》、《原野》相比,《蜕变》一剧中同样存在着一个根源于曹禺的“原始的情绪”和“蛮性的遗留”的“阴间地狱之黑暗+男女情爱之追求+男权家庭之反叛+专制社会之革命+舍身爱人之牺牲+天诛地灭之天谴+替天行道之拯救+阳光天堂之超度”的密码模式。有所不同的是,《雷雨》、《日出》、《原野》中替天行道、天谴罚罪的天神救星,都是非人性和反人性的神道角色;只有到了《蜕变》一剧,才第一次出现了天神救星般、钦差大臣般的政府官员。大权在握并且政教合一的清官救星梁公仰,其实是比《雷雨》中替天行道的“雷雨(雷公)”、《日出》中既是绝对专制的“阎王”又是绝对有余的“财神”的金八、《原野》中俗称“阎王”的“黑脸的阎罗(地藏王)”更加“怪、力、乱、神”的宗教化角色。传统戏曲中包办阴阳两界人鬼冤案的包拯、寇准之类的清官酷吏,就是他源远流长的文化原型。兼有天谴罚罪和救苦救难的双重功能的梁公仰,还与时俱进地拥有了无产阶级“老工匠”的阶级成分,从而与《雷雨》中替天行道的鲁大海、《日出》中被方达生认定为大救星的砸夯工人,同属于最为先进的无产阶级。

在第二幕中，仿佛从天而降的清官救星梁公仰私设刑堂现场办公，极其强暴地对秦仲宣、马登科、况西堂等人实施法外审判。他审问医院秘书况西堂时所依据的，并不是现代文明社会中司法机关独立办案、法律面前人人平等、疑罪从无的罪由法定、程序正义优先于实体正义的法律常识，而是人身依附的神圣爱国：

况先生，不要把个人当做我们的上司。只要你认清国家是我们的主人，国家对于真做事的公务人员，决不会不保障的。

在以人为本、意思自治、契约平等、民主参与、宪政共和、大同博爱的现代文明社会里，国家与家庭、学校、企业、社团、党派、民族、政府等人造集体一样，只是一种为全部或部分公民提供公共服务和制度保障的法人实体；而不是拥有并且奴役全部或部分国民的所谓“主人”。借用胡适在《介绍我自己的思想》一文中教导“少年的朋友们”的话说：“现在有人对你们说：‘牺牲你们个人的自由，去求国家的自由！’我对你们说：‘争你们个人的自由，便是为国家争自由！争你们自己的人格，便是为国家争人格！自由平等的国家不是一群奴才建造得起来的！’”①

值得注意的是，天神救星般、钦差大臣般的视察专员梁公仰，在“蜕变”完成之后的第四幕里，偏偏变成了没有用武之地的“傀儡”式人物。同样是在况西堂面前，他却换上了颇为多余、颇为无聊的另一副面孔：

（拉着他）况先生，（低声）我最近发现一个大秘密，我今天想告诉你。

（对着他的耳朵，低声，十分秘密地）你听：人永远不会老，只要你

① 胡适：《介绍我自己的思想》，《胡适文存》第四册，黄山书社，1996年，第459页。

自己不觉得老。（两眼一眨，重重拍了况肩膀一下，大声）懂么？（笑出来）

就在梁公仰向况西堂兜售他的“人永远不会老”的新理论、新发现的时候，剧作者曹禺为蜕变之后因大显身手而操劳过度的刚满40岁的丁大夫，勾画出了截然相反的另一种精神脸谱：

> 丁大夫现在又苍老了许多，两鬓斑白，前额已有深深的皱纹。笑起来，口角有些瘪进，显得分外和蔼动人。她的眼睛已开始不能视近，读书写字，戴着一副非常精致的无边老花眼镜，衬出她微微下陷的眼圈，仿佛已是五十开外的妇人……每次治愈了一个伤兵，她就受着这样深挚的安慰。这人情的温暖，使她忘记个人的安适，深切感到活着应该为一个伟大的信仰。只有如此，人才获得精神的自由。

关于清官救星般的梁公仰与观音菩萨般的丁大夫的这种过于极端并且相互矛盾的人物描写，胡风当年在《〈蜕变〉一解》中曾经有过尖锐透彻的精神分析：“这位梁专员，虽然带着形象的面貌，但与其说是一个性格，还不与说他是一个权力的化身。由于梁专员，他底存在才得到了保障，由于梁专员，围绕着化腐朽为神奇。于是，由污暗走到了作者所设想的紧张热烈，再埋头到了庄严光华的境地。作者不仁，把这位梁专员当做替他卸去历史负担的刍狗，这刍狗式的人物，到第三幕第四幕，尤其是第四幕，就局促地容身无地，因为作为权力的他底存在，已经不能再有作用了。”①

相对于清官救星梁公仰和观音菩萨般的丁大夫，剧中其他的出场人物，都是曹禺在《〈日出〉跋》中所说的处于“陪衬”地位的“鬼”、“傀儡”和

① 胡风：《〈蜕变〉一解》，《胡风评论集》中卷，人民文学出版社，1984年，第399页。这里的“她”指的就是丁大夫。

“可怜的动物”。到了第四幕里，就连清官救星梁公仰也变成了丁大夫的“傀儡”和“陪衬”。对于《蜕变》中充当“傀儡”与“陪衬”的新旧人物，吕荧在《曹禺的道路》中另有精辟概括：“其他的新人，个个都是英雄，他们只有公的生活，没有私的生活；甚至只要一看他们的名字，就可以想象到他们的性格：谢宗奋——奋勇，陈秉忠——忠诚，温宗书——书生气，光行健——健干，超出在他们之上的，是公众景仰的栋梁——梁公仰。在旧人之中，秦仲宣是他们的首领，后来做了汉奸，狡伪私情的马登科次之，后来只做了奸商，卑猥的孔秋萍又次之，成了没落分子，老夫子况西堂又次之，勉强做一个混日子的书记。这些理论图式化了，等级整然的角色，有强，有弱，有半强半弱……合在一起扮演了《蜕变》，这《蜕变》，只是一幕观众的粉墨画的喜剧。”①

九 “屁”一般的孔秋萍

从《雷雨》开始，曹禺一系列的戏剧作品中，都会有一个想要承担罪责却偏偏承担不起属于自己的一份罪责，同时又逃脱不掉天诛地灭的天谴罚罪的男权人物。他们是《雷雨》中死心塌地寻求拯救与新生的周萍；《日出》中因为妻子跟人私奔而求活不能、求死不得的黄省三；《原野》中与人为善反遭杀害的焦大星；《正在想》中变戏法的“傻好儿”老窝瓜。《蜕变》中第一个出场的医院录事孔秋萍，也是这一类的角色。在他出场亮相的同时，剧作者曹禺刻意为他圈定了一副喜剧性的丑化脸谱：

> 生来一副单薄相，身材矮小，翘鼻孔，吊眉毛，苍白瘦削的脸，生着微微的髭须，穿一件恰合身量的绸面袍，衣领都有些污损，白衬衣袖翻

① 吕荧：《曹禺的道路》，文载1944年9月、12月出版的《抗战文艺》9卷3～4期和5～6期。

转来也黑糊糊的……他的妻室是一位家道中落而善于用钱的旧式小姐,颇鄙薄他潦倒以后的萎缩模样,于是二人相互不满,常起勃奚。孔先生颇好吹嘘,喜臧否人物,话多是非也多。阴雨天常听见他在办公室里高谈阔论,不能自已,时而说溜了嘴,便莫明其妙地吹得天花乱坠,图个嘴头快活……于是最近马主任——一个以干练自命的院长亲戚——忽然叫他做"屁"……

既然脸谱已经划定,孔秋萍便只能按照曹禺划定的圈子来表现自己。《蜕变》第一幕开始于1938年1月中旬的"严冬季节",与剧中人物心理上的灰暗基调相互感应和印证的,是"一连多少天不放晴"的"令人厌惫的连阴雨"。这其实是《雷雨》中的雷雨交加、《日出》中的暗无天日和《原野》中鬼气森森、杀气腾腾的阴间地狱式的环境基调的重复再现。随着剧中人物的粉墨登场,孔秋萍在高谈阔论的天谴诅咒中,率先把这家阴间地狱般的伤兵医院与抗战爱国的神圣天理直接挂钩,从而为丁大夫和梁公仰的先后出场进行铺垫:

抗战不到四个月,搬到这个小县城来,就是私人办的医院,既然得了公家的补助,也得像个样儿呀!机关不像机关,公馆不像公馆。少爷小姐,老爷太太,院长主任,丫头老妈,连着厨房的大师傅,混蛋的鬼听差,大家都一起逃难,一律平等。档案卷宗,锅碗马桶,病床药箱,碗儿罐儿,都堆在一道,一律看待……(气愤愤地走到况先生面前)要什么没有什么,找什么不见什么,一点秩序也没有!一点上下也没有!(越说越爽意)乱七八糟,糊里糊涂!这也配叫医院,这种医院也配谈抗战!

比孔秋萍更加年轻气盛的"公务员"谢宗奋,干脆感应着天上的阴雨,把这家伤兵医院直接等同于群魔乱舞的阴间地狱,并且基于抗战爱国的神圣天理发出“存天理，灭人欲”的天谴诅咒：

(突然)连阴天、毛毛雨，搬到这个地方来，连一张日期近点的报纸都看不见。从南京失守到现在快两个月，我们整天就是这种鬼事，鬼人，鬼把戏。抗战仿佛是人家的事，我们只要整天坐在这儿谈天，鬼画符，事事嚷着没办法，事情就可以办好了！(忿愤)真是，国家民族养我们这些废料有什么好处？有什么好处？

接下来，当女同事龚静仪提到“房东老太爷病得快死了”时，孔秋萍仅仅因为自己“最恨阴天听房东家里弹棉花的声音”，便发泄出对于一切“老太爷”天诛地灭式的刻骨仇恨：“死了好！这些混蛋死一个好一个。”

这个只能对垂死的老人发泄其强暴意识的空洞男人，转眼之间就遭到报应，被自己的妻子拉到公众面前施以极其惨烈的天谴罚罪和精神强暴：

我跟你说什么？跟你说什么？你不过是个屁！(着重)屁！屁！屁！

(鄙夷的神色)哼，你痛痛快快说你没有钱说得了，什么屁事也得把国难扯上！

这是发生在这家阴间地狱式的伤兵医院里面最为惊心动魄的一场诛心戏。幸亏有“国难”这个神圣名目来充当挡箭牌，孔秋萍才不至于像周萍、黄省三、焦大星那样，在天谴罚罪的精神强暴中被突破精神防线而趋于精神崩溃；反倒可以掉过头来对妻子喊出嫁祸于人的男权宣言：“中国就叫你们这帮妇人女子给害了的。”

孔秋萍这种“什么屁事也得把国难扯上”的男权宣言，只能算是阿Q式自欺欺人的精神胜利法的一种重演。尽管如此，他依然不失为与丁大夫、梁公仰一样的爱国者。在第一幕中，丁大夫当面向马登科发泄天谴诅咒的确凿证据——迟迟没有发出去的“那封催药的公文”——就是由孔秋萍窃取来交到丁大夫手中的。到了第二幕中，随着“紧急警报”再度上场的孔太太，也于惊惶失措中表现出内心深处对于孔秋萍的情感依赖和人身依附：“秋萍，秋萍，死鬼，你上哪里去了。龚小姐，你见我们秋萍没有？”

到了第三幕，经过梁公仰扭转乾坤式的行政改革，开赴前线之后方的这家医院有了很大改观，孔秋萍在精神面貌上自然也随着周围环境的改观而有所蜕变、有所进步。当同事谢宗奋不无恶意地问起：“喂，小孔，你太太回了娘家之后，常有信来么？”时，对妻子心怀怨恨的孔秋萍，就有一段充满男权强权色彩的借题发挥：“（非常得意）我自己也觉得，现在思想行为都颇为正确。仿佛离开了女人，呃，离开了后方，脑筋就像清楚得多了似的。我老早说过，妇人女子成事不足，败事有余……”

孔秋萍的这番男权高论，其实是孔子在《论语·阳货》中所说的“唯女子与小人为难养也”的旧调重弹。在第一幕中孔太太对孔秋萍反唇相讥的一句“哼，亏你还配姓孔”，恰恰反证了夫妻二人与剧中包括丁大夫、梁公仰在内的其他人物一样，都没有真正走出以儒家礼教为正统主流的中国传统文化，以天神天命天意天理天道天堂为本体本位，以人身依附的天、地、君、亲、师的身份等级捆绑限制所有个人的神道信仰体系和社会价值体系；尤其是其中最为原始、最为永恒也最具艺术魅力的天谴罚罪加阳光天堂的天罗地网般的神道格局。

据英梧发表于1945年11月18日《中央日报》的《曹禺回忆录》介绍，曹禺写作《蜕变》时正犯着胃病，妻子郑秀出于关心，总是限制他的写作时间。曹禺为了静心写作，便把郑秀和不满两周岁的大女儿万黛送回住在重庆的岳父家里。应该说，与《正在想》中的老窝瓜“马天才”与小甜瓜夫妻一样，在《蜕变》中的孔秋萍与孔太太夫妻之间，也感应着曹禺与郑秀之间的一些阴影和神韵。郑秀的爱花钱爱穿戴，与孔太太不无相似之处。孔秋萍夫妻间的那种阴盛阳衰却又不乏男权底色的家庭格局，也未尝没有曹禺夫妇的一点影子。

第三幕中，再一次出场的孔秋萍，因为谎报“日本兵已经离城只有三十里”的军情，在梁公仰的勤务兵朱强林那里触到了霉头：

（实在忍不下去）你知道个屁！

（挺胸）你再在这个时候胡说八道，我就把你当汉奸，（把拳一伸）一拳头擂死你！

早已被妻子骂为“死鬼”的“屁”一般的孔秋萍，在这位拿大道理压人的大兵面前，已经彻头彻尾地泄了底气。这种天谴罚罪的精神强暴，与剧中所张扬的所谓“以身作则，推己及人”的“法治精神”，完全是格格不入的；它所对应的只是中国传统社会中的一句老话：“秀才遇到兵，有理说不清。”

第四幕中，丁大夫庄严光华的超凡入圣成正果，自然用不着孔秋萍这样的丑角人物来捧场陪衬；剧作者曹禺颇为干脆地在舞台提示中为孔秋萍安排了一条天谴罚罪的人生末路：“这个不足轻重的‘屁’也因‘话多误事’，早被撤职。”

以“话多误事”的罪名夺人饭碗、绝人生路，未免太过苛责。不过，比照着《雷雨》、《日出》、《原野》、《正在想》中对于周萍、黄省三、焦大星、老窝瓜们痛下杀手的替天行道、天谴罚罪，创作《蜕变》时的曹禺，事实上已经平和了许多。在这种相对平和的背后，是以神道设教、替天行道的宗教先知加抒情诗人自居的曹禺，对于阳光天堂般神圣美好的超凡入圣、修成正果的个人功利的无限神往。

十　天人感应的阳光天堂

与《蜕变》中所展现的伤兵医院里面的“‘蜕’旧‘变’新的气象”相互感应的，是自然界里从阴间地狱般的黑暗绝望到阳光天堂般的神圣美好的蜕旧变新。在《蜕变》第四幕的舞台提示中,曹禺一改此前紧张激烈的戏剧情调,正面描绘了大自然的美好恬静,为戏剧情节的进一步发展定下了阳光明媚的美好基调:

是二十九年度的四月某日上午十一地时许,在××大城的后方伤兵医院的大楼中,一间接待室内……正中墙上悬挂一架亮晶晶的巨钟,恬静地发出一种舒闲的'嘀嗒'的声音……阳光好,阳台外,柳树荫里,鸟鸣甜畅。时而一阵风吹过来,软垂的门帷突然涨起,如海风鼓满了的轻帆。

与青春年少的夏霁如、谢宗奋之间还处于朦胧状态的男女情恋相印证,曹禺借着一只飞舞中的小蜜蜂,对谢宗奋于情不自禁中赞叹的"好天气"进行了天人感应的诗意描绘:

微风里鸟声欢畅,一片暖和的阳光洒在地上。那蜜蜂迅疾绕出,飞到青柳身后的花丛中,和一簇采蜜的蜂儿缠在一起。雨后的花园,空气里浮泛着润湿的泥土气息。

全剧落幕处,因超凡入圣而修成正果的丁大夫,听到"大都克复了"的大好消息时,"悲悯的脸上,欢喜的泪珠在眼眶内微微闪耀"。与丁大夫神圣美好的悲悯情绪相映成趣的,是大自然方面的天人感应:"温煦的阳光和悦地射满面了一屋。"《蜕变》中这种阳光天堂般神圣美好、天人感应的诗情画意,经过《北京人》中悠悠然的秋声秋韵和《家》中春夏秋冬的天人合一、情景交融,还将在更加乐观却又更加浅薄的《艳阳天》、《明朗的天》、《王昭君》中,得到一而再、再而三的反复重现。

通观全剧,被曹禺在《关于〈蜕变〉》一文中称之为"戏的关键"和"戏的主题"的"我们的民族在抗战中一种'蜕'旧'变'新的气象",只是一种表面现象。构成该剧深层底蕴的，其实是一条不需要跨越从此岸世界到彼岸世界的天堑鸿沟，就可以直达阳光天堂般神圣美好的理想境界的极其廉价的人生捷径；也就是身怀绝技又大慈大悲的观音菩萨般的大名医丁大夫，在清官救星梁公仰的强权拯救之下，借着抗战救国、舍家爱国的神圣名义，一步一步地踩着别人的脑袋攀升到被《〈雷雨〉序》称之为"上帝的座"的个人崇拜、个人造神的最高点。该剧中经过一场蜕旧变新换来的天人感应的阳光天堂，到头来只是丁大夫一个人超凡入圣、修成正果的精神家园。从这个意义上说，《蜕变》既是一部与《雷雨》、《日出》、《原野》一脉相承的天谴罚罪加阳光天堂的宗教化的社会剧，同时又是一部直接服务于抗日战争的政治造神剧。

为创作《蜕变》时的曹禺料想不到的是，在此后长达半个世纪的历史进程中，真正付诸实施的，并不是丁大夫所说的"生下来就预备当主人"，更不是包括曹禺在内的知识分子文化人的超凡入圣、修成正果，反而是一个轮回接一个轮回专门针对于知识分子文化人的天谴罚罪式的思想改造运动，连同一个轮回接一个轮回极端崇拜伟大领袖的政治造神运动。

第七章 《北京人》的男权美梦*

《北京人》与《雷雨》、《日出》、《原野》，并称为曹禺的四大经典戏剧，其创作时限大约在 1940 年秋冬至 1941 年秋冬之间。戏中的曾皓、曾文清、曾霆老少三代如出一辙的一男二女的男权美梦，与曹禺本人在现实生活中陷入与妻子郑秀及情人方瑞之间一男二女的三角情恋密切相关。

一 《蜕变》后的精神失落

国立戏剧学校 1940 年 4 月重庆公演所取得的最为理想的结果，是于 1940 年 7 月奉教育部指令更名为国立戏剧专科学校，学制由原来的两年改为三年。这其中自然有该校专任导师兼教务主任曹禺及其《蜕变》的一份功劳。

曹禺写作《蜕变》期间正犯胃病，郑秀出于关心总是限制他的写作时间。曹禺为了静心写作，便把郑秀和不满两周岁的大女儿万黛送到位于重庆的岳父家里。国立剧校重庆公演之后，郑秀带着万黛回到江安，不久又怀上第二个女儿万昭。对于从创作《雷雨》开始一直以神道设教、替天行

---

* 本章主要内容，已经以《〈北京人〉的男权梦想及其破灭》为标题，发表于《艺术百家》2009 年第 3 期。

道的宗教先知加抒情诗人自居的曹禺来说，他所希望的显然是《蜕变》中丁大夫那样在山呼万岁中成贤成圣的最高荣誉。但是，当年的国民政府并不是曹禺所希望的清官救星式的理想政府，对于他在《蜕变》中贡献的"现在军事胜利，经济政治都有办法，都是崭新的青年气象"的歌功颂德，一直没有给予足够多的回报。曹禺舍家爱国的一场"蜕变"，到头来只是全盘落空的情绪宣泄。摆在他面前的江安小城，依然是《蜕变》开幕时的那种阴间地狱般黑暗惨淡的景象：

> 县城小，住房难觅。在大城市住久了的职员家属乍到内地，生活非常不惯，就跟着医院机关混在一道，同在当地一位大地主的旧宅内居住。县城地处偏僻，死气沉沉，报纸半月才能来一次，好容易盼到了，又多半是令人气短的军事消息……

王蒙在《永远的〈雷雨〉》中，记录了曹禺的相关回忆："1980 年夏，曹老叫北京文联（那时，曹兼任北京市文联主席）的人告诉我，他某日某时要我家去……他说：'我一直为你耽心……'他还感慨地说：'这几十年我都干了些什么呀！王蒙你知道吗？你知道问题在什么地方吗？从写完《蜕变》，我已经枯竭了！问题就在这里呀！我还能做些什么呢？'他的说法非常令我意外，我也为之十分震动。然而，我无法怀疑他的认真和诚恳，虽然平素他说话或有夸张失实的地方，也有喜欢当面给旁人戴高帽子的地方。"①

在曹禺"已经枯竭"的情况下，是一位悄然而至的异性可人儿，为他的戏剧创作注入了新的灵感。在《北京人》中，曹禺借着为主人公愫方写作舞台提示的机会，给这位异性可人儿绘写了一幅传神写意的美好倩影：

> 见过她的人第一印象便是她的"哀静"。苍白的脸上宛若一片明

① 王蒙：《永远的雷雨》，《读书》1993 年第 4 期。

静的秋水，里面莹然可见清深藻丽的河床。她的心灵是深深埋着丰富的宝藏的。在心地坦白人的眼前，那丰富的宝藏也坦白无余的流露出来，从不加一点修饰。她时常忧郁地望着天，诗画驱不走眼底的沉滞。像整日笼罩在一片迷离的秋雾里，谁也猜不透她心底压抑着多少苦痛的愿望与哀思，她是异常的缄默……她充分了解这个整日在沉溺中讨生活的中年人。她哀怜他甚于哀怜自己。她温厚而慷慨，时常忘却自己的幸福和健康，抚爱着和她同样不幸的人们。然而她并不懦弱，她的固执在她无尽的耐性中时常倔强地表露出来……她人瘦小，圆脸，大眼睛，蓦一看，怯怯的十分动人矜情，她已过三十，依然保持昔日闺秀的幽丽，说话声音，温婉动听，但多半在无言的微笑中静聆旁人的话语。

这位"宛若一片明静的秋水"的异性可人儿，就是本名邓译生（又作绎生）的方瑞。她是剧专学生、中共地下党员邓宛生的同胞姐姐，同时也是另一位剧专学生、中共地下党负责人方琯德的姑表姐。关于方瑞与愫方之间的对应关系，曹禺晚年在与田本相的谈话中回忆说："愫方是《北京人》的主要人物。我是用了全副的力量，也可以说是用我的心灵塑造的。我是根据我死去的爱人方瑞来写愫方的……她不像愫方那样的具有一种坚强的耐性，也没有愫方那样痛苦。但方瑞的个性，是我写愫方的依据，我是把对她的感情、思恋都写进了愫方的形象里，我是想着方瑞而写愫方的。"①

接下来，曹禺还不点名地谈到方瑞与杨振声之间的旧情往事："这个戏中的人物，大都在生活中有着原型，或者说影子吧。我说曾皓就有我父亲的影子，也有别的人的。我曾看到一位大学教授，他和一个年轻的姑娘有一些感情上的瓜葛；我看出他是在剥夺别人的感情，这件事曾经使我感触很深。我就是由他的灵魂，引起联想，开掘了曾皓的灵魂，把他内心深处的

① 田本相：《曹禺传》，北京十月文艺出版社，1988年，第274页。

卑鄙自私挖出来。这个教授并没有多少故事，也没有什么惊险热闹的东西……"

关于方瑞与杨振声，方瑄德的说法是："方瑞是我的表姐，书念得不多，《北京人》反映了她的实际。她被杨某某留住，想走，又没有能力。大家庭养成了她的自我矛盾的心理。后来，我把她弄出来了。"①

二 方瑞与杨振声的旧情往事

杨振声(1890～1956)，字金甫，一字今甫，山东蓬莱人，是中国现代史不该被遗忘却又几乎被遗忘的文学家和教育家。他1915年考入北京大学国文系，比1917年留学归来任教于北京大学的胡适还要年长一岁。在由《新青年》杂志直接启动的新文化运动中，杨振声、傅斯年、罗家伦、俞平伯、顾颉刚、江绍原、孙伏园、成舍我等人，在蔡元培、陈独秀、胡适、钱玄同、刘半农、李大钊、周作人等多名教职员的扶持之下，于1919年1月创刊《新潮》杂志，杨振声任编辑部书记，先后发表《渔家》、《贞女》等多篇小说，是新文学运动初期最早涌现的白话文小说家之一。

在1919年爆发的五四运动中，杨振声是因火烧赵家楼而被捕的32名学生之一，经北大校长蔡元培等人多方营救，他们于5月7日被保释出狱。5月7日当天，杨振声又与段锡朋、许德珩、周炳琳等人共同创办《五七周刊》。由于该周刊第三期被扣，他与其他三名同学一起向警察总监吴炳湘交涉时再次被捕，大约一周后才被释放出来。

五四运动平息后，杨振声通过考试获得公费留学资格，于1919年12月与北大同学冯友兰、何思源等人一起前往美国。他先入哥伦比亚大学攻读教育学，后入哈佛大学攻读教育心理学。1924年回国后，他先后在中山大学、武汉大学、燕京大学和清华大学任教，并且继续从事文学创作活动，

① 曹树钧：《走向世界的曹禺》，天地出版社，1995年，第8页。

因写出当时篇幅最长的白话小说《玉君》,而受到胡适等人的好评,同时也引起鲁迅在《马上支日记》一文中大发牢骚:"我先前看见《现代评论》上保举十一种好著作,杨振声先生的小说《玉君》即是其中的一种,理由之一是因为做得'长'。我对于这理由一向总有些隔膜……《现代评论》的以'学理和事实'并重自许,确也说得出,做得到。"①

1928 年 8 月 17 日,国民党南京政府决议将清华学校升格为国立清华大学,委派时任北伐军总司令蒋介石机要秘书的罗家伦出任校长。罗家伦为此专门邀请时任燕京大学教授的北大同学杨振声、冯友兰,组成接办清华大学的核心班底。随后,教务长杨振声被教授会议推选为清华大学第一任文学院院长兼国文系主任,他讲授的"当代比较小说"是中国教育史上最早的比较文学课程。用他自己的话说,"那时清华国文系与他校最不同的一点,是我们注重新旧文学的贯通与中外文学的结合",使"中国文学系走上一个新的方向"。②

1930 年 4 月 26 日,杨振声在蔡元培、胡适等人鼎力推荐之下,被南京国民政府任命为国立青岛大学校长。同年 9 月 21 日,国立青岛大学正式举行开学典礼,学校初设文理两个学院,文学院下设中国文学、外国文学、教育三个学系;理学院分为数学、物理、化学、生物四个学系。全校教职员工约 100 人,学生近 300 人。杨振声仿效蔡元培"兼容并蓄"的办学理念,先后聘请闻一多担任文学院院长兼中文系主任,梁实秋担任英文系主任兼图书馆馆长,黄敬思任教育学院院长兼教育系主任,黄际遇任理学院院长兼数学系主任,汤腾汉任化学系主任,曾省之任生物系主任,庄德寿任物理系主任。为节省开支,杨振声把校长住宅让给其他教员,自己出钱租下黄县路 7 号的小楼,与教务长赵太侔、校医邓初等几个家庭合住。后来改名"江青"的李云鹤,是教务长赵太侔在济南戏剧学校任教时的学生,她与第

① 鲁迅:《马上支日记》,《鲁迅全集》第 3 集,人民文学出版社,1981 年,第 329 页。
② 杨振声:《为追悼朱自清先生讲到中国文学系》,《文学杂志》1948 年第 3 卷第 5 期。

一任丈夫、富家子弟裴明伦离婚后，被赵太侔推荐到青岛大学图书馆任图书管理员，后来又与赵太侔后来的第二任妻子俞珊的弟弟俞启威——又名黄敬，物理系学生，中共地下党青岛市委宣传部长——恋爱同居，从而成为黄县路 7 号的常客。

2009 年 7 月 17 日，《北京青年报》以《杨振声：被遗忘的教育家被忽略的正派人》为标题，刊登了记者谭璐对于杨振声的小儿子杨起的访谈录。据杨起口述："父母是旧式的包办婚姻，很多留学生回来都换老婆了，父亲没换。但也没有在一块生活，母亲在老家侍奉公婆，父亲把哥哥、姐姐和我几个孩子带出来念书。但是父亲整天忙于他的事情，不太顾得上管孩子。"

关于青岛大学内部的人际关系，梁实秋晚年在《忆杨今甫》中回忆说："今甫在校长任上两年，相当愉快。校长官邸在学校附近一个山坡上的黄山路，他和教务长赵太侔住楼上，一人一间卧室，中间是客厅，楼下住的是校医邓仲存夫妇和小孩，伙食及家务均由仲存夫人负责料理。今甫和太侔都是有家室的人，但是他们的妻室从不随往任所，今甫有一儿一女偶然露面而已。五四时代，好多知识分子都把原配夫人长久的去在家乡，自己很洒脱的独居在外，今甫亦正未能免俗。"①

在另一篇《方令孺其人》中，梁实秋又介绍说："我最初认识她是在 1930 年，在国立青岛大学同事，杨振声校长的一位好朋友邓仲存（邓顽伯之后），在青岛大学任校医，邓与令孺有姻谊，因此令孺来青岛教国文。闻一多任国文系主任，一多在南京时有一个学生陈梦家，好写新诗，颇为一多所赏识，梦家又有一个最亲密的写新诗的朋友方玮德，玮德是方令儒的侄儿，也是一多的学生。因此种种关系，一多与令孺成了好朋友，而我也有机会认识她。青岛山明水秀，而没有文化，于是消愁解闷惟有杜康了。由于杨振声的提倡，周末至少一次聚饮于顺兴楼或厚德福，好饮者七人（杨振

---

① 梁实秋：《忆杨今甫》，引自季培刚编著《杨振声编年事辑初稿》，黄河出版社，2007 年，第 107 页。

声、赵太侔、闻一多、陈季超、刘康甫、邓仲存和我)。闻一多提议邀请方令孺加入,凑成酒中八仙之数。于是猜拳行令交错乐此而不疲者凡两年。其实方令孺不善饮,微醺辄面红耳赤,知不胜酒,我们亦不勉强她。”①

方瑞的父亲邓初,字仲纯,出生于安徽怀宁白麟畈(今五横乡白麟村)的邓家大屋,是著名书法家邓石如的五世孙、教育家邓艺孙的第二子。他的三弟邓以蛰,字叔存,是现代美学教育家。邓初早年在日本帝国大学医学专业留学期间,一度与陈独秀、苏曼殊以及在早稻田大学攻读文艺美学的邓以蛰同室而居。1919 年 6 月 11 日晚上,陪同陈独秀到北京前门外新世界游艺场散发《北京市民宣言》传单的安徽同乡,除了北大教授胡适、北大职员高一涵之外,还有时任内务部佥事的邓初。方瑞的叔叔邓以蜇,字叔纯,历任北京大学、清华大学教授,是曹禺在清华大学时的授业老师。据曹禺回忆:“在西洋文学系也曾有过驱逐教师的事。如邓以蛰——此人是方瑞的叔叔——教授西洋文学史,首先同他闹,反对他,要求校方把他换掉。钱钟书也在一个班里,他这个人有学问,他不像我经常不去听课;他是去听课,其实他对任何教授都是看不起的……冯友兰讲课口吃,讲不明白,又被赶下台了。”②

杨振声出任青岛大学校长后,邓初携全家来到青岛担任校医。他的妻子方傃悌,与方令孺是堂姐妹关系。方玮德、方琯德以及后来以舒芜知名的方硅德,都是方傃悌的娘家侄子。1932 年,杨振声因学生运动和教育部拖欠办学经费等诸多原因而多次提出辞呈。这年 9 月,南京政府批准他的辞职请求,并且把国立青岛大学改称国立山东大学,由教务主任赵太侔继任校长。杨振声辞职之后前往北平,受教育部中小学教材编选委员会委托,主持编写《高小实验国语教科书》和《中学国文教科书》。1932 年 11 月 1 日,他又与胡适、蒋梦麟、周炳琳等各界名流共 39 人,被国民政府聘请为

---

① 梁实秋:《方令孺其人》,《方令孺散文集》,台北洪范书店,1980 年。

② 田本相、刘一军编著:《苦闷的灵魂——曹禺访谈录》,江苏教育出版社,2001 年,第 151 页。

国防设计委员会首批委员。于是，他利用主要由国防设计委员会划拨的经费，在朱自清、沈从文等人协助下编写《高小实验国语教科书》，该教科书于1935年以“国立编译馆”的名义由商务印书馆出版。与其配套的还有丁文江、翁文灏主持编写的地理教科书，张荫林主持编写的历史教科书。

在此期间，杨振声把女儿杨蔚、儿子杨起以及干女儿方瑞，从青岛带到北平同住在北平西城的西斜街中段路西一座高大门墙的院落里。按照他自己的介绍，这是位于一个僻静的胡同里的“人家都不肯住的一所荒老的古宅”，据传说“那房子闹鬼”。①

1933年8月20日，朱自清在日记中谈到杨振声的干女儿邓译生即方瑞：“访今甫，见邓小姐，学诗学画，意在成一第一流美人（Classical Beauty），然余觉此种人必须有保镖（Patron），亦一麻烦。今甫又谓文学仍当以我们的生活为最重要，余人生活无内心的挣扎，未免太简单也……又谓为国防委员会编高小教科书，此事甚奇。”②

应杨振声聘请在青岛大学任中文系讲师的沈从文，当年在小说《八骏图》中对于包括酒中八仙在内的青岛大学教授，曾经有过较为含蓄地影射。《八骏图》发表后，引起教授庚的生活原型、继杨振声之后担任校长的赵太侔，以及教授甲的生活原型、文学院院长兼中文系主任闻一多的强烈不满。在这种情况下，北平方面的杨振声再一次邀请和接纳了他。关于此事，美国汉学家、《沈从文传》作者金介甫先生考证说：

> 沈在小说中可能把闻一多写成物理学家教授甲，说他是性生活并不如意的人，因为他娶的是乡下妻子……梁实秋则可能影射教授丁或戊，因为丁或戊教授都主张要有点拘束，不讨厌女人，却不会同一个女人结婚。——梁实秋主张在道德和文艺上都要自我节制。《八骏图》

① 杨振声：《邻居》，《经世日报·文艺周刊》第12期，1946年11月3日。
② 朱乔森编：《朱自清全集》，江苏教育出版社，1997年。引自季培刚编著《杨振声编年事辑初稿》，黄河出版社，2007年，第157页。

中那位非常随便的女孩子，则可能是俞珊。她是青岛大学的校花，赵太侔的夫人。而教授庚则可能是影射赵太侔。据说徐志摩在青岛时曾经警告过俞珊，要她约束自己，不料这时闻一多已经被她深深吸引住了。所以我认为达士先生本人也有闻一多其人的影子。①

沈从文来到北平之后，与未婚妻张兆和一起住进西斜街，直到1932年9月9日与张兆和正式结婚后，才搬到同在西城的达子营居住。梁实秋在回忆文章《忆沈从文》中，顺便谈到了杨振声与他的干女儿方瑞之间的美好生活："今甫到了夏季就搬到颐和园赁屋消暑，和他作伴的一位干女儿，自称过的是帝王生活，优哉游哉的享受那园中的风光湖色。此时从文给今甫做帮手，编中学国文教科书，所以也常常在颐和园进进出出。编得很精彩，偏重于趣味。"②

杨振声即使辞职之后，与改名为山东大学的原青岛大学之间，依然保持着密切联系。1934年7月25日，应同乡汪静之、卢叔桓邀请与王映霞一起到青岛避暑旅游的郁达夫，在日记中提到杨振声的名字："访杨金甫，不遇，改日或可和他一道上崂山去。"7月29日，郁达夫在日记中又谈到方瑞一家："午后汪静之来、卢叔桓来，邓仲纯也来，便同去吃夜饭。邓小姐译生，十年不见，长得很大了，吟诗作画，写字读书，都有绝顶天资，可惜身体不强，陷入了东方传统的妇女的格局。妹宛生，却和她姊姊完全相反，是一位近代的女人的代表。"

这里的"十年不见"是一个约数，1923年郁达夫在北京大学任教期间曾与邓家比邻而居，1929年10月在安庆担任安徽大学文科教授时，被安徽省教育长程天放列入赤化分子名单，是在邓仲纯的通知救助下逃回上海的。1934年8月2日，郁达夫日记中另有"杨金甫来访，约于明日午后三

① 金介甫：《沈从文传》，时事出版社，1991年，第28页。

② 梁实秋：《忆沈从文》，引自季培刚编著《杨振声编年事辑初稿》，黄河出版社，2007年，第179页。

● 杨振声像

点半，去青大与学生谈话”的记录。8月3日，准备离开青岛前往北平的郁达夫，一下子写出三首赠别诗。其一是赠邓仲纯的，说是“安庆之难，曾蒙救助”。其二是赠方瑞姊妹的：“邓家姊妹似神仙，一爱楼居一爱颠。握手凄然伤老大，垂髫髫我尚记当年。”其三则是赠杨振声的，说杨“系十年前武昌旧同事”。①

当年的杨振声出于对干女儿方瑞的喜爱，曾经建议邓初不要把方瑞送出去读书，说是留在家里才好培养成为熟谙国学的大家闺秀。于是，走不出家门的方瑞，便与她的干爹杨振声之间，发生了一段既不热闹也没有结果的桃色情事。

三 杨振声与曹禺的师承关系

作为清华大学的第一任教务长、文学院长兼国文系主任，杨振声恰好是在曹禺考入清华大学西洋文学系二年级插班生之前，离开清华出任青岛大学校长的。尽管如此，二人之间依然存在着一种代际师承关系。杨振声在清华大学期间，兼任过清华大学校园剧团的导演，据他的儿子杨起回忆，“父亲很忙，常因去排练话剧，很晚才回家”。杨振声与曹禺南开时期的恩师、南开剧团总导师张彭春是好朋友，据冯友兰回忆，当年的清华大学“每天早上上早操，校长和教务长都穿军服，脚蹬马靴，脚后跟还有马刺子，当时的教务长是杨振声。有一次张彭春到清华作临时讲演，讲戏剧。张彭春在讲台上说：‘你们的教务长写信叫我来讲，并且说：你必定得答应，你若是不答应我，我就要不答应你了。我一看信，可把我吓坏了，因为他是穿着军装的，若是一个穿军装的人不答应我，我可受不了！我没有办法，只有答

① 《郁达夫自选文集·日记卷》，青海人民出版社，1999年版，第258～262页。

应他了。’”①

1931年,胡也频遇难,丁玲入狱,沈从文也被武汉大学解聘。此前把沈从文推荐给武汉大学校长王世杰的胡适、徐志摩,又向青岛大学校长杨振声推荐了沈从文。1932年夏天,从青岛大学辞职的沈从文,又应杨振声邀请,赴北平参与教育部中小学教材编选委员会的工作;并且协助杨振声把此前由吴宓主编的《大公报》文学副刊,改版成为文艺副刊。1934年1月,郑振铎、靳以、巴金等人创办《文学季刊》,曹禺与杨振声、李健吾、萧乾等人,都是三座门14号《文学季刊》编辑部的常客。关于当年北平文艺界焕然一新的利好形势,萧乾晚年在《我这两辈子》中回忆说:

> 1933年以前,我也在北平《晨报》上写过稿儿,可那时候的北平文学界老气横秋,是苦雨斋的周二先生和清华园的吴宓教授两位老头儿的天下,没有我们毛孩子的份儿。但是,1933年我打福州一回来,北平好像变了个样儿,郑振铎、巴金和靳以都打南边儿来啦。他们办起《文学季刊》和《水星》,在来今雨轩开起座谈会。他们跟老熟人杨振声和沈从文联合起来,给憋闷的北平开了天窗。②

1937年5月,曹禺的《日出》与卢焚(又名师陀)的小说《谷》、何其芳的散文集《画梦录》,一同获得《大公报》所颁发的文艺奖。主持评奖的文艺奖裁判委员会,是由杨振声、朱自清、朱光潜、叶圣陶、沈从文、林徽因、凌叔华、巴金、李健吾、靳以等人共同组成的。同年1月24日,朱自清在日记中写道:“早访杨君家。为评文学奖金开委员会。林徽因与叶公超盛赞《画梦录》。公超称之为中国最早之散文,林称之为较《日出》一剧更为成功之佳作。又谓《日出》主题及片断皆好。失败处在于其中杂乱无关的东

---

① 冯友兰:《三松堂自序》,生活·读书·新知三联书店,1984年,第76页。
② 萧乾:《我这两辈子》,引自季培刚编著:《杨振声编年事辑初稿》,黄河出版社,2007年,第163页。

西颇多。”

同年2月20日，胡适也在日记中写道：“读曹禺(万家宝的笔名)的《雷雨》、《日出》，杨今甫赠此二书，今夜读了，觉得《日出》很好，《雷雨》实不成个东西。《雷雨》的自序的态度很不好。”①

由此可知，曹禺能够获得《大公报》颁发的文艺奖项，并且得到“我们这时代突然来了一位摄魂者”的高度评价，与文艺奖裁判委员会最为资深的领衔人杨振声的极力推荐，是分不开的。曹禺与该委员会中的沈从文、巴金、李健吾、靳以连同这次评奖活动的主要策划者、当时的《大公报》文艺副刊编辑萧乾，都是年龄相当而且过从甚密的文坛新锐。

1940年6月3日，与曹禺几乎同时登上京派文坛的萧乾，以《大公报》驻英特派记者身份在剑桥“东方学院混事”。他在写给时任中国驻美国大使胡适的书信中写道：“我不知道应怎样介绍自己。我只六年前在海甸燕大礼堂看见过您，但您一定看不到我。1937年我在珞珈山通伯先生家避难，您访陈先生辞行时，我不巧刚过江……我读书上最好的老师今甫先生，写作上最好的老师从文先生，恰好都是您的‘门生’。所以论辈数，我是称不起您的弟子的。但和这一代千万青年一样，我也是您手创的文学革命的产儿。”②

萧乾晚年在致杨振声的女儿杨蔚、儿子杨起的书信中，另有“杨先生是我一生的恩师”的说法。在作为“代序”收入《杨振声选集》的《我的启蒙老师杨振声》中，萧乾还介绍了1929年杨振声在燕京大学讲授“现代文学”的情景：“在班上，杨先生从来不是照本宣科，而总像是带领我们在文学花园里漫步，同我们一道欣赏一朵朵鲜花，他时而指指点点，时而又似在沉吟思索。他都是先从一部代表作讲起，然后引导我们去读作者旁的作品并探讨作者的生平和思想倾向。”③

---

① 季培刚编著：《杨振声编年事辑初稿》，黄河出版社，2007年，第188页。

② 《胡适来往书信集》下册，中华书局，1980年，第506页。

③ 萧乾：《我的启蒙老师杨振声》，孙昌熙等编选《杨振声选集》，人民文学出版社，1987年。

总而言之,曹禺即使没有像萧乾那样直接听过杨振声的授课,杨振声对于他或直接或间接的指导帮助,也依然是确凿无疑的。

四 《北京人》的戏外情事

1937 年 8 月,杨振声与梅贻琦、张奚若、叶公超等人同车南下。抵达南京后,杨振声任教育部代表,与北京大学、清华大学、南开大学三校校长共同组成长沙临时大学筹备委员会,任筹备委员兼秘书主任。1938 年 4 月,长沙临时大学迁至昆明,改名为西南联合大学,杨振声又与北京大学、清华大学、南开大学三校校长共同组成西南联大常务委员会,任常务委员兼秘书长、中文系教授。杨振声和女儿杨蔚、小儿子杨起,刘康甫(本钊)和大女儿刘光裕,以及汪和宗、萧乾等人,一起住在云南昆明北门街的蔡锷旧居。被杨振声破格推荐为中文系教授的沈从文,随后也携张兆和、张允和、张充和等人住了进来,组成一个临时大家庭。据张充和回忆,当时院中还寄养着金岳霖的一只大公鸡。杨振声俨然家长,吃饭时一大桌,杨面南而坐,刘左沈右,无人指定却自然有序。当时,傅斯年、罗常培等人也常来此处吃饭、聊天。①

1940 年夏天,日军进占越南,迫使英国封锁滇缅公路,切断了中国从海外输入战时物资的交通线,国民党政府教育部要求西南联大迁往四川。联大当局为此在云、贵、川结合部的川南重镇叙永设立分校,招收当年考取的 600 多名新生到此学习,由杨振声担任分校主任。分校秘书刘康甫父女二人随杨振声一家来到四川,合租小街子五十号一所民房暂住。

杨振声的老友、山东大学校医邓初,在抗日战争爆发后携全家从青岛逃难到四川江津,与当地乡绅邓鹤年(蝉秋)、邓燮康叔侄结为同宗。在邓鹤年叔侄帮助下,他于江津城内黄荆街 83 号开办“延年医院”。1938 年 8

---

① 张充和:《三姐夫沈二哥》,《海内外》1980 年第 28 期。

月 3 日，陈独秀应邓初邀请从重庆来到江津，被邓初的妻子方愫悌“闭门谢客”，只好在另一位同乡好友、方愫悌的堂兄弟方孝远的安排下，住进东门城内的“郭家公馆”。1939 年 1 月，陈独秀病情加重，邓初夫妇才接纳他和女友潘兰珍住进“延年医院”后宅。期间方愫悌多次恶语相加，陈独秀和潘兰珍不得不在邓鹤年、邓燮康叔侄帮助下，于 1939 年 7 月迁居江津大西门外三十多里的鹤山坪施家大院。一个月后又应前清进士杨鲁承的媳妇和孙子的邀请，住进较为清静的石墙院杨宅，直到 1942 年 5 月 27 日病逝于此。

1940 年夏天，被方瑄德从江津带到江安的方瑞，与吴祖光同住一个大院，对门就是曹禺的住家。所谓的“第一印象便是她的‘哀静’”令曹禺一见钟情，接下来便是两个人旷日持久的婚外情恋。据曹禺当年的合法妻子郑秀回忆说：

> 邓译生、邓宛生是姐妹俩，邓宛生懒散极了。她父亲是青岛一个学校的校医，邓译生跟母亲在江津。方瑄德和邓宛生是表兄妹。方的母亲在江安，邓译生有肺病。那时我家里有许多学生来，邓译生也来。没有想到她对曹禺表示好感。这个人很安静，很冷，后来她不来了。在我临产时发生这种事情，是很不愉快的。曹禺热起来叫人受不了，冷起来也叫人受不了。我喜欢打麻将应酬事。先是邓译生替他抄稿子，我和邓译生闹了一次。有个杨嫂（方瑄德家的佣人），扮演了一个传递信件的角色。有一天，杨嫂来了，向曹禺使眼神，我看见了。杨嫂呆了一会儿，曹禺就外出了。我从后边尾随，曹禺没有发现。他到一个茶馆里坐下，便看邓译生的信，我从后边把信夺了过去。是毛边纸写的，有一边留在曹禺手里，他便吃进肚里去了。我便掌握了他的秘密。我开始没理睬他，谈了一次。他说，我对他不好；还说，堡垒是容易从内部攻破的。我还是把信还给他了。我先离开江安的，曹禺也走了。曹禺走的真正原因，就是因为这一件事，不是复旦大学需要

人……那位邓小姐也追到重庆来了,据说是在南岸同居了。他提出离婚,我不同意。①

与郑秀的说法相印证,吴祖光以历史见证人的身份回忆说:"方瑞,这个人是不平凡的……方瑞没上过大学,像杨振声、赵太侔这些教授,都建议她父亲不要送她上大学,就在家里读书,他们把她培养成为中国最后一名闺秀……曹禺很喜欢方瑞,一下子就看上了……那时曹禺和邓译生(就是方瑞)有书信往来,当然背着郑秀。有一次,曹禺收到邓译生的信,便一个人躲到茶馆里去看。江安小茶馆不少,当他正坐在椅子上把信掏出来看时,突然,郑秀从背后来抢信,曹禺觉得不妙,便把信吞进口里去了。其实郑秀早就盯上他了。这件事,轰动了江安。他们为此大吵大闹,确实是闹到很严重的程度。"②

对于曹禺来说,最大的幸福莫过于在异性可人儿的陪伴之下进入阳光天堂般神思飞扬的创作佳境。有方瑞来点燃激活自己的创作灵感,曹禺调动了潜意识中几乎全部的"原始的情绪"和"蛮性的遗留"来投入创作,连剧中的号角声都可以追溯到他童年时代的情绪记忆:"《北京人》中的号声,是我在宣化生活中得来的,那时天天听到号声。每听到这种号声,说是产生一种悲凉感,不是;感伤,不是;是一种孤独感。我童年常有这种孤独感,这种印象太深太深了,就写进愫方的感受之中,写到戏的情境之中。"③

特别值得注意的是,帮助曹禺抄写剧本的方瑞,也把她与干爹杨振声等人住在阴森闹鬼的北平西城西斜街的生活经历以及环境氛围,融入了《北京人》的剧情之中。与此相印证的,是杨振声后来在《邻居》一文中对于老北京城区的市声天籁的相关描写:"反正我喜欢那几堆古石,一院荒

---

① 田本相、刘一军编著:《苦闷的灵魂——曹禺访谈录》,江苏教育出版社,2001年,第215页。

② 《苦闷的灵魂——曹禺访谈录》,第207、208页。

③ 田本相:《曹禺传》,第275页。

● 1940 年代方瑞、张瑞芳、曹禺(在重庆)

冷。可是,你再也想不到,正当一个寂寞的黄昏,隔街传来卖麦芽糖的小铜锣的声音,那正是向晚人归的时候。而当当的小锣声,传达来街市的寂静,行人的倦意,孩子们的欢欣。忽而,突然凌然从西邻人家飞来一种吱哑哑的金属声,那是北平廉价出售的无线电。从此我就再无宁日了!"①

1941 年 10 月 24 日,由张骏祥导演的《北京人》在重庆抗建堂首演,张瑞芳演愫方,江村演曾文清,沈扬演曾皓,方琯德演曾霆,邓宛生演袁圆,张雁演袁任敢,赵蕴如演曾思懿,耿震演江泰,傅慧珍演陈奶妈,蒋韵笙演曾文彩。这些演员大部分是曹禺、张骏祥在国立剧专任教时的学生,同时也是曹禺与郑秀及方瑞之间三角情恋的见证人。演出取得很好效果,在观众的欢迎之下一直持续到 11 月 8 日。据《北京人》的首演导演、既是曹禺的清华校友又是剧专同事的张骏祥回忆:"江安时,我与阎哲吾搭伙在曹禺家中,由他的保姆烧饭。《蜕变》排出之后,曹禺感到生活太压抑,不愿长住在江安,他感到自己想做什么都做不成。《北京人》中的思懿有郑秀的影子,曾皓有杨振声的影子。杨振声与方瑞的父亲是好友。曹禺很讨厌这个人。当然,《北京人》不是每件事都有依据。剧中的人物往往是生活中的好几个人合成一个。"②

就在《北京人》的演出引起轰动的时候,被曹禺当作曾皓的生活原型而写入该剧的前辈师长杨振声,也在并不遥远的川南叙永和云南昆明,关

① 杨振声:《邻居》,《经世日报·文艺周刊》第 12 期,1946 年 11 月 3 日。
② 曹树钧:《走向世界的曹禺》,第 8 页。

注着曹禺与自己的干女儿方瑞之间的人生戏剧与戏剧人生。1942 年,西南联大文学院的应届毕业生吴宏聪,邀请杨振声、沈从文担任自己的指导教师,他的毕业论文的题目是《曹禺戏剧研究》。据吴宏聪回忆:"我以前没有写过长篇学术论文,心里有点'虚',连一篇论文提纲也是改了又改才送上去的。先生看出我这一点,约我到他的住处,一口气谈了两三个小时,从曹禺的家庭出身、教养和《雷雨》、《日出》写作经过,以及时人评论都跟我谈了,甚至还把曹禺抗战时期在四川江安与××女生恋爱的感情纠葛也跟我讲了。这种认真态度使我深受感动。他反复强调要了解作品,必须了解作家的生活和时代,不然,你就无法了解为什么他要写这样的作品和怎样去写这样的作品。……我在联大四年,选修了不少课程,都有收获,但先生这一课是最为深刻的。"①

五 阴盛阳衰的男权王国

《北京人》是曹禺继《雷雨》、《日出》、《原野》、《蜕变》之后,按照"阴间地狱之黑暗+男女情爱之追求+男权家庭之反叛+专制社会之革命+舍身爱人之牺牲+天诛地灭之天谴+替天行道之拯救+阳光天堂之超度"的密码模式,创作出的另一部戏剧传奇。剧中的曾家是一个穷途末路的男权家庭,在祖孙三代男权人物曾皓、曾文清、曾霆都退化变种、无所作为的情况下,只能依靠曾文清的丑恶太太曾思懿的忍辱负重,以及他的美好情人愫方的奉献牺牲来勉强维持。等到这种一男二女的男权格局实在无法维持的时候,剧作者曹禺只好借助半人半神的机器工匠"北京人",把愫方连同新一代的瑞贞拯救出"棺材"般的曾家,并且象征性地指出一条通往以原始"北京人"的生活状态为标准榜样的阳光天堂之路。与此同时,也宣告了曾家老少三代男权人物连同再一次怀孕的曾思懿注定要被埋葬、被灭

① 吴宏聪:《忆恩师杨振声先生》,《现代教育报》2004 年 3 月 19 日。

亡的天谴罚罪之路。

几千年来一直走不出宗法制农耕社会的古老中国，终归是一个以天神天命天意天理天道天堂为本体本位的天、地、君、亲、师等级森严的极权专制社会。相应地，这个国度里的每一个小家庭，都不失为相对独立的男权王国。在自己的男权王国里当家做主人，几乎是每一个成年男子天经地义的权利。只可惜物极必反，随着养尊处优的男权主子高度阴柔化、女性化，维护阴盛阳衰的男权专制家庭，反倒成为一些高度男权化的家庭主妇的神圣使命。《北京人》中以曾文清为现任皇帝、曾皓为太上皇、曾思懿为管家军师、愫方为红粉知己的曾家，就是这样一个阴盛阳衰的男权王国。

大幕刚一拉开，曾思懿就开始应付债主们的讨债，这些债务包括油漆店为老太爷曾皓的棺材上油漆的欠款、裱画铺为曾文清和愫方裱画的欠款，以及裁缝铺、果子局的欠款等诸多款项。在多项开销中，曾思懿当场认账付款的只有裱画钱。由此可以见出曾文清在她心目中至高无上的男权地位。到了第二幕，捉奸拿双的曾思懿只是为了捍卫自己依附于男权主子的主妇地位，才不得不忍痛撕破了曾文清退化变种以至于丧失人格的真面目："不会偷油的耗子，就少在猫面前做馋相。"

尽管曾思懿明白曾文清是一个靠不住的空洞男人，当着情投意合的愫方和文清的面，她还是要借着教训儿媳瑞贞的机会倾诉自己不得不委曲求全的生存困境："知道了，也看见了。（忽然转对瑞）那你为什么不赶紧回来看（读阴平，'守'的意思）着他。（自以为聪明的告诫）别糊涂，他是你的男人，你的夫，你的一辈子的靠山。"

到了第三幕，在外面经不起风浪的曾文清回到家里，曾思懿一改过去对于愫方的拒绝排斥，自作主张要把愫方正式娶进家里给文清作妾，并且做出一夫二妻"两头大"的承诺。这里面虽然有"我呢，坐月子的时候也有人伺候！"的自私打算，同时也不乏维护男权主子的情爱特权的一片苦心："你呢，有你的愫表妹陪你。"

接下来，曾思懿对于不敢承担一夫二妻的家庭责任的曾文清，另有更加明确的道德揭发:“我这个人顶喜欢痛痛快快的,心里想要什么,嘴里就说什么。我可不爱要吃羊肉又怕膻气的男人。”

一个旧家庭的女人,不仅在男权主子退化变种、阴柔无用的情况下当仁不让地挑起家庭的重担,还要把男权主子贡献出来与另一个女人进行分享,这种可以与《日出》中卖身养家的花翠喜相提并论的奉献牺牲,并不是所有女人都能够做得到的,称其为“金子似的心”也未尝不可。然而,在陷于婚外之恋的曹禺笔下,反而把曾思懿替丈夫纳妾的奉献牺牲,妖魔化为逼愫方出走的道德犯罪。同样是奉献牺牲,到了《家》里面的瑞珏、鸣凤身上,却又被曹禺礼赞为“舍身爱人”。这其中的褒与贬、取与舍,根本谈不上现代法律意义上可以量化、可供操作的理性标准和程序正义,而是完全取决于以神道设教、替天行道的宗教先知加抒情诗人自居的曹禺,极端混沌神秘地集动物本能的野性蛮力和宗教精神的神性魔力于一身的“原始的情绪”和“蛮性的遗留”。

曹禺的这份根深蒂固的男权意识和特权观念,还表现在江泰与曾文彩之间阴差阳错的夫妻情爱之中。无论丈夫江泰多么落魄,曾文彩都保持着对于江泰的崇拜之心,甚至于把江泰的失魂落魄、穷困潦倒归咎于自己遭受天谴诅咒的不幸命运:“是我累的他……是我的命不好,才叫他亏了款,丢了事。”

在曾家这个阴盛阳衰的男权王国里,死了老伴的老太爷曾皓不过是一个退位让贤的太上皇。老太太在世时,曾皓与眼前的曾文清一样是靠着女人支撑局面的。正如《雷雨》中并没有真正“死”掉的梅侍萍,在周朴园的心目之中被神圣化为一座专门用来压制周蘩漪和周萍的贞节牌坊一样;死去的曾老太太也在曾皓的心目之中变成了一座专门用来诱骗愫方的贞节牌坊:

你姨妈生前顶好了,晚上有点凉,立刻就给我生起炭盆,热好了黄酒,总是老早把我的被先温好——

与自己的儿子曾文清一样既空虚自私又多情多欲的曾皓，即使在垂老之年，依然做着一男二女的男权美梦，死乞白赖地纠缠愫方充当自己的“永远的奴隶”。同样是夹在两个女人中间，第三代的曾霆更是表现出一蟹不如一蟹的末世光景。颇具男相的妻子瑞贞再也不把他当作“一辈子的靠山”，一心要与他离婚。被他一厢情愿单相思的那个简直像个男孩子的小情人袁圆，压根儿没有把他这个“小耗子”、“小可怜”放在心上。

六 情景交融的秋声秋韵

1962年，曹禺在《读剧一得——和青年剧作者的一次谈话》中介绍说：“《海鸥》，这是一个真正‘契诃夫式’的剧本，是现实主义的，也富有诗意和象征性……（第四幕）的环境是这样描写的：傍晚，油灯半明半暗，风声，巡夜更夫的敲更声……这种环境的描写是‘契诃夫式’的。契诃夫总是善于通过外部的环境气氛，来烘托人物的内在的感情和情绪。”①

事实上，“善于通过外部的环境气氛，来烘托人物的内在的感情和情绪”，并不是契诃夫戏剧的专权专利，而是同处于前现代的宗法制农耕文明阶段的俄罗斯民族与中华民族的一种天人合一、天人感应的审美共性。歌德在谈到中国传统的戏曲传奇时，就颇为透辟地指出过：“他们还有一个特点，人和大自然是生活在一起的。”②

中华民族自古以来一直是在大自然的直接哺育下求生存、求温饱以至于传宗接代、改朝换代的，大自然不仅是国人谋求最低限度的生存条件的天然环境，还是国人用来寄托情感、安顿灵魂的精神家园。对于传统诗歌与传统戏曲中天人感应、情景交融乃至于物我两忘、天人合一的诗情画意，曹禺几乎是全盘继承并且发扬光大的。《雷雨》中既是自然现象又是人格

① 曹禺：《读剧一得——和青年剧作者的一次谈话》，曹禺著《论戏剧》，四川文艺出版社，1985年，第51页。

② 《歌德谈话录》，人民文学出版社，1982年，第112页。

化的宗教神祇的“雷雨(雷公)”,就一方面感应着剧中人物悲欢离合的内心情感,另一方面又起着操纵剧中人物的动作冲突和意志较量、控制戏剧情节起承转合的发展节奏、主宰剧中人物“绝子绝子”的天谴罚罪的神奇作用。《原野》中鬼气森森的原野黑林子,同时又是俗称“阎王”的“黑脸的阎罗(地藏王)”,针对犯下人命大案的仇虎实施替天行道的天谴罚罪的阴间地狱。即使在最为急功近利的《蜕变》一剧中,曹禺也没有忘记用大自然由冬雨绵绵到春光明媚的蜕旧变新,来感应丁大夫及其所在的伤兵医院由阴间地狱到阳光天堂的蜕旧变新。相比之下,在曹禺一系列的影剧作品中,《北京人》是最富有“契诃夫式”的诗情画意的一部。剧中情景交融的秋声秋韵,把既感应人物的内心情感又控制故事情节发展节奏的天籁之声,发挥到了淋漓尽致的极限境界。

第一幕剧情的发生时间是中秋节,地点是北平曾家的小花厅里。大幕拉开,展现在人们面前的,是与戏曲舞台的开场锣、定场鼓相仿佛的秋声秋韵:

> 中秋节,将近正午的光景,在北平曾家旧宅的小花厅里……屋内静悄悄的,天空有断断续续的鸽哨响。外面长胡同里仿佛有一个人很吃力地缓缓推着北平独有的单轮水车,在磷磷不平的石铺的狭道上一直是单调地“吱妞妞,吱妞妞”地呻嘶着。这郁塞的轮轴声,由远而近,中间偶尔夹杂了挑担子的剃头师傅打着“唤头”,如同巨蜂鸣唱一般嗡嗡的声音。间或又有磨刀剪的人吹起烂旧的喇叭“唔吼哈哈”地吼叫,冲破了单调的沉闷。

与戏曲锣鼓经式的秋声秋韵相感应,从卧室里传出赖在床上抽大烟的曾文清,与他正在忙碌的妻子曾思懿的搭话声:

> (慢悠悠地)鸽子都飞起来了么?

（入了神似地）今天鸽子飞得真高啊！哨子声都快听不见了。

在妻子的数落声中，曾文清“苦恼地拖着长音”透露出一个关键信息：“我走，我走，我走，我是要走的。”

关于曾文清的为人，曹禺在舞台提示中给出的第一个评价是“诗人”：“他是个在诗人也难得有的这般清俊飘逸的骨相：瘦长个儿穿着宽大的袍子，服色淡雅大方，举止谈话带着几分懒散模样。”

第二个评价是“懒”：“懒于动作，懒于思想，懒于用心，懒于说话，懒于举步，懒于起床，懒于见人，懒于做任何严重费力的事情。种种对生活的厌倦和失望甚至使他懒于宣泄心中的苦痛。懒到他不想感觉自己还有感觉，懒到能使一个有眼的人，看得穿：‘这只是一个生命的空壳’，虽然他很温文有礼的，时而神采焕发，清奇飘逸。这是一个士大夫家庭的子弟，染受了过度的腐烂的北平士大夫文化的结果。他一半成了精神上的瘫痪。”

第三个评价是他与婚外情人愫方表妹之间有情人难成眷属的“难言之痛”：“他们在相对无言的沉默中互相获得了哀惜和慰藉，却又生怕泄露出一丝消息，不忍互通款曲。”

作为一个充满诗情画意的“生命的空壳”，曾文清在人格虚空方面最为集中也最为深刻的表现，就在于他与愫方之间因为“生怕泄露出一丝消息”而“不忍互通款曲”，同时却又偏要“互通款曲”，事实上又偏偏不能“互通款曲”的自相矛盾、自欺欺人。第一幕中，当曾文清与愫方第一次捕捉到“互通款曲”的机会时，曹禺充分调动天人感应、情景交融的秋声秋韵，来为这对柏拉图式的精神恋人“不忍互通款曲”的“互通款曲”提供伴奏：“静默，窗外天空断断续续地传来愉快的鸽哨声。”

不曾想，这片刻的“互通款曲”很快便被刚刚离去却又折回头来的曾思懿生生拆开。随之而来的是愫方一个人在秋声秋韵的伴奏下“忍哀耐痛”的静场戏：

[思懿然又从书斋的小门匆忙探出身来。

曾思懿 (满面笑容,招手)文清,陈奶妈在外面找你呢。你快走了,还不跟她老人家说两句话?来呀,文清!

[愫方望着文清毫无生气地随思懿由书斋小门下。

[冷冷的鸽哨声。

[远处算命瞎子悠缓的铜钲声。

[一两句遥远市街上的"酸梅的汤儿来……"

愫　方 (伫立发痴,蓦然坐在一张孤零零的矮凳上嘤嘤隐泣起来)

[微风吹来,响动着墙上挂的画。

[外面圆儿的声音:(放着风筝,拍手喊)飞呀,飞呀,向上飞呀!

这"飞呀,飞呀,向上飞呀!"的呐喊声,感应的是愫方灵魂深处对于阳光天堂般神圣美好的精神家园的永恒渴望。它与周冲对于天边外的阳光天堂般神圣美好的精神家园,方达生、陈白露对于"满天大红"的天堂"日出",仇虎、花金子对于黄金铺地的阳光天堂的无限神往一脉相承。只可惜,愫方的这份渴望同样没有转换成为实际行动,而只是在陈奶妈面前发泄了出来:"(抬头)我真想大哭一场,奶妈,这样活着,是干什么呀!(扑在桌上哭起来)。"

当曾文清借故支开儿媳瑞贞,才捕捉到第二次与愫方"互通款曲"的机会时,伴着情景交融的秋声秋韵,两个人所表现出的依然是那种因为"生怕泄露出一丝消息"而"不忍互通款曲"的怯生生的暗恋偷情:"(慢慢由身上取出一张淡雅的信笺)昨天晚上我作了几首小东西。(有些羞怯地走到她的面前)在,在这里。"

不巧的是,互通款曲的"几首小东西"刚刚由文清手中交到愫方手中,就被突然上场的曾思懿看在眼里,从而为第二幕的故事情节埋下了伏笔。

七　天人感应的精神强暴

第二幕的剧情发生在“当天夜晚，约有十一点钟的光景”，场景依然在曾家小客厅里。这时候，鸽子早已归巢，戏曲锣鼓经式的秋声秋韵也随之改换了声调：

> 曾宅的近周，沉寂若死。远远在冷落的胡同里有算命的瞎子隔半天敲两下寂寞的铜钲，仿佛正缓步踱回家去。间或也有女人或者小孩的声音，这是在远远寥落的长街上凄凉地喊着的漫长的叫卖声……书斋内有一盏孤零零的暗灯，灯下望见曾霆恹恹地独自低声诵读《秋声赋》。远远地深巷的尽头有木梆打更的声音。

大幕拉开，准备外出谋生的曾文清因为“误了一趟车”而不得不返回家中，在悲凉凄惨的秋声秋韵中优哉游哉地坐在小客厅里煮茶品茗，并且在与陈奶妈的对话中说破了江泰与自己一样人格虚空的精神面貌：“他也是跟我一样：我不说话，一辈子没有做什么；他吵得凶，一辈子也没有做什么。”

在随之而来的由熄灯带来的暗场中，一个为曹禺精心设计的“活见鬼”式的背景场面，陡然间凸显在人们面前，以至于吓得在场的小柱儿一下子扑倒在奶奶的怀里：“在那雪白而宽大的纸幕上，由后面蓦地现出一个体巨如山的猿人的黑影，蹲伏在人的眼前，把屋里的人显得渺小而萎缩。只有那微弱的小炉子里的火照着人们的脸。”

在“活见鬼”式的原始“北京人”的笼罩之下，从幕后传来了人类学家袁任敢俨然出之于科学精神的神道设教：

> 这是人类的祖先，这是人类的希望。那时候的人要爱就爱，要恨

就恨,要哭就哭,要喊就喊,不怕死,也不怕生。他们整年尽着自己的性情,自由地活着,没有礼教来拘束,没有文明来捆绑,没有虚伪,没有欺诈,没有阴险,没有陷害,没有矛盾,也没有苦恼;吃生肉,喝鲜血,太阳晒着,风吹着,雨淋着,没有现在这么多人吃人的文明,而他们是非常快活的!

与袁任敢所谓的"要爱就爱,要恨就恨"相互矛盾或者说是自相矛盾的,是曹禺在舞台提示中对于袁任敢"要爱就爱,要恨就恨"的性欲本能和情爱意识的明确消解:"他一生的生活是研究'北京人'的头骨,组织学术察勘队到西藏、蒙古掘化石,其余时间拿来和自己的女儿嬉皮笑脸没命地傻玩。似乎这个女儿也是从化石里蹦出来的,看他的样子,真不像懂得什么叫做男女的情感的事情。"

表面上看,袁任敢关于原始"北京人"的神圣礼赞,是反对"人吃人"的"文明"与"礼教"的。而在实际上,早在战国至秦汉间的儒家经典《礼记·礼运篇》中,恰恰记载有儒家礼教的祖师爷孔子讲给弟子言偃(字子游)的一段话:

大道之行也,天下为公。选贤与能,讲信修睦。故人不独亲其亲,不独子其子,使老有所终,壮有所用,幼有所长,矜、寡、孤、独、废、疾者皆有所养。男有分,女有归。货恶其弃于地也,不必藏于己,力恶其不出于身也,不必为己。是故谋闭而不兴,盗窃乱贼而不作,故外户而不闭。是谓大同。今大道既隐,天下为家。各亲其亲,各子其子。货力为己,大人世及以为礼,城郭沟池以为固,礼义以为纪。以正君臣,以笃父子,以睦兄弟,以和夫妇,以设制度,以立田里,以贤勇智,以功为己。故谋用是作,而兵由此起。禹、汤、文、武、成王、周公,由此其选也。此六君子者,未有不谨于礼者也。以著其义,以考其信。著有过,刑仁讲让,示民有常。如有不由此者,在执者去,众以为殃。是谓小康。

由此可知，孔子以及奉孔子为神圣偶像的儒家礼教，正是以人类祖先根本就没有经历过的所谓“没有礼教来拘束，没有文明来捆绑”的大同社会为逻辑起点，推演出了真正称得上是“人吃人”的奉天承运、替天行道、天下为公、改朝换代、一统江山、天下为私的公天下、救天下、打天下、抢天下、坐天下、治天下、家天下、私天下的汤武革命式的专制逻辑。袁任敢以“人类的祖先”原始“北京人”的神圣名义设想出的阳光天堂般神圣美好的生活景象，其实正是儒家礼教关于“天下为公”的大同社会的老调重弹。转眼之间，袁任敢的神道设教就转变成为喝醉酒的江泰对于曾文清的天谴诅咒：

> （笑着摇头）放心，没喝多，我只点到为止，决不多讲。（对袁）你想，让这么个人，成天在这样一个家庭里朽掉，像老坟里的棺材，慢慢地朽，慢慢地烂，成天就知道叹气做梦，忍耐，苦恼，懒，懒，懒得动也不动，爱不敢爱，恨不敢恨，哭不敢哭，喊不敢喊，这不是堕落，人类的堕落？

江泰点到为止的高谈阔论，所玩弄的其实是剧作者曹禺在《日出》中已经演练过的专门欺软怕硬地牺牲善良女性的变戏法，也就是鲁迅在《娘儿们也不行》中所说的“男子汉骗骗娘儿们的玩意儿”。该剧中更加真切地呈现出来的，正是针对无父无母、无依无靠的老处女愫方的一个轮回接着一个轮回的“存天理，灭人欲”的精神强暴。

第一个披挂上阵的，是“不忍互通款曲”却又一再纠缠愫方“互通款曲”的曾文清。他向愫方通告的第一回合的“款曲”，是对于自己长达二十年暗恋偷情轻描淡写地忏悔自责：“今天我想了一晚上，我真觉得是我，是我误了你这十几年。害了人，害了己，都因为我总在想，总在想着有一天，我们——”

一句忏悔之词还没有说完，曾文清话题一转便进入了第二个回合的“款曲”：

(恻然)可怜，愫方，我不敢想，我简直不敢再想你以后的日子怎么过。你就像那只鸽子似的，孤孤单单地困在笼子里，等，等，等到有一天——

(伤心)为什么，为什么我们要东一个，西一个苦苦地这么活着？为什么我们不能长两个翅膀，一块儿飞出去呢？(摇着头)啊，我真是不甘心哪？

然而，人格虚空却偏要做着一男二女的男权美梦的曾文清，根本拿不出切实担当的勇气和魄力，他的痴人说梦的“款曲”，除了“意淫”式的自慰之外，还有更深层次的用心，那就是他实在不舍得放弃自己一男二女的男权美梦。

好在愫方并不计较曾文清的自私阴暗，这才有了他们之间第三个回合的“互通款曲”：“(望着愫，嘴角痛苦地拖下来)这次我出去，我一辈子也不想回来的。愫方，我就求你这一件事，你就答应我吧。你千万不要在这个家里住下去。(恳切地)想想这所屋子除了耗子，吃人的耗子，啃我们字画的耗子还有什么？(愫的眼睛悲哀地凝视着他)你心里是怎么打算？等着什么？你别不再说话，你对我说呀。(蓦地鼓起勇气，贸然)愫方，你，你还是嫁，嫁了吧，你赶快也离开这个牢吧。我看袁先生人是可托的，你——”

明明是自己纠缠了愫方十几年却又不敢切切实实地承担责任，明明是自己和自己的父亲一直在霸占着、蹂躏着、虐杀着一个无助孤女的无主灵魂，曾文清却振振有词地骂起了莫明其妙的“吃人的耗子”。这种嫁祸于“耗子”的极端情绪，更加彻底地败露了曾文清自欺欺人的自私阴暗。

在此前的第一幕中，当曾思懿提出要撮合包办愫方与袁任敢的婚事时，自视甚高的曾文清明确表态说："嫁人当然好，不过嫁给这种整天就懂研究死人脑袋壳的袁博士——"短短一天之内，曾文清就自相矛盾、自欺欺人地变换出截然相反的另一副嘴脸。愫方回报于他的，却是痴情不改的一封情书。

继曾文清的"互通款曲"之后，等待着愫方的，还有老一辈的曾皓更加残酷的新一轮的精神强暴。这位道貌岸然的老太爷，即使在功能消退、灵魂枯竭的垂暮之年，还要紧紧抓着一位青春玉女供自己奴役、为自己殉葬，这不能不说是中国传统殉葬文化的一种更加阴险也更加酷毒的极端演变。自相矛盾的是，这位曾皓老太爷恰恰又是一个诵经礼佛的善男信女："他的自私是不自觉的……他无时无刻不在想着自己，怜悯着自己，这使他除了自己的不幸外，看不清其他周围的人也在痛苦。"

更加自相矛盾的是，曾皓对于愫方轮番不断的灵魂蹂躏和精神强暴，偏偏又是在剧作者曹禺精心酝酿的秋声秋韵的天籁之声的伴奏之下进行的。中国传统美学天人感应、情景交融的艺术境界，正是在曹禺所惯用的欺软怕硬地牺牲善良女性的男权戏法中得以实现的。

在第一轮的精神强暴中，曾皓祭起的神圣法宝，是中国传统儒家礼教的伦理纲常："（坐在沙发里怨诉）他们整天地骗我，上了年纪的人真没意思，儿孙不肖，没有一个孩子替我想。（凄惨地）家里没有一个体恤我，可怜我，心疼我。我牛马也做了几十年了，现在弄到个个人都盼我早死。"

在"外面风雨袭来，树叶飒飒地响着"的天籁之声中，愫方暂时还能控制自己的脆弱情绪，反而劝慰俨然是受害者的曾皓："雨都下来了。姨父睡吧，别再说了。"接下来，在"外面更锣木梆声"的伴奏下，曾皓祭起为死去的老夫人树立起的"妾妇之道"的贞节牌坊，把这块死人的牌坊硬往年轻一代的愫方身上套："你姨妈生前顶好了，晚上有点凉，立刻就给我生起炭盆，热好了黄酒，总是老早把我的被先温好——"

在秋声秋韵的伴奏之下，愫方像《雷雨》中的四凤那样，以一句"姨父，我是愿意伺候你的"的台词，撕心裂肺地表白着自己无限的忠诚。曾皓也

像对四凤实施天谴罚罪的鲁侍萍那样,不依不饶地步步紧逼,直至对方精神崩溃:

曾 皓 (絮烦)我明白,一个女人岁数一天一天大了,高不成低不就,人到了三十岁了。(一句比一句狠重)父母不在,也没有人做主,孤孤单单,没有一个体己的人,真是有一天,老了,没有人管了,没有孩子,没有亲戚,老,老,老得像我——

愫 方 (悲哀而恐惧的目光,一直低声念着)不,不,(到此她突然大声哭起来)姨父,不要替我想吧,我没有想离开您老人家呀!

这里没有《雷雨》中轰轰烈烈的雷电之声,“算命的瞎子”寂寞的铜钲声,却更加令人刺骨锥心、肝肠寸断。如此惨烈、如此通透又如此惊心动魄、扣人心弦的戏剧性场面,即使在世界戏剧史上,都称得上是独一无二和空前绝后。

在曾皓、曾文清父子不谋而合地对愫方实施精神强暴和灵魂虐杀的同时,曾家第三代的曾霆与瑞贞、袁圆之间一男二女的三角婚恋,也到了不得不有所了断的紧要关头。刚刚遭受过父子两代人的精神强暴,并且接连向父子两代男人奉献过忠诚灵魂的愫方,摇身一变又成为收买包办下一代灵魂的精神牧师。她收买包办下一代灵魂的神圣借口,竟然与曾文清、曾皓向她宣讲的三从四德的男权天理如出一辙:

(悲哀地)瑞贞,我太爱你,我看你苦,我实在忍不下去了。(昏惑地)我不知道我怎么跑去见了袁先生,我几乎不知道我说了些什么,我又昏昏糊糊跑出来了。瑞贞,如果霆儿从这以后能够——

(哀伤地)不,他是个孩子,他有一天就会对你好的。唉!瑞贞,等吧,慢慢等吧,日子总是有尽头的。等吧,他总会——

借用恩格斯在《反杜林论》中的话说，愫方正是最为典型的因为“缺乏自我规定的意志”而“甘受奴役”、进而还要劝说别人与自己一起“甘受奴役”的一类人。愫方从来没在想到，大概也永远想不明白，自己对于曾文清父子连同其他一切人既不正大光明也不符合人性的牺牲奉献，同时也在危害着第三者的合法权益。因此，在遭受曾文清父子极其酷毒的精神强暴之后，回报她的“活着不是为着自己受苦，留给旁人一点快乐，还有什么更大的道理呢？”之类的“爱”字经的，还有曾思懿把她与曾文清拢到一块施以精神虐杀的一场戏：

曾思懿 （对愫）别动！（对文，阴沉地）拿着还给她！（文屈服地伸手接下）

愫　方 （望着文清，僵立不动。文痛苦地举起那信）

曾思懿 （狞笑）这是愫妹妹给文清的信吧？文清说当不起，请你收回。

愫　方 （颤抖地伸出手，把文清手中的信接下）

在这场出自同性情敌的精神虐杀中，连男权人物曾文清也悲痛到了寻死卖活的地步，赤裸裸地遭受精神虐杀的愫方，却通过念诵“活着不是为着自己受苦，留给旁人一点快乐，还有什么更大的道理呢？”之类的国产圣经，在受虐加自虐的极乐快感中自欺欺人、自我陶醉。

曾文清除了在女人面前寻死卖活招人心疼之外，还有另外一种寻求解脱的灵丹妙药，那就是戒了又抽、抽了又戒的鸦片烟。当曾皓发现儿子依然在抽鸦片时，这位一直在牺牲利用别人的老太爷，竟然把自己也豁了出去：“我给你跪下，你是父亲，我是儿子。我请你再不要抽，我给你磕响头，求你不……”

只有在此情此景中，一直在家里享受两个女人团团转的男权幸福的曾文清，才不得不离家出走，留在他身后的是父亲曾皓的中风倒地和一个本该由他承担责任的破败家庭。然而,对于名不正言不顺地暗恋着曾文清的愫方来说,曾文清的离家出走并不是什么损失,反而是她在曾家为自己树立“妾妇之道”的精神牌坊的绝好机遇……

八 天涯比邻的谬托知己

“海内存知己,天涯若比邻”,这联出自唐代诗人王勃笔下的经典诗句,既是曹禺题给自己的婚外恋人方瑞的,同时也是题给剧中“不忍互通款曲”却又偏要“互通款曲”的曾文清与愫方的。就愫方来说,她的性格基调在曹禺此前写作的《关于“蜕变”二字》中,已经有过明确地交代:“需要‘忍耐’但更需要‘忍心’。”

对于愫方“忍”字当头又情爱至上的奉献牺牲,曹禺在舞台提示中给予的是最高规格的神圣礼赞:“愫方这个名字是不足以表现进来这位苍白女子的性格的……伶仃孤独,多年寄居在亲戚家中的生活养成她一种惊人的耐性,她低着眉头听着许多刺耳的话。只有在偶尔和文清的诗画往还中,她似乎不自知地淡淡泄出一点抑郁的情感。她充分了解这个整日在沉溺中讨生活的中年人。她哀怜他甚于哀怜她自己。她温厚而慷慨,时常忘却自己的幸福和健康,抚爱着和她同样不幸的人们。然而她并不懦弱,她的固执在她的无尽的耐性中时常倔强地表露出来。”

但是,对于愫方这种“忍”字当头、情爱至上的奉献牺牲,最为贴切的说明,其实是曹禺在瑞贞的舞台提示中所采用的“妾妇之道”的概念:“曾瑞贞只有十八岁,却面容已经看得有些苍老……嘴角总绷得紧紧的,不见一丝女人的柔媚。她不肯涂红抹粉也不愿穿鲜艳的衣裳,虽然屡次她的婆婆这样吩咐她。当她未如她的意时,为着这件事詈骂她……她的小丈夫和她谈不上话来。她又不屑于学习那谗媚阿谀的妾妇之道来换取婆婆的欢心……她和愫姨,是两个时代的妇女。她怀抱着希望,她逐渐看出她的将来不在这狭小的世界里,而愫姨的思想情感却跳不出曾家的围栏。”

“以顺为正者，妾妇之道也”，这是出自《孟子·滕文公下》的经典名句。“妾妇之道”要求于女人的，正是恩格斯在《反杜林论》中所说的“缺乏自我规定意志”的“甘受奴役”。也正是在中国传统文化三纲五常、三从四德之类“妾妇之道”的精神骗局和神道圈套中，“缺乏自我规定意志”的愫方，才会似是而非地升华出“活着不是为着自己受苦，留给旁人一点快乐，还有什么更大的道理呢?”的奴隶哲学。

该剧第三幕的剧情发生在离第二幕有一个多月的一个“深秋的傍晚”。这一天是老太爷曾皓的生日，也是他病愈出院的第一天；同时还是隔壁开纱厂的暴发户杜家要来抬走他的命根子棺材的最后期限。由于曾文清的离家出走，愫方当仁不让地替曾文清承担起男权家庭的十字架，并且从中体验到了由名不正言不顺的“妾妇之道”扶正升格为救苦救难的圣女救星的神圣感觉。

不过，这种阿Q式的自欺欺人的精神胜利，到头来是必须变现为金钱万能的实用价值的。据江泰介绍，连曾皓出院的医药费，花的都是愫方的私房钱。曾经当面斥骂愫方“就知道想勾引男人，心里顶下作”的曾思懿，也开始重新认识愫方的实用价值，并对曾霆说出了自己重新觉悟的心里话：“妈，妈现在身体也不大好。（找话说）这几天倒是亏了你愫姨照护着，——（立时又改了口气，咳了一声）不过孩子，（脸上又是一阵暗云，狠恶地）你愫姨这个人哪，（摇头）她呀，她才是……”

正是在这种人心所向的利好形势之下，“忍哀耐痛”的愫方一改此前被动挨打的可怜相，显现出前所未有的神圣之感：“天开始暗下来，在肃静的空气中愫方由大客斋门上。她穿着深米色的哔叽夹袍，面庞较一个月前略瘦，因而她的眼睛更显得大而有光彩，我们可以看得出在那里面含着无限镇静，和平与坚定的神色……”

在曾文清没有出走的时候，他与愫方之间暗恋偷情、做贼心虚的“不忍互通款曲”，不仅造成了这对男女比邻天涯的灵魂阻隔，而且限制了愫方充分表现其不可替代的神圣价值的可能性。曾文清离家出走之后，天涯别离的两个意中人反倒在灵魂上更加贴近了。于是，当戏曲锣鼓经式的秋声秋韵再度响起的时候，愫方像一个不可救药的鸦片鬼，痴迷陶醉于自己以曾文清为依附对象的婚外恋情的回味之中：

> 轻轻叹息了一声，显出一点疲乏的样子。忽然看见桌上那只鸽笼，不觉伸手把它举起，凝望着那里面的白鸽……那个名叫"孤独"的鸽子——眼前似乎浮起一层湿润的忧愁，却又爱抚地对那鸽子微微露出一丝凄然的笑容……

已经打点行装准备随袁任敢的科学考察队离家出走的瑞贞，在向愫方作最后告别时旧话重提："愫姨，你还劝我忍下去？"愫方却一反常态，颇为开明地表示说："我知道，人总该有忍不下去的时候。"然而，当瑞贞反过来劝说愫方一起离开时，愫方却另有道理："我在此地的事还没有了。"

所谓的没有"了"，就是她为曾文清乃至曾皓所恪守的既不以人为本也不正当合法的"妾妇之道"，还没有最后结果；或者说是她的"天"，还没有彻底塌下来："（脸上逐渐闪耀着美丽的光彩，苍白的面颊泛起一层红晕。话逐渐由暗涩而畅适，衷心的感动使得她的声音都有些颤抖）……他走了，他的父亲我可以替他伺候，他的孩子，我可以替他照料，他爱的字画人管，他爱的鸽子我喂。连他所不喜欢的人我都觉得该体贴，该喜欢，该爱，为着……"

当瑞贞提醒愫方自己的公爹曾文清只是一个"废人"时，愫方极力辩护说"没有人明白过他"；还说他出走的第二天偷偷回来过一次，自己把身边的钱都给了他。作为回报，他向自己保证说："他说他要成为一个人，死也不回来。"自己在曾文清身上所寄托的，更是一份超越于本能情欲之上的神圣情爱："（泪珠早已落下，却又忍不住笑起来）瑞贞，他还像个孩子，哪像个连儿媳妇都有的人哪！"

为了确认惟有婚外恋的自己才是曾文清的唯一挚爱，愫方竟然运用民间巫术中的谶语预言，来玩弄海誓山盟的鬼把戏。说是只有等到“那一天，天真的能塌，哑巴都急得说了话”，她才会离开曾家。接下来，愫方还进一步吟唱起爱尽天下人甚至要对一切人救苦救难的神圣高调：“（恳求似的）瑞贞，不要管我吧！我第一次这么高兴哪。（走近瑞放着小箱子的桌旁）瑞贞，这一箱小孩子的衣服你还是带出去。（哀悯地）在外面还是尽量帮助人吧！把好的送给人家，坏的留给自己。什么可怜的人我们都要帮助，我们不是单靠吃米活着的啊！……”

单从充满诗意的神圣情调上看，这样的大段抒情堪称是曹禺对于“契诃夫式”的戏剧艺术的发扬光大。但是，契诃夫的《海鸥》一剧中的女主人公宁娜，觉悟到是与愫方完全相反的另一种人生哲理：“现在，我才知道，我才明白，在我们的事业里头——无论是演戏或者写作——科斯佳，要紧的不是名誉，不是光荣，不是我以前所构想的那一切，而是要知道怎么样忍耐下去。把自己的十字架背负起来，并且要有信心。我有信心，所以，这一切并不能令我伤心，而当我一想到我的天职，我也就不害怕生活了。”①

宁娜是被花花公子特利哥林诱奸之后加以抛弃的不幸女性。她生下孩子后抱着孩子离家出走，经历了不少的磨难，换来的是独立自主地承担自我解放、自我健全的主体人格的人生真谛。相比之下，愫方的“把好的送给人家，坏的留给自己”的阳光天堂般神圣美好的大公无私，不过是先把根本就不能独立自主的自己贡献到别人手里、依附到别人身上；然后再摆出大包大揽、救苦救难的神圣姿态去干涉包办别人的生活，以此来证明自己的超凡脱俗和不同凡响，直到为自己树立起一座集奴性、母性、神性于一身的贞节牌坊。

更进一步说，在公私不分的互相依赖、互相寄托、互相牵制、互相纠缠、互相捆绑、互相妨害的人身依附中，把大同人类中原本应该意志自治、自由自主的所有个人的精神生命抽象架空，以便使所有个人都服务于、服从于

---

① 转引自曹禺：《读剧一得——和青年剧作者的一次谈话》。

以天神天命天意天理天道天堂为本体本位的天、地、君、亲、师的身份等级森严的天罗地网般的神道信仰体系和社会价值体系，从而保证以孤家寡人的真命天子自居的专制皇帝的家天下、私天下万世一系、代代相传；正是儒家礼教的祖师爷孔子所宣扬的“仁者爱人”的真谛所在。

换言之，不能像宁娜那样“把自己的十字架背负起来”的愫方，替曾文清背负起来的显然不是耶稣基督式的上帝面前人人平等的博爱人道的十字架；更不是现代文明社会所通行的以人为本、意思自治、契约平等、民主参与、宪政共和、大同博爱的价值体系和文明常识；而是中国传统文化尤其是儒家礼教中等级森严的三纲五常、三从四德的“妾妇之道”的贞节牌坊。曾文清一旦返回家中，根本不具备“妾妇”身份的愫方连同她的贞节牌坊，便彻底丧失了赖以存在的合理性。用曾瑞贞的话来说，就是愫方的“天”塌了。塌了“天”的愫方，完全彻底地丧失了正常人性，只好把自己交给充当精神引路人的瑞贞和充当精神超度者的机器工匠“北京人”，任由别人来拯救和超度自己。

九 天堂净土的精神超度

严格来说，真正意义上的现实主义戏剧，是近现代西方文明的一种艺术结晶，它所表现的是黑格尔《美学》中所说的“自由的个人的动作的实现”。这种戏剧之所以成为真正戏剧的最具根本性的前提，就是黑格尔所说的“至少需要已意识到个人有自由自决的权利去对自己的动作及其后果负责”①，也就是恩格斯在《反杜林论》中所说的“自我规定的意志”。南开中学时期的曹禺，在《〈争强〉序》中提供过另一种说法：“全剧的兴趣就系在这一双强悍意志的争执上。”但是，对于迄今为止的中国戏剧来说，黑格尔所说的表现“自由的个人的动作的实现”的真正意义上的现实主义戏

① 黑格尔著、朱光潜译：《美学》第三卷下册，商务印书馆，1986年，第297～298页。

剧，依然是一个过于超前的可望而不可企及的艺术境界。

在曹禺的原创戏剧中，从来没有表现过"全剧的兴趣就系在这一双强悍意志的争执上"的真正意义上的戏剧性，而只是基于他自己集动物本能的野性蛮力和宗教精神的神性魔力于一身的"原始的情绪"和"蛮性的遗留"，编排出了一系列与传统戏曲一脉相承的"戏不够，神来凑"的高度宗教化的戏剧情节。与此前的《雷雨》、《日出》、《原野》、《蜕变》一样，《北京人》也是遵循着既根源于中国传统神道文化，又充分吸纳外国宗教文化的"阴间地狱之黑暗 + 男女情爱之追求 + 男权家庭之反叛 + 专制社会之革命 + 舍身爱人之牺牲 + 天诛地灭之天谴 + 替天行道之拯救 + 阳光天堂之超度"的密码模式；来编排戏剧情节的起承转合和戏剧人物的悲欢离合的。其中最为原始、最为永恒也最具艺术魅力的，依然是最具有中国特色的形而下的天谴罚罪加形而上的阳光天堂的文化密码和神道格局。

《北京人》中的人类学家袁任敢，与《雷雨》中的鲁大海、《日出》中的方达生、《原野》中的白傻子、《蜕变》中的丁大夫一样，是最接近于曹禺神道设教、替天行道的宗教先知加抒情诗人的男权特权身份的自传性人物。他以临时过客和局外超人的特权身份和超然眼光，描述了一个以"人类的祖先"原始"北京人"为标准榜样的阳光天堂般神圣美好的精神家园；既为"交些革命党朋友"的瑞贞连同跟随瑞贞一起出走的愫方，指示了根本就不存在的人生方向，另一方面也为江泰等人所发出的替天行道的天谴诅咒，提供了最为廉价的神圣借口。

比起较为单纯地从事"阳光天堂之超度"的袁任敢，在学术察勘队里修理卡车的"顶好的机器工匠"、拥有北京猿人"野得可怕的力量"的"北京人"，在《北京人》中充当的是"天诛地灭之天谴 + 替天行道之拯救 + 阳光天堂之超度"的"戏不够，神来凑"的多重职能。随着"北京人"的出场亮相，剧中人物无法解决的所有难题都可以逢凶化吉、迎刃而解，从而为剧情的充分展开提供了最大限度的自由空间。

第一幕中，伴随着几乎每一个戏剧人物的出场亮相，都有一场委曲尽情地抒情故事,从而较为充分地交代出相关人物之间的情感纠葛和整个曾家的内忧外患。在这一幕的末尾,甲、乙、丙、丁四个债主的上门逼债,一下子把曾家的内外交困推演到极限境地。剧作者曹禺之所以如此大胆地设置故事情节的"陡转",就在于"北京人"这个身上"整个是力量,野得可怕的力量"的"伟大的巨灵",可以恰到好处地救人救戏。危难关头,正是这位不通人性、不讲道理的哑巴"北京人",凭着一身蛮力神力不由分说地大打出手,替曾家赶跑了四个债主,为接下来的第二幕集中笔墨设置抒情场面,开拓了空间、铺平了道路。

第二幕中,曾家几代人在内忧外患中一连串的钩心斗角,直接导致老太爷曾皓的中风倒地。即使是在人命关天的紧要关头,剧作者曹禺依然要把戏写足写透:他先让中风倒地的曾皓向偷吸鸦片烟的曾文清发出天谴诅咒——"(咬紧了牙)这种儿子怎么不(顿足)死啊!"接着让喝醉酒的江泰跑出来,冲着昏死过去的曾皓淋漓尽致地"洒狗血":

> 你欠了我的,你得还!我一直没说过你,你不能再装聋卖傻,我为了你才丢了官,为了你才亏了款……
>
> (一面被文彩向自己的卧室拉,一面依然激动地嚷着)你放开我,放开我,我要杀人,我杀了他,再杀我自己呀。

在曾皓宁死不肯到医院就医的危急关头,又是这位不讲道理的机器工匠"北京人"适时出场,像抱老羊一样把曾皓举起来送到车上,从而暂时保全了他的老命,为第三幕中曾皓的做寿、愫方自树牌坊的神圣抒情乃至于最后出走,提供了广阔的背景、留足了发挥的余地。

到了第三幕中,在"凄凉的号声"中,曾文清"臂里夹着那轴画"回到家中。塌了"天"的愫方终于被推到不得不走的人生关口。即使在这种情境中,曹禺仍然要把戏写足写透:一向容不下愫方的曾思懿,主动提出来要替丈夫曾文清纳愫方为妾。因丧失精神支柱而塌了"天"的愫方,也依然忘不掉安顿曾文清彻底颓废的灵魂："（哀伤地）飞不动，就回来吧！"

在这种情境之下，愫方对于自己反复吟唱的爱尽一切人的神圣高调，也有了新的解释："（缓缓回头，对瑞，哀伤地惋惜）快乐真是不常的呀，连一个快乐的梦都这样短！"

正是在愫方满怀深情地向自己曾经经历过的一男二女的婚外情恋挥手告别的时候，"那小山一般的"机器工匠"北京人"再一次从天而降，并且奇迹地开口说出"我——们——打——开"、"跟——我——来"的天堂福音。中国传统文化尤其是民间宗教神道所惯用的预言谶语——"天会塌下来"和"哑巴会说话"——随着曾文清的落魄归来和"哑巴"般的机器工匠"北京人"的开口说话而全部兑现。愫方只好在对于曾文清、曾皓的无限依恋中，颇为勉强地跟随"北京人"走出了曾家。当仁不让地充当天神救星的机器工匠"北京人"，帮助愫方和瑞贞拧断曾家大门上象征旧家庭"桎梏"的一把大锁，打通了她们走向以"人类的祖先"原始"北京人"为标准榜样的阳光天堂般的复古回归之路。

但是，这位机器工匠"北京人"却并没有像袁任敢所介绍、所礼赞的"人类的祖先"和"人类的希望"那样，"要爱就爱，要恨就恨，要哭就哭，要喊就喊……整年尽着自己的性情，自由地活着"；反而变成了由剧作者曹禺奴役驱使的招之即来、挥之即去的傀儡偶像。这个连话都不太会说的机器工匠"北京人"，所对应的其实并不是"人类的祖先"和"人类的希望"，而仅仅是曹禺在《〈雷雨〉序》中所介绍的集动物本能的野性蛮力和宗教精神的神性魔力于一身的非人性甚至反人性的"原始的情绪"和"蛮性的遗留"。借用鲁迅的话说，"我看一切理想家，不是怀念'过去'，就是希望'将来'，而对于'现在'这一个题目，都缴了白卷，因为谁也开不出药方。其中最好的药方，即所谓'希望将来'的就是"。①

---

① 鲁迅1925年3月18日致许广平信，《两地书》原信之四。见《两地书全编》，浙江文艺出版社，1998年，第398页。

归结了说,《北京人》是曹禺继《雷雨》、《日出》、《原野》、《蜕变》之后,以"原始的情绪"和"蛮性的遗留"为原动力和内驱力推演出来的又一部宗教化的戏剧文本和戏剧化的宗教文本。剧中借着袁任敢以"人类的祖先"原始"北京人"的神圣名义所设想的阳光天堂般神圣美好的生活景象,对宗法制男权家庭中一男二女的男权美梦进行了挽歌式的惜别埋葬;同时又借助虚拟想象中的半人半神的机器工匠"北京人",对集"妾妇之道"的奴性、母性、神性于一身的愫方,连同不再恪守于"妾妇之道"的瑞贞,网开一面地施以阳光天堂般的精神超度和神圣礼赞。从艺术手法上来说,曹禺借助于半人半神的"北京人"的蛮性之力,所表现出的对于男权家庭中一男二女的"妾妇之道"的挽歌礼赞,保证了中国传统戏曲舞台一贯追求的既诗以言志又文以载道、既委曲尽情又神道设教的综合性艺术效果,在话剧舞台上的充分实现,从而使《北京人》拥有了一份形而下的天谴罚罪加形而上的阳光天堂的既惊心动魄又耐人寻味、既天人感应又情景交融、既令人销魂又难以磨灭的艺术魅力。

第八章 《艳阳天》的“阴魂不散”

曹禺的《家》完成于1942年夏秋之间，该剧与其说是对于巴金同名小说的改编，不如说是根据原著一部分的故事情节另起炉灶的重新创作。其中寄托的主要是陷入与方瑞的婚外情恋的曹禺，在修身齐家的家庭生活层面上所神往的一男二女的男权美梦，以及“舍身爱人”的男权神话。到了曹禺唯一的电影作品《艳阳天》中，他又通过律师阴兆时“阴魂不散”的行侠仗义，展现了自己在治国平天下的社会生活层面上以神道设教、替天行道的宗教先知加抒情诗人自居的特权理想。

一 美轮美奂的神话故事

1942年初，曹禺辞去国立剧专的教职前往重庆。这时候，二女儿万昭已经出世，随着物价飞涨，曹禺的家室之累更加繁重。为生计所迫，他应复旦大学聘请讲授“外国戏剧”以及英文课程。授课之余，他把几乎全部的精力，投入到对于巴金小说《家》的戏剧改编。

和《北京人》一样，《家》在很大程度上是曹禺与方瑞之间婚外情爱的结晶。据他写于1978年7月14日的《为了不能忘却的记忆——〈家〉重版后记》回忆，“整整一个夏天……我写完一段落，便把原稿寄给我所爱的朋友。我总要接到一封热情的鼓励我的信，同时也在原稿上稍稍改动一些，或添补，或删一去些。在厚厚的复信里，还有一叠复写过的《家》的稿子”。

● 方瑞

方瑞对于曹禺的实质性帮助，并不限于抄写修改剧本初稿。她大抵像《北京人》中的愫方那样，手中还有一些私房钱，常常为自己心爱的男人慷慨解囊。据乌韦·克劳特《戏剧家曹禺》介绍，“当时曹禺非常贫困，只能抽最便宜的香烟。他后来的妻子常常送他几包烟，使他创作时能有烟抽”。①

除了这些实质性帮助之外，方瑞更加神圣的精神价值，还在于她其实是曹禺创作灵感的源泉所在。也就是说，剧中“舍身爱人”的鸣凤和瑞珏，与《北京人》中的愫方一样，是曹禺以自己心目之中幻化、美化、偶像化、神圣化的方瑞作为模特儿创作出来的。借用中国古代的一句经典谚语，就是“情人眼里出西施”。其中稍有区别的是，被曹禺赋予“舍身爱人”的神圣光环的鸣凤和愫方，与现实生活中的方瑞一样，还没有正式拥有“妾妇之道”的世俗资格；拥有这种世俗资格的瑞珏，却要像《北京人》中的曾思懿对待愫方那样，颇为主动地与梅小姐共同分享一男二女的情爱权力。

田本相在《苦闷的灵魂——曹禺访谈录》中，记录有曹禺的这样一段话：“我写《家》，那时正与方瑞通信，她信写得好，我摘了几句放在《家》里，就是鸣凤对三少爷说：‘这脸只有小时候母亲亲过，现在您挨过，再——有——再有就是太阳晒过，月亮照过，风吹过了。”②这番话其实就是方瑞

① 乌韦·克劳特：《戏剧家曹禺》，《人物》1981年第4期。

② 田本相、刘一军编著：《苦闷的灵魂——曹禺访谈录》，江苏教育出版社，2001年，第86页。

对于自己与杨振声之间事过境迁的那段并不热闹的桃色故事的坦白交代。曹禺笔下戏剧人物的自传性特点，由此可见出一斑。

《家》的改编，在很大程度上得益于清华老学长张骏祥的帮助，是他于1942年盛夏为曹禺觅到一个颇适宜于“做一场好梦”的“山明水秀的地方”。这个地方叫唐家沱，在重庆市东边十多里的地方，是长江边上的一个小码头。这里停泊着一艘轮船，船主是张骏祥的熟人，在此后的三个月里，这里成为曹禺虚拟想象中的天堂净土和精神家园。正如万方在《我的爸爸曹禺》中所介绍，那段时光是曹禺“生命的光华闪亮”的“极乐时光”。他所创作的《家》，也因此被他定性为一篇“神话故事”。当曹禺晚年向万方不断讲述那段创作“神话故事”的“极乐时光”时，万方几乎可以“想象出江水拍打着木船的船底的声音，想象出投在纸上的昏黄的灯影子，想象出那闷热粘湿的空气，想象出他的酣畅，他的笔追赶着他的思路……”①

曾经到唐家沱实地考察过的田本相，在《曹禺传》中活灵活现地描绘了这里的“山明水秀”：“唐家沱，确是一个幽静的地方。长江两岸高山耸立，江水汩汩地流着，清爽的江风阵阵吹来，有时，使人忘却正是炎热的夏季。从山上不时传来杜鹃的啼叫声，愈显得这里的静谧和安适。特别是清晨和夜晚，更是出奇的宁静。而在月夜中，一轮皓月当空，映着长江流水，真是一个诗的境界。”②

经过三个月的日夜奋战，《家》于1942年夏秋之间杀青完稿，其后又经过方瑞抄写修改，于当年12月由巴金主持的重庆文化生活出版社出版。

曹禺的《家》与其说是对于巴金原著的改编，不如说是根据原著故事情节另起炉灶的重新创作。像创作《北京人》时一样，曹禺、杨振声、方瑞、郑秀之间或直接或间接的三角情恋，依然是剧中人物关系最为直接的现实依据。关于这一点，曹禺在与田本相的谈话中曾经有过含蓄表白：“我大体

---

① 万方：《我的爸爸曹禺》，《文汇月刊》1990年第1期。
② 田本相：《曹禺传》，北京十月文艺出版社，1988年，第302页。

是根据原作改编的,但毕竟是按我的理解我的感受改编的,我对我所熟悉的人物像冯乐山、觉新、瑞珏、梅表姐这些人物,就调动了我生活中的经验。冯乐山这种人,我就在生活中见过,伪善阴险,坏透了。这些熟悉的人物,我就可以发挥,不一定同巴金的人物一样。"

四幕话剧《家》的首演权,由中国艺术剧社获得。中国艺术剧社于1942年12月29日在重庆成立,是以周恩来为首的中共南方局直接领导下的一个话剧团体,由夏衍、于伶、金山、宋之的、司徒慧敏组成领导小组,金山任总干事。剧社成员大都是从香港经桂林来到重庆的戏剧工作者。其中的章泯、凤子、蓝马、舒强、王苹、沙蒙、凌管如、虞静子等人,曾以旅港剧人协会的名义,于1941年11月和1942年3月先后在香港、桂林成功演出过《北京人》。《家》的演出依然由章泯执导,由金山饰觉新、张瑞芳饰瑞珏、凌管如饰梅小姐,沙蒙饰高老太爷,舒强饰觉慧,蓝马饰冯乐山、虞静子饰鸣凤、王苹饰陈姨太。

1943年4月8日,《家》作为重庆第二届雾季公演的参演剧目,在重庆银社隆重开幕。在此之前,《新华日报》已经于3月5日发布消息说:"中国艺术剧社之三月份剧目,原为观众渴望已久之名剧《家》,兹闻该剧为郑重排练,以求演剧艺术之高度成就计,决延其排演时间,将于《家》公演之前,先上演《北京人》。"

经过演职人员的共同努力,这次演出再一次轰动山城重庆。刘念渠誉之为"舞台表现的完整"方面的一个典范,并且把张瑞芳的表演称赞为表演艺术的"辉煌的例子":"她把自己的才能与心血化作了清沁的朝霞,滋润着这一个角色……在《家》第一幕第二场(洞房)里,同样的独白,张瑞芳的每一个音节都是自然流露出来的,有一分震撼人心的真挚。"①

同年6月,第二届雾季公演宣告结束。即使在雾季过后,《家》依然盛

① 刘念渠:《演员行列——1942年至1943年雾重庆舞台上的演技观感》,《戏剧时代》1943年创刊号。

演不衰，在演出场次上创出最高纪录。据《新华日报》1943 年 7 月 3 日报道："中国艺术剧团演出曹禺改编者按的《家》，前后共达六十三场，该团现应沙坪坝各学校之约，定九日在中大礼堂参加该校二十八周年纪念，十一日起为慰问鄂西将士公演五天，戏票已经开始预售。该团在沙坪坝演出后，便去北碚公演，同时排练新戏，雾季时再回重庆公演。"

继中国艺术剧社重庆首演之后，《家》还陆续被各地戏剧团体搬上舞台。1934 年 7、8 月间，仅桂林一地就有留桂剧人实验剧团和留桂剧人协会同时上演，导演分别为话剧界的三位大佬欧阳予倩、田汉和熊佛西。第二次雾季公演后由重庆迁社址于成都的中华剧艺社，也于 10 月 8 日在巴金的家乡上演该剧，由贺孟斧导演，白杨饰瑞珏，耿震饰觉，李恩琪饰梅表姐，阳华饰高老太爷，丁然饰觉慧，张鸿眉饰鸣凤。当地人对该剧演出表现出极大热情，有些观众甚至一看再看。

二　春水花月的美好婚恋

以集动物本能的野性蛮力和宗教精神的神性魔力于一身的"原始的情绪"和"蛮性的遗留"作为原动力和内驱力的曹禺，此前创作的《雷雨》、《日出》、《原野》、《北京人》等一系列影剧作品，都是按照既根源于中国传统文化，又充分吸纳外国文化的"阴间地狱之黑暗 + 男女情爱之追求 + 男权家庭之反叛 + 专制社会之革命 + 舍身爱人之牺牲 + 天诛地灭之天谴 + 替天行道之拯救 + 阳光天堂之超度"的密码模式，来编排戏剧情节的起承转合和戏剧人物的悲欢离合的。到了《家》中，曹禺更是以传统戏曲连台本戏的大气概，实现了春、夏、秋、冬的时光转换与戏剧情节的起承转合以及戏剧人物的悲欢离合的天人感应、情景交融。

第一幕第一景的时间为"初春的一天"，场景是"觉新的洞房"。在舞台提示中，曹禺描绘了洞房窗外阳光天堂般的梦幻美境："是梅花正开的时候，高府花园里的梅花也开得这般茂盛了……初春的天气，相当暖和。湖水明净,闪耀着那映在水中的花影。一切都是静悄悄的,梅花也像是在做她的梦。”

与如诗如画的春声春韵形成对照的,是喧哗热闹的热开场:高家上上下下里里外外都在喜气洋洋地操办觉新与瑞珏的婚庆大典。但是,事到临头的一场婚庆,对于高家长孙高觉新来说,却是被强制包办的情爱灾难。因为他所热爱的是钱姨妈家的梅表妹。先是钱姨妈的意气用事,败坏了两个年轻人的美好姻缘。高老太爷的主使和冯乐山的保媒,又促成了眼前的这桩包办婚姻。话又说回来,这桩包办婚姻得以付诸实施的根本原因,还是高觉新不能够独立自主地掌握自己的前途命运的意志薄弱和人格虚空。关于这一点,曹禺在舞台提示中解释说:

> 觉新,长房的长子,一向是祖父所钟爱的,成家立业的希望都寄托在他的身上,他只有二十岁上下,……他看得清,他隐忍,在短短的二十年生活中,他已被逼得练出一种不可少的心理状态,“忍”,无限量的忍。因之渐渐变得怀疑,萎惫,自己不相信自己,遇事不敢去定是非,断定了又不敢毅然去做,踌躇,思虑,莫明其妙的恍惚,仿佛昏暗慢慢由四面压下来,踽踽独行,终于又转进了一条狭隘不知去路的黑巷的境界。虽如此,他衷心地爱着他所爱的人。

虽说是“衷心地爱着他所爱的人”,在洞房中独自向隅的高觉新,唯一的作为只是像一个女人一样手持梅花,用诗化的语言向至高无上的“天(老天爷)”倾诉自己的一腔幽怨:“(深沉地)活着真没有一件如意的事;/你要的是你得不到的,/你得到的又是你不要的。/哦,天哪!”

第一幕第一景中“起承转合”的小高潮至此已经形成,接下来是觉慧劝觉新逃婚和冯乐山相中鸣凤的过场戏。

第一幕第二景的时间是“同日午夜后”,场景依然是“觉新的洞房”。新房里,以四老爷高克安、五老爷高克定为首的高家人,仰仗着所谓“闹房无大小”的古训，公然对一个刚刚 17 岁的新婚少女连同她的“陪嫁女仆”刘四姐，实施意淫式的身心强暴。

新娘子瑞珏与觉新一样，是一个以“无限量的忍”为人生哲学和处世策略的旧式青年。“娇艳而端庄”的她在闹房过程中只是“没奈何地含羞低眉，任人逗弄”，挺身而出充当牺牲品的，却是更加弱势的陪嫁女仆刘四姐。当第一轮的闹房发展到不可收拾的地步时，道貌岸然的三老爷高克明及时赶来拉走了高克安。留下来的高克定一帮人所发动的第二轮的意淫强暴，最后是由高老太爷亲自出面才宣告结束的。

经过闹房一场戏的承前启后，接下来便是洞房花烛夜的静场戏，也就是全剧中第一轮的“起承转合”的“合”。

夜深人静，闹房的人们已经散去，觉新推开窗户，透露出窗外如诗如画的景观：“月光照着那一片莹白的梅花，湖光潋滟，庄严而凄静。”

雪白的梅花，波动的湖水，啼唱的杜鹃，合成一曲春光无限的天籁之声，如同戏曲舞台上有腔有调的锣鼓经，感应烘托着一对新人发自灵魂深致处的内心情感。在春水花月的诗意氛围中，《北京人》里曾文清与愫方在咫尺天涯的秋声秋韵中“不忍互通款曲”却偏要“互通款曲”的羞怯情爱又再度重演。在柔美婉顺的瑞珏那里，怀抱的是符合“妾妇之道”的情爱之心：“他就在眼前了，妈！/妈要女儿爱，顺从，/吃苦受难，永远为着他。/我知道，我也肯，/可我也要看，/值得不值得？/……只要他真，真是好！/女儿会交给他整个的人，/一点也不留下。”

在拥有男性特权的觉新那里，却是死不认账的逆反拒绝：“怎么她还在那儿不动，/像一尊泥塑的菩萨。/这是什么孽！要我一生/陪着这个人，/眉都不会皱一皱，/一块会喘气的石头！”

在一对新人依靠自己的力量无法打破僵局的情况下，曹禺化用传统戏曲“戏不够，神来凑”的神道法宝，用花园里春声春韵的天籁之音，充当救苦救难的天神救星：“夜半湖边上传来杜鹃的欢叫，非常清脆的声音，跳动着生命的活泼。……迎着杜鹃的酣唱，新向窗前走。珏不觉也抬头谛听……二人目光相遇,刹那间愣住。又各自低头转身。”

两个人之间由此出现转机,觉新在瑞珏身上看到了梅表妹的影子:“是她? /(惊愕地)那纸糊的美人,/可她的眼睛分明/放着光,/这是谁呀? /这眼神! /哦! 不,我是在做梦,/我当是我的梅,/借着她,/对我说话。”

随着觉新的一句“谢谢天! 受难的有了救星!”从床下钻出了新的“救星”——躲在床下听房的四弟觉英、五弟觉群以及熟睡在床下的六弟觉世——面对觉世,瑞珏充分展现出她的母性温柔,从而叩动了觉新多情善感的心弦。他“在一旁望着珏逐渐发觉她的可爱”,一对前生有缘的年轻男女终于息息相通、心心相印地依靠在一起。与两个人情不自禁的心心相印相印证,窗外的花园也展现出天人感应的诗情画意:“月明如画,杜鹃轻快响亮地在湖滨时而一先一后地酣唱。”

这是第一幕戏剧情节“起承转合”的最高潮。有些研究者把这场戏比附于莎士比亚《罗密欧与朱丽叶》中的月下幽会;而在事实上,它与中国传统戏曲中关汉卿的《闺怨佳人拜月亭》,特别是高则诚的《琵琶记》,有着更加根深蒂固的文化渊源。《琵琶记》“中秋赏月”一折的“同一月也,牛氏有牛氏之月,伯喈有伯喈之月。所言者月,所寓者心”,①历来被研究者奉为传统戏曲借景抒情、情景交融、天人感应、天人合一的艺术典范。曹禺笔下的洞房戏所遵循的,正是传统戏曲传奇天人感应、情景交融的既诗以言志又文以载道、既委曲尽情又神道设教的旧路子。

在高克安、高克定等人大闹洞房的时候,从来没有出场亮相的觉新的父亲——也就是高家的大老爷——已经生命垂危。钱家的梅表妹据说也在生病。剧作者曹禺为了强调觉新对于梅表妹的一往情深,让他置父亲的病危和新娘子瑞珏及其陪嫁女仆刘四姐惨遭意淫强暴于不顾,一心一意地委托觉民与琴小姐去给梅表妹送信,并一度守候在洞房外等

---

① 李渔:《闲情偶寄·词曲部·戒浮泛》,《中国美学史资料选编》下册,中华书局,1981年,第232页。

待回信。第一幕末尾,作为这场洞房戏的“余韵”,觉民带来了梅表妹已经随钱姨妈下乡的消息,为第二幕中新一轮的“起承转合”埋下了伏笔、做好了铺垫。

三　盛夏之夜的“舍身爱人”

第二幕一开场,时间已经推移到“两年半以后”的“盛夏”,剧中着力渲染的天人感应的天籁之声,也由第一幕的春声春韵演转换成夏声夏韵:“月色溶溶,照着这小小的院落,幽闲而静谧……四处是虫声。没有一丝风,只有荫密的竹林里才透出一点点微凉。”

作为新一轮戏剧情节“起承转合”的“起”,是发生在觉新、高克明、婉儿之间的过场戏。其中介绍了觉新的父亲已经去世将近三年、觉慧正在“演戏闹事”办《黎明周报》、冯乐山前来讨要鸣凤为妾等背景事件。随着瑞珏的出场,一个诗意盎然、夫唱妇随的小高潮立刻形成。作为丈夫,觉新颇为多情地要去看刚刚睡着的儿子,却又害怕把儿子吵醒。瑞珏回报于丈夫的,是双重的母性:“(一直母亲似的不忍拂他的意,温柔地)不要紧的,去吧! 亲醒了,我再哄他。”

比女人还要阴柔软弱的觉新,不仅在情感上依赖母性十足的妻子,还要奉刚刚断奶尚待启蒙的儿子为自己的“希望”:“(面上浮起快活,激动地)有了孩子,真像前后左右都有了希望似的。”

这份阴盛阳衰、多情多欲的女人相,与《雷雨》中周萍、周冲,尊奉比自己更加软弱的四凤为“心中的太阳”和“引路的人”一脉相承。随着觉新与瑞珏之间的情感高潮自然下滑,远处传来陈姨太念经礼佛的木鱼声和铜磬声。在木鱼声和铜磬声的烘托之下,瑞珏郑重其事地对觉新说起“有点像梅表姐小时候那么聪明”的、不仅“会讲佛经”而且还懂得“舍身爱人的道理”的鸣凤。觉新以既意味深长又似是而非的一句“都太早熟了”,为正在爱恋着觉慧的鸣凤,为反抗被包办为妾的悲惨命运而殉情牺牲定下了一个宿命基调。

接下来,经过几个过场戏的铺垫,一个把鸣凤送到冯乐山的魔掌之中充当性奴隶的天罗地网已经形成,被蒙在鼓里的鸣凤,却依然面对自己的情人兼主子的高觉慧,演绎着自己"舍身爱人"的情爱神曲:"(沉郁地)有的,在上面的人是看不见的。(忽然热烈地)为什么非要想着将来呢?为什么非要想着将来您娶不娶,我嫁不嫁这些事呢?(委婉地安慰)三少爷,能像现在这样待一天,就这样待一天多好呢?"

觉慧与鸣凤之间男尊女卑的主奴情爱,完全是在男女双方不能够心心相印、息息相通的灵魂阻隔中进行的。尽管如此,两个人之间的谈情说爱还在煞有介事地继续进行:"(欣喜,但又抑遏住更深的悲痛)不,不,您千万别去说呀,(衷心地倾诉)您不要觉得害了我,您叫我苦,您欺负我,一样都不是。我是这样的犟脾气,只要是真好的,真正好的,不能再好的,我都甘心!不管将来悲惨不悲惨,苦痛不苦痛我都不在乎。我在公馆这几年,慢慢我也学会忍啦。"

鸣凤"甘受奴役"以至于"舍身爱人"的"忍"字经,比起传统儒学礼教三纲五常的"妾妇之道"表现得更加神圣、更加高尚也更加登峰造极。接下来,注定要殉情牺牲的鸣凤,又陪伴着自己的情人兼主子吟唱起了中国式的天堂神曲:

觉　慧　(快意地)"明月几时有",

鸣　凤　(低声,自然地)"把酒问青天"。

觉　慧　(惊异地望望她)"不知天上宫阙",

鸣　凤　(望着月)"今夕是何年"。……(月光照着她苍白的脸,湛静而清丽,梦一般迷惘的眼,露出内心的渴望)

觉　慧　(也举头仰望)"起舞弄清影",

鸣　凤　(缓缓地)"何似在人间"。

觉　慧　(回头惊望)天,你怎么读了一遍,你就——(忽然)你顶喜欢哪一句？

鸣　凤　（含着深沉的情感）末了，“但愿人长久，千里共婵娟”。

一句“但愿人长久，千里共婵娟”，把《北京人》中所歌颂礼赞的“海内存知己，天涯若比邻”的诗情画意，一下子从此岸人间升华到彼岸天堂。经过这种天堂神曲的神圣洗礼，鸣凤在得知自己已经被老主子包办送人之后，义无反顾地向觉慧奉献出自己的圣洁情爱：“（忽然）您，您亲亲我吧！/（坦白地）这脸只有小时候母亲亲过，现在您挨过，再有——/再有就是太阳晒过，月亮照过，风吹过了。”

与鸣凤这种庄严光华、辉煌神圣的情爱奉献相互感应的，是夏声夏韵的天籁之乐：“风声，四处的虫声，远远有轻微的雷声还未滚近，又消逝了。湖滨上一个闪电，照亮了对岸的梅林，旋又暗下去，青蛙不住地叫。”

随着四奶奶王氏和陈姨太的及时出场，鸣凤与觉慧之间的情爱高潮就此打住，鸣凤正式得到要被送到冯家当“姑娘”的通知。一个奉“舍身爱人”为最高原则的纯情少女，突然间被推到生死抉择的人生绝境。当鸣凤昏头昏脑奔向湖边的时候，曹禺借助既疯疯癫癫又神神秘秘的打更人，为鸣凤附加了一道死得其所的天谴诅咒：“（疯疯癫癫地）好，好，湖里有莲花，湖里的水凉快，去吧，去吧，没有人拦着你的。”“（自言自语）小娼妇！公馆的丫头没有好的。打扮得像妖精！（雷声隐约）还要跳湖，跳神，跳鬼！……”

与打更人这种根源于“原始的情绪”和“蛮性的遗留”的天谴诅咒相印证，曹禺在鸣凤第一次出场时，还依据《北京人》中为江泰所信仰的《麻衣神相》，为鸣凤注定了在劫难逃、天诛地灭的人生宿命：“鸣凤是大房的婢女，年约十四五岁，绰约多姿，一脸娟秀的灵气，天生爱好，没有一丝粗笨的丫头相，传说她的家世清白，祖上都是读过书的，后来不知如何流落到仆役这一群里。她有一对美丽的大眼睛，当她与人说话，或望着什么的时候，总显得那么聪慧而诚实。面色白净异常，只是嘴角微微有一点向下弯，无论是笑或不笑的时候,都隐隐地潜藏着一丝别的不容易看得出的苦相。本性十分深厚,到了高家,更学一种奴婢们的恭顺沉默……声音清亮,也很甜,只是偶而有一点气短。"

出于对鸣凤"舍身爱人"的于心不忍,曹禺随后又颇为勉强地安排了一场画蛇添足的缓冲戏,让已经奔向湖边的鸣凤转回头来,向以"工作"为借口拒她于千里之外的觉慧做最后诀别。可怜的是,被她奉为好主子、好情人的三少爷觉慧,连这么一点可怜的愿望都不肯满足。刚刚还在吟唱"但愿人长久,千里共婵娟"的一对有情人,转眼间就暴露出咫尺天涯的灵魂阻隔。曹禺似乎并不在乎这对主仆情人之间阴差阳错的灵魂阻隔,他所关注的只是鸣凤拼死保全处女贞节的"舍身爱人"。正因为如此,他才会在鸣凤舍身殉道之后,充分调动盛夏之夜天人感应的天籁之声,奏响一曲"不平则鸣"的安魂之曲:

[大雨点开始落下来。风声逐渐峭厉。柳竹骚骚然——舞台渐黑。

[黑暗中大雨声,风声,树叶声。

…………

[鸣凤绝望地向甬道走下。

[天空不断打着闪,淅沥不停的雨落在空空的庭院中,檐灯凄惨暗红,在风雨中轻轻摇晃着。

如果说《日出》中的小东西,还是糊里糊涂地把处女的贞洁连同宝贵的生命,奉献给了中国传统文化中极其原始野蛮的天谴罚罪加阳光天堂的神道祭台;那么,鸣凤就是自觉主动地把自己的处女贞洁连同宝贵生命,贡献在了比中国传统的"存天理,灭人欲"的三纲五常、三从四德更加残酷的"舍身爱人"的情爱祭台的。有资格享受这份奉献牺牲的,并不是老一辈的道德恶魔冯乐山,而是新一代的既不领情也不认账的三少爷高觉慧。至少在享受鸣凤“舍身爱人”的牺牲奉献方面，高觉慧的男权特权意识比冯乐山表现得更加残酷野蛮也更加虚伪自私。

四　一男二女的男权美梦

第二幕第二景“离第一景闭幕时约有两个钟点，半夜二时许……景是在觉新的卧室内”。其中充当戏曲锣鼓经式的天人感应的夏声夏韵的，是“远远有一两凄凉的犬吠，湖边的蛙声还不时传入耳鼓”。

大幕拉开，瑞珏和海儿正躺在雪白的罗帐中酣睡，觉新与觉民之间的旁白对话，交代了瑞珏拿私房钱赞助觉民、觉慧办《黎明周报》，并且为迎合丈夫的情趣爱好而借阅《安徒生童话》的背景事件，从而在口碑上为瑞珏树立起贤妻良母的美好形象。觉民甚至把瑞珏抬举到鸣凤式的“舍身爱人”的神圣境界加以礼赞道：“（赞美地）女人真怪，爱起来，自己什么都忘了。”

在由远而近的枪炮声伴奏下，一场来自城外的兵变，把高家上上下下、老老少少几十口人，逼到了生死存亡的紧要关头。在高老太爷亲自指挥下，高喊着“救苦救难的观世音菩萨”的男男女女，全部躲进了花园湖边。挺身而出留在前院应付局面的，是生就一副“耶稣相”的觉新，和已经第二次怀孕的菩萨般的瑞珏。这场突如其来的家庭变故，无形中成全了这对喜欢阅读童话故事的善男信女。夫妻间息息相通、心心相印的家园美梦，也由彼岸性的阳光天堂落实到了此时此地、此情此景的此岸人间：

觉　新　（做着梦）那时候我们也有姑少爷了。

瑞　珏　（又明爽地微笑起来）嗯，我们也有儿媳妇了。

觉　新　老头子老太婆坐当中。

瑞　珏　（也愉快地和他同样做着欢喜有趣的梦）儿子儿媳妇站在这边。

觉 新 （凑趣地）姑少爷跟女儿站在这边！

瑞珏与觉新所神往的，依然是中国传统宗法制农耕社会旧得不能再旧的儿女双全、子孙满堂、多子多福。借用鲁迅《论照相之类》中的话说："贵人富户，则因为属于呆鸟一类，所以决计想不出如此雅致的花样来，即有特别举动，至多不过自己坐在中间，膝下排列着他的一百个儿子，一千个孙子和一万个曾孙子（下略）照一张'全家福'。"①

在这一景落幕之前，钱姨妈和梅表妹的到来，为第三景中重彩泼墨、淋漓尽致地渲染高觉新一男二女的男权美梦进行了充分铺垫。与《原野》中的焦大妈、《蜕变》中的丁大夫和《北京人》中的曾思懿、曾瑞贞、袁圆相仿佛，曹禺在第一幕第一景中，为梅小姐的母亲钱姨妈，勾勒出了一副颇具男相的男权脸谱："进来这位陌生的妇人是周氏的堂姊，鬓发斑白，高颧骨，双目炯炯，眼皮凹落，瘦长脸，细高鼻梁，薄削的唇，一双露出青筋的瘦手。全身骨棱棱的，似乎非常脆弱。但和她稍稍来往，听她几句不知情面的强硬话，便会感到精力的坚强。她孀居多年，将近五十岁，性情乖僻……她穿着青绸裙，深蓝缎袄，式样较周氏她们穿的还要老旧。她扶着一只男人用的十分精细的拐杖，急躁却又走不得快步……"

钱姨妈的堂妹周氏，也就是觉新的继母，在谈到觉新所面临的包办婚姻时，把全部责任推卸给了钱姨妈："你钱姨妈偏偏为一点小事把这一件大事回绝了。我有什么法子呢？"

等到第二幕第三景开幕时，时间已经推移到半个月之后，场景"仍在觉新卧室内"。"身骨依旧十分硬实，眼神仍然那样饱满而强傲"的钱姨妈正在打点行装，准备离开高府到外县去。就是这位生生拆散了女儿与觉新美好姻缘的钱姨妈，偏偏要在临行之前摆出"存天理，灭人欲"的道学面孔，以男权标准为鸣凤树立起一座口碑牌坊："（衷心赞叹）好，好，这孩子死的

---

① 鲁迅：《论照相之类》，《鲁迅全集》第1卷，人民文学出版社，1981年，第182、184页。

好！有志气的孩子！说不去，就不去，不像那个丫头，（鄙夷地）那个叫什么的丫头，那个四房的——？”

接下来，这位钱姨妈又依照着男权标准，在亲生女儿梅小姐和新认下的干女儿瑞珏之间进行取舍：“（指着珏笑）你呀，好，好，胖胖笞笞的，是个有福的相。（对周，忽然板起面孔说）我可不喜欢我那个女儿，脾气古怪，这第一就不像我。”

直到生离死别的紧要关头，梅小姐才第一次正式亮相：“她有二十三岁，较觉新只小几个月；神色举止看来比她的年龄应有的更为成熟老干。一种忧伤、沉闷、悒郁、哀苦的情绪似乎永远在她的心底滞留不去，使人见着她不由得抑制住自由的呼吸，感到她身边带来的那样沉重的气压……微微有些咳嗽，不时抚着胸口仿佛里面是堵塞着的。”

在将近三年的时间里，梅小姐嫁过一次人，嫁过去半年就死了丈夫，从此成为一个无依无靠的虚空之人：

> 乡下没有什么事情。夜晚睡不着呢，躺着等天亮；天亮起来了，就坐着等天黑。
>
> （凄笑）也许幸而有这一点病陪着我，不然，日子会觉得更长了。

面对这样一个既人格虚空又无依无靠的弱势女性，旧情难忘的觉新，偏要以比女人还要阴柔软弱的低姿态纠缠不休。他先是试探性地用童年时代的旧梦来打动对方，从而赢得对方“哀痛地抚慰”：“你真爱哭啊！不要哭了，让我们再看一看这外头的梅林吧！”

在试探得手后，觉新便提高调门，在梅小姐身上加上一个一男二女的男权枷锁：“（激切地）可我们是人哪！我们是活着的人哪！梅，我想过，我想过，我们要互相知道一点消息。（把梅拉到书桌前）来，来，梅，你听我的话，你必须听我这一次话。你写下你的通信地址。我去拿我上次没送到你手里的信；你看了，你不写，也会写的。”

觉新下场后，换上来继续对梅小姐实施情感纠缠和意淫强暴的，竟然是他的妻子瑞珏。她先用所谓的“空话”拉拢梅小姐说：“（愧赧地）我知道我说的是空话。不过，梅表妹，我看你要走了，（深厚地）我真恨不得把什么都给了你，只要你能快活一点，他——（恧然）他也能快活一点。”

接下来，她便祭起“舍身爱人”的男权牌坊，收紧了既网罗自己又网罗对方的奴性圈套：“（诚恳地）说来你不会相信，我真是认真的，我不是说假话讨巧，我不是造作呀。你会明白一个女人爱起自己的丈夫会爱得发了疯，真是把自己整个都能忘了的。”“（挚切）梅表妹，你想想吧，你就要走了。你应该好好为着他想，也为着你自己——”

就这样，“舍身爱人”的瑞珏于闪烁其词中，用《北京人》中的愫方的腔调，干起了曾思懿的勾当，替自己的男权丈夫虚拟出了一男二女两头大的家庭格局。在与梅小姐达成情爱至上的男权共识之后，一场极其残酷的灵魂蹂躏和意淫强暴，便强加在了梅小姐的头上。尽管梅小姐已经皈依佛教，信仰着“最痛苦的地狱的灵魂是没有喊叫的”的“佛说”，又颇能玩味“人世间的事情复杂起来真复杂，简单起来也真简单”的玄理禅机，依然招架不住瑞珏刺骨锥心的天谴诛心之术：

瑞　珏　（忙走到书桌边，由抽屉里取出一束零散的相片，欣喜地）你看这都是。（一张一张地挑出来）这是他跟我死去的公公一块照的。你看多好玩，他的眼睛多像海儿，你看，（笑起来）还穿着开裆裤呢。

梅小姐　嗯。

瑞　珏　（像一只复苏的小鸟止不住地欢唱起来）这一张是跟大姨妈的。哦，这张还有你呢。（赞美地）你多小啊！多好看哪！就在这书房门口的吧？你看还有爷爷，有二弟，有琴表妹还有他。你看，你还扎着两条小辫子，一双眼睛，多大，多美啊！多聪明，多快活啊！真是——

[梅听着听着瑞珏的话，不由得低低哭泣。

瑞 珏 （才觉出——）梅表妹，你——

曹禺在这里特别注明瑞珏"才觉出"，以强调她对于梅小姐的灵魂蹂躏和意淫强暴，与《北京人》中曾文清、曾皓、曾思懿在中秋之夜对于愫方的轮番施虐一样，是出于一种不自觉的自私自利。瑞珏自己更是以曾皓和曾文清的男权口吻，亮出了"舍身爱人"的神圣理由："你应该好好为着他想，也为着你自己——"

瑞珏这种奉自己的男人为主子、为上帝，同时还要求别的女人和自己一道为自己的男权主子奉献牺牲的奴性自私，比男权人物曾皓、曾文清、高觉新、高觉慧的自私自利表现得更加虚伪也更加卑贱。在高则诚的经典戏曲《琵琶记》中，抱定"任他春色年年，我的芳心依旧"的牛氏夫人，是以一种无可奈何的心情来接受一夫二妻两头大的男权事实的。《北京人》中的反派人物曾思懿，也曾经为丈夫曾文清虚拟过一夫二妻两头大的家庭格局，最后因愫方不辞而别归于破产。到了《家》中，在以"舍身爱人"的神圣情爱掩盖下，一男二女两头大的家庭格局，反而变成曹禺神圣礼赞的对象。剥开这种"舍身爱人"的神圣包装，暴露出来的分明是陷入与妻子郑秀和情人方瑞的婚外情恋的曹禺自己，所渴望实现的男权美梦和特权理想。

有了妻子"舍身爱人"的效忠表演，"拿着一封旧信"再度上场的觉新先把妻子支开，接着便含糊其辞把一男二女的男权圈套笼罩在了梅小姐的头上："（举着旧札）这就是那天你没有收到的信，你看吧？""（伸手）你写的地址呢？"

关键时刻，是陈姨太、钱姨妈等人的及时出场，把梅小姐从觉新的意淫纠缠中解脱出来的。钱姨妈"望了珏一眼"，对觉新笑着说出的"明轩，你这小傻子，你不知道你手里有多大一个宝贝呀"；于无形中打消了这桩见不得阳光的三角情爱。梅小姐怀着"悲痛的预感"说出的诀别话语"我就怕，不能来了"，进一步宣告了高觉新一男二女的男权美梦的彻底破产。

在该剧中,唯有第二幕第三景中,没有悠悠然的天籁之声来感应烘托剧中人物天人感应的内心情感,这一现象从反面印证了高觉新连同正陷于婚外之恋的剧作者曹禺的心理紧张。对于觉新这种心怀鬼胎、做贼心虚的心理紧张,觉慧在第三幕中曾经轻描淡写地揭发说:“你想着那个,又丢不下这个。你弄得两个人都为着你苦痛,而你自己也没有得到快乐。你放不开,丢不下。”

五 自欺欺人的替天行道

老一辈的冯乐山,是一个比《北京人》中的老太爷曾皓更加具有男权谋略的反派角色。在第一幕第一景中,他还没有上场,高家的四奶奶王氏便对他采取了“敬鬼神而远之”的态度,生怕自己房里的丫头婉儿被他看中收走。说是高老太爷的陈姨太,当初就是在他手里被弄得“疯疯癫癫”,之后才被当作人情送给高老太爷这个冤大头的。作为旁证,三老爷高克明也以辩护的口吻,承认冯乐山“子孙满堂,膝下只少女儿,在外面多收几个女弟子”的事实。被王氏不幸而言中,冯乐山一上场便相中了高家大奶奶身边的女仆鸣凤,而且表现得道貌岸然:“不,不,‘老树婆娑,生意尽矣’。我倒是觉得这个孩子不要糟蹋了。很有点灵气,很有点灵气,可惜太,太小了点。”

对于冯乐山的为人,高老太爷心中自然明白,却偏偏要极其卑贱地主动凑趣道:“怎么,冯乐老,老当益壮,有此豪兴否?”

到了第二幕中,鸣凤刚刚成长为稚气未脱的妙龄少女,冯乐山便向高家要人。高老太爷答应下来后,偏偏委派以道学自居的高克明出面向大奶奶周氏施加压力。高家的几房太太也趁机对冯乐山大发议论:

周 氏 按说呢,自己真想弄一个人侍候侍候,肯说出来倒也叫人放心。

王 氏 可是他跟他的太太举案齐眉,他祖上世世代代都是道学君子。君子不二色呀，你没听见他方才说——

周　氏　（扇子一挥）是啊，所以说这老东西本事大呀。（尖刻地）世上丈夫是个什么猴儿相，太太哪有不知道底细的。可是这位冯太爷就从早到晚，整年的都是天上文曲星降凡的样儿，仿佛刚出了佛堂就进了孔庙……

既然高家的主子们都十分明白冯乐山的为人，他们就有责任对未成年的鸣凤给予最低限度的人权保障。然而，众声喧哗的结果，偏偏是一场集体谋杀的付诸实施。大奶奶周氏经过一番犹疑后，竟然答应把鸣凤送给冯家。曾经在冯家遭受蹂躏折磨的陈姨太连同四奶奶王氏，更是积极主动地找到鸣凤诱劝说服。鸣凤的投湖自尽依然没有唤起主子们的良心发现，四奶奶王氏随后又把自己房中的婉儿送给冯家，顶替鸣凤留下来的空缺。他们之所以会如此残忍地置别人的生死于不顾，一方面是由于不敢违抗冯乐山、高老太爷的男权意志，更加重要的是他们与塑造他们的剧作者曹禺一样，从来就没有真正领会感知过现代社会以人为本、意思自治、契约平等、民主参与、宪政共和、大同博爱的价值体系和文明常识。第二幕第二景中，伴随着兵变的枪炮声，觉新曾关切地向周氏问起过"母亲，鸣凤的事——"周氏于情急之中道破天机："（着了急）明轩，什么时候了，还谈这些丫头们的事。"

剧中唯一表示要与冯乐山正面斗争的，是鸣凤所热恋的情人兼主子高觉慧。他是《家》中最接近于剧作者曹禺以神道设教、替天行道的宗教先知加抒情诗人自居的男权意识和特权理想的自传性人物，曹禺也因此在舞台提示中对他极尽赞美之能事：

他比大哥小三岁，而一身是青年磊磊落落的朝气。他带进来春天，也带来了夏，因为他有炎夏一般的火躁性情，一触即发，对一向他所深恶痛绝的伪善，丑恶，卑鄙，自私和顽固，总是毫不吝惜地施以攻击。出自衷心地认识了是非,即使是见着长辈们也无所顾忌。他较一般的弟妹们入学都早,很久他就感到周围空气的毒恶,应该削株除根,彻底地铲绝。但他也晓得羽翼未丰,自己还正需要培植。他有一种“拿得起,放得下”的汉子气魄,决不为一个问题苦恼,悲伤,气沮,终于毫无善策,不了了之。他记得住,也忘得下,知道什么是最有利的时机能给敌人一个致命的打击……同时他也明白自己的弱点,譬若感情太盛,易于冲动……他穿短短的黑色学生服,头发没有十分梳理,眼睛亮晶晶的,非常精神,面色红润,一张有筋有力的嘴,嘴角微微带了一点善意的嘲讽。

有趣的是,这番神圣礼赞的落脚点,恰恰是高觉慧的一张有筋有力的大嘴巴。就全部剧情来看,除了这张只唱高调不务实事的大嘴巴之外,高觉慧没有表现出任何实质性的作为与奉献。第二幕中,既要演戏闹事又要办《黎明周报》的他,一方面承认自己“还没有道可布”,与此同时却偏偏像冯乐山招纳女弟子一样网罗信徒。对于被称为“小信徒”的四妹淑贞,觉慧发表的是“三哥说,你自己走,你要学习自己走黑路”之类空洞无物的神圣教导。面对正在恋爱的二哥觉民和琴小姐,觉慧再次宣教布道说:“琴表姐!(瞥了觉民一眼)如果有一天,我要发现你也是胆小的,明明看着一条大路在眼前,而没有勇气去走,那我就不理你们,(笑着)不理你,也不理他!”

理直气壮地向别人宣教布道的高觉慧,转眼之间便堕入情网,并且换上一副比女人还要阴柔羞怯的嘴脸,既偷偷摸摸又神神秘秘地向觉民宣泄着自己的神圣情爱:

(眼里浮出快乐的光彩,低声,感动得颤抖地)我爱了一个人。

(喜悦地)回头我告诉你!(仿佛忽然来了灵感)你知道么?泥土里生米,水底下出珍珠,沙漠里埋黄金,(忘却一切)天哪这都是造物的恩惠呀！

高觉慧与女仆鸣凤之间的男女情爱，完全可以像《雷雨》中周冲对于四凤那样，在关键时刻以“大概是胡闹”为借口主动退出。剧作者曹禺不但不如此处理，反而在鸣凤殉情而死之后，借助觉民之口为觉慧提供辩护道：“（诚挚地）只有工作，才能救出自己。你说过，人不是完全为情爱活着的。”

在这种情况下，死心塌地抱定“舍身爱人”的神圣信念的鸣凤，便被理所当然地撇在一边。即使她为了保全处女圣洁而牺牲奉献了自己最可宝贵生命，觉慧也依然可以不领情、不认账。鸣凤死后，在第二幕第三景再次出场的觉慧，所表现出来的不是对于殉情牺牲者的愧疚忏悔，反而是以受害者自居的怨天尤人。他对于自己的“小信徒”淑贞只会说“不”；对于觉民也只是“怨艾地叹一声”：“唉！”

觉慧摆开架式与冯乐山的正面斗争，发生在第三幕第一景。这是高老太爷三日寿庆的第三天傍晚，“草木又将凋落的暮秋，离第二幕有三个多月了”。在一派惨淡萧瑟的秋声秋韵中，冯乐山“手里握着一张红帖”，准备给高觉民写包办婚姻的喜帖子，以便撮合觉民与他那个“又丑又矮，脾气又大”的侄孙女结婚。对于这桩包办婚姻，大哥觉新依然采取容忍妥协的态度。由于有鸣凤之死做铺垫，觉慧所摆出的是居高临下替天行道的神圣姿态：“（毅然）这一次，我决不许二哥学你，‘不了了之’地把事情弄得一塌糊涂，害人害己！”

在觉慧的支持帮助下，二哥觉民以离家出走的方式对包办婚姻进行了反叛。但是，面对从冯家回来串门的婉儿，高觉慧却彻头彻尾地败露了自己只唱高调不务实事的精神空虚。惨遭冯乐山肉体蹂躏和精神强暴的婉儿，分明是把高家的旧主子当作天神救星来祈求的：“您不知道在那佛堂里面照着油灯，阴惨惨的，半夜里，他来了！天，天，您救救我吧！积积德吧！鸣凤真聪明，死的对，我这不死的才活着报应呢。（恐惧地）我真怕他又来了,又要把我,——(不觉屈膝,又低声乞怜地)救救我吧!救救我——”

面对婉儿的求救,觉慧终于有了从事替天行道、救苦救难的神圣事业的大好机会,他似乎也很会把握最佳的表演火候和最佳的表演效果:

冯乐山 你不说!(猝然拿起桌上还在燃烧着的烟蒂头,吹了一下,抓着婉儿的手腕,就按在上面,婉儿痛极欲呼……)

婉　儿 (强压着自己)啊!我说,我说。

冯乐山 (汗珠像黄豆一般大流下来,嘴唇痉挛地颤拦截抖着,冷冷望着婉儿痛苦的脸)不许喊,不许你喊!

[觉慧早已立在篱外,再也按捺不下,疯狂了似的面前,拉开冯的手。

当冯乐山以“回头我就告诉你的祖父来管教你”相要挟时,觉慧一眼望见高老太爷朝这边走来,便针锋相对地回敬说:“我的祖父已经来了,我希望你现在就对他说!”然而,等到高老太爷和高克明上场之后,泄了底气、现了原形的并不是为非作歹的冯乐山,却偏偏是替天行道的高觉慧。在人证物证俱在的情况下,这个呐喊过“我不再有我自己”的神圣高调的年轻人,竟然连撕破假面、揭露真相的勇气都提不起来,高老太爷一句“你在这儿候着干么?还不出去!”的呵斥,吓得他置婉儿的死活于不顾,像《日出》中的方达生一样灰溜溜地临阵退场。高觉慧与冯乐山的正面交锋,到头来不过是一场不作为也不敢作为的虚张声势。对于已经牺牲过鸣凤的高觉慧来说,这种以牺牲另一名弱女子为代价的不敢作为,无论如何都是不能原谅的。

关于冯乐山身上所持存的儒、释、道三教合流的宗教性文化底蕴,曹禺在舞台提示中介绍说:“他体质强健,却外面看不出来,像他的为人一样,一切都罩在一种极聪明,极自然的掩饰的浓雾里。至于他掩饰些什么,他自己埋藏在最深的潜意识的下层中,也绝无勇气来担承……他不是‘伪善’,

他一点不自觉他'伪'。他十分得意地谈些有关道德的文章。确实相信自己是一个方方正正的君子。他敬孔而又佞佛，他一直本着这两位圣人的慈悲心肠，才拯救那些他认为沉溺在苦海，却需要他来援手的人。"

把这番话拿来用在既要高调作秀却又见死不救的高觉慧头上，反倒更加合适。比起这段舞台提示来，鲁迅写在《娜拉走后怎样》中的一段话，可以更加透彻地揭发高觉慧与《日出》中的方达生如出一辙的伪善自私和自欺欺人："天下事尽有小作为比大作为更烦难的。譬如现在似的冬天，我们只有这一件棉袄，然而必须救助一个将要冻死的苦人，否则便须坐在菩提树下冥想普度一切人类的方法去。普度一切人类和救活一人，大小实在相去太远了，然而倘叫我挑选，我就立刻到菩提树下去坐着，因为免得脱下唯一的棉袄来冻杀自己。"①

六 "舍身爱人"的男权神话

第三幕第一景中，在觉慧的策动和琴小姐的支持下，觉民成功实施了逃婚计划。与此同时，四老爷高克安和五老爷高克定在外面嫖妓宿娼的事情彻底败露。高老太爷先是恼羞成怒，"由炕床上一跃而下，对着克定身上一脚踹下去"；接着勒令克定跪在地上自己打自己的耳光；最后却于无可奈何中诉诸天谴诅咒："天哪，我怎么生了这么一群宝贝呀！"

此情此景中，刚刚还标榜过"我爱这个家比任何人都深，比任何人都切"的高觉慧，既不失时机又自相矛盾地呐喊出了天谴诅咒的愤激之辞："'家'是宝盖下面罩着一群猪。"

在这场突如其来的家庭丑闻的打击之下，高老太爷一病不起，冯乐山也因此丧失了对于高家的影响力。经冯乐山栽培过、强暴过的女弟子陈姨太，反倒靠着装神弄鬼，成为高家新一轮的主宰。第三幕第二场开幕时，场

① 鲁迅：《娜拉走后怎样》，《鲁迅全集》第1卷，第161页。

景转换为“冬天的薄暮，距第一景约两个多月，依然在那名为‘水云乡’的水阁前面。湖边的树木秃落殆尽，山空水浅，四望都是一片萧条的气象……阁上高老太爷正在做临终的挣扎……”

当天深夜高老太爷离开人世，陈姨太在死尸面前祭起“血光之灾”的天谴法宝，要求临产的瑞珏“出城十五里”，“还得过了三道河水”去找房子。面对陈姨太抢占宗教神道制高点的神圣发难，觉新没有提出任何质疑，而是再一次表现出阴柔软弱、六神无主的女人相。他先是向高克明乞怜：“三爸，您看——”；然后再向周氏求援：“母亲，您——”

在得不到支持的情况下，觉新只好习惯性地把原本应该由他自己承担的十字架，往最需要救助的瑞珏身上转嫁推卸：“缓缓转头，哀视着瑞珏——”

关键时刻，自然还是由奉“舍身爱人”为最高原则的瑞珏，表现出恪守“妾妇之道”的集奴性、母性、神性于一身的善良人格，独自担当起“血光之灾”的天谴诅咒，反过来还要对俨然是受害者的高觉新进行安抚劝慰：“（哀痛中抚慰着觉新）不要着急，明轩。（对陈姨太，沉静地）我就搬，（转对周氏）城外总可以找，找着房子的。”

第四幕开幕时，时间和场景转换为“高老太爷死后一个星期，下午三时许，在城外钱太太的旧屋内”。这个旧屋恰好与梅小姐和婉儿的坟地毗邻，无形中预示着这里终将成为瑞珏的葬身之地。

正在高觉新、钱姨妈等人为瑞珏布置产房的时候，因参加爱国游行被捕入狱而后又伙同几个同学从狱中逃脱的高觉慧，再一次出场亮相。他见到大哥觉新先不谈正事，反而像戏曲舞台上的滑稽小丑那样抖起了包袱：“他们恐吓我，说我扰乱治安，要枪毙我。前天夜里，他们已经把我推出去了，一排枪对准我的头——”“（微笑）别着急，大哥，你看我现在不是在你眼前了。”

经过这场抖包袱的过场戏，已经在第三幕中义正词严地宣布“过去我们是弟兄，现在我们是路人”的高觉慧，一变脸就高调歌颂起他明确背叛过的血亲观念："（忽然感动地）我在要死的前一刻，我第一想起的人就是你！大哥，我才知道我多么爱你！"

有"爱"的法宝捏在手中，觉慧不失时机地对觉新展开新一轮的宣教布道："（有力地）我来告诉你不只在这个，我要比这个具体，我要你答应我，你要勇敢，你真需要振起精神，重新为人。（恳求地）这次嫂嫂生了小孩，你就把她接出来吧，让她帮你一同去闯。嫂嫂真好啊，你现在还能说你所得到的是你所不要的么？……（诚恳地）你要给她幸福，你不能再叫她为你牺牲下去。"

与"舍身爱人"的鸣凤、瑞珏们相比，一会儿情爱至上，一会儿工作至上，一会儿又家庭至上的高觉慧，其实是没有任何道德信仰和人生底线的。借用鲁迅《难行和不信》一文中的话说，"例如既尊孔子，又拜活佛，也就是恰如将他们的钱买各种股票，分存许多银行一样，其实是那一面都不相信的"。①

对于高觉慧来说，把大嫂瑞珏送到医院去文明生育，是一件并不难办却实在是人命关天的大事情。但是，理直气壮地要求大哥觉新表现勇敢的他，眼见大嫂被陈姨太送到偏远的乡下，却再一次临阵脱逃。临走之时，他还忘不了演戏般把全部罪责转嫁推卸到觉新头上："我倒是想见见嫂嫂，可惜现在不成了。（握着觉新的手，满眼的泪光）再见了，大哥，记着我的话，没有太晚的时候！"

就是这样一个自己不敢作为却偏偏要针对别人发布天谴诅咒的伪善人物，无论何时何地都不肯放弃自我表现的机会。第二天瑞珏垂危之际，高觉慧又委托觉民送来一纸标语口号式的告别书信："大哥，我走了，生活是要自己征服的。你应该乐观，你必须做一个顶天立地的汉子。任何事情都没有太晚的时候，你要大胆，大胆，大胆哪！"

"生活是要自己征服的"，这句话本身自有其颠扑不破的价值。不过，

---

① 鲁迅：《难行和不信》，《鲁迅全集》第6卷，第51页。

出之于一个理直气壮地宣布过“我不再有我自己”的高觉慧之口，并在瑞珏的生命已经无法挽回的“太晚的时候”宣读出来，就未免有些自相矛盾、自欺欺人的滑稽意味。剧作者曹禺似乎并没有意识到这种自相矛盾、自欺欺人的滑稽意味，反而煞有介事地借着瑞珏临死前的一言九鼎，把觉慧的宣教布道提升到神道设教的神圣高度：“（望新，恳求的目光）明轩，这就是我要对你说的话呀。”

难产的瑞珏最终耗尽全部的心血，为丈夫殉了“舍身爱人”的“妾妇之道”。剧作者曹禺动用他所能调动的一切天人感应的神道法宝，来烘托歌颂瑞珏的死得其所。至高无上的“天”（“老天爷”）为瑞珏降下了漫天大雪。高尔斯华绥《争强》一剧中那个吹铜笛作杜鹃之声的名叫仁儿（Jan）的小男孩，也化身为钱姨妈老佃户家的斜眼孙子，为瑞珏送来了象征春天的声声杜鹃。在这声色兼备、情景交融的天人感应中，瑞珏一颗垂死的灵魂，在第二幕第二景的家园美梦的旧调重弹中，升华到了超凡脱俗、庄严光华的神圣境界：

觉　新　（忽然）你记得我们说的笑话么？等我们到了七十、八十了——

瑞　珏　嗯，我也正想着这个呢。（脸上浮出悲哀的笑）到了七十、八十了，儿子儿媳站在这边，——

觉　新　（不觉随着她）女儿跟姑爷——

瑞　珏　（似乎是高兴地接下来）——站这边……

瑞珏走了，留在她身后的是《红楼梦》式的“好一场大雪真干净”的四大皆空。在这种色空空色的禅理禅意背后，却是一个“舍身爱人”的弥天大谎：奉“舍身爱人”为最高准则的瑞珏和鸣凤，都认定自己找到了好男人、好主子，从而对自己殉情殉道的奉献牺牲无怨无悔。而在实际上，被鸣凤奉为好人的觉慧，只是一个奉大智若愚、明哲保身为最高原则的极端伪

● 曹禺与巴金在上海

善胆怯的男权特权人物。被瑞珏奉为好人又被觉慧称之为“耶稣相”的觉新，同样是一个奉大智若愚、明哲保身为最高原则的极端伪善胆怯的男权特权人物。为别人担承十字架的忍辱负重，只不过是他为人处世的一种策略、一种假象；怀揣着一男二女的男权美梦，不惜针对自己心爱的善良女人实施无休无止的骚扰、纠缠、利用、牺牲，才是他最为真实的人性底蕴。

关于《家》的小说原著，巴金曾经表白说：“在我还是一个小孩的时候，我就常常同情一些可爱的年轻生命横遭摧残，以至于得到悲惨的结局。那个时候我的心由于爱怜而痛苦，但同时它又充满憎恨和诅咒……一直到1931年底写完了《家》，我对于不合理的封建大家族制度的愤恨才有机会倾吐出来。”①巴金旨在发泄“对于不合理的封建大家族的愤恨”的小说原著到了曹禺的笔下，虽然保留着《雷雨》式的“毁谤着中国的家庭和社会”的主题内涵，而于诗情画意、情景交融中推到前台的，却是对于恪守“妾妇之道”的瑞珏、鸣凤、梅小姐非人性、反人道的“舍身爱人”的神圣礼赞，以及对于觉新和觉慧或一男二女或主仆相恋的男权美梦的极端渲染。

七　与周恩来的亲密交往

从江安回在重庆之后的几年间，与曹禺过从最密的是像老大哥一样的巴金。对于夫妻不和的曹禺来说，巴金的家不啻一个避难所。谈起巴金，曹禺总是怀着一腔感激之情：“巴金的爱人萧珊是一个很善良很贤慧的人，我是非常敬重这位大嫂的。在重庆时，我穷得不得了，有时一天就啃两个

① 引自胡叔和：《杰出的现实主义艺术》，文载《艺谭》1980年第1期。

大烧饼,有时连烧饼也啃不上。这种时候,我就跑到巴金家里,又吃又住。每次都是巴金的爱人来招待。那时,巴金家里每天都有客人,经常有一桌穷客人。其实他并不富裕,但人们去是要从那里得到友情和温暖。我住在他家楼上,他和他爱人住在一间十平米的小房间里。有时,他手头宽裕时,就约我到宁波馆子去打牙祭……”①

但是,对于曹禺的后半生更具影响力的,是他的南开老学长周恩来。抗日战争爆发后,天津南开学校内迁大后方,南开大学并入设校址于昆明的西南联大,内迁重庆的南开中学易名为南渝中学,老校长张伯苓就住在南渝中学家属院内,九先生张彭春当时也在重庆。无形之中,张伯苓兄弟成为联结曹禺与周恩来的一条精神纽带。有了这层关系,周恩来对在戏剧创作方面最具实力的曹禺,自然会给予特殊关照。

1942 年 1 月 31 日,由张骏祥导演、中国青年艺术剧社演出的《北京人》举行第二次公演,周恩来为此分别会见了曹禺和张骏祥。关于此事,张瑞芳在接受田本相采访时回忆说:“我是第一个演愫方的。《北京人》,周总理去看了好几次,对剧本印象很好。周总理看过戏后,对曹禺说:‘你还在向往原始共产主义哪,我们现在已有了延安了。’总理虽然提了意见,却并没有让曹禺修改剧本。总理很爱曹禺的才气,常到曹禺那儿去,限于当时的政治形势,彼此不必多言。曹禺参加政协,也是总理提的名。曹禺当时还有些顾虑,他没有离婚,与方瑞同居,住在平安戏院附近。那时他家很少有人去,不敢多出门,怕爱人不理解。方瑞是愫方式的人物。”②

周恩来关于《北京人》的态度,对于当时的重庆文化界,特别是已经在文化界占有绝对优势的中共文化人,有着举足轻重的影响力。这次公演之后,《新华日报》很快就发表了署名茜萍的评论文章《关于〈北京人〉》,为《北京人》定下政治上基本正确的宣传基调:“抗战期间固然应该多写活生

---

① 曹禺与田本相谈话记录,田本相:《曹禺传》,第 303 页。
② 田本相、刘一军编著:《苦闷的灵魂——曹禺访谈录》,第 262 页。

生的英勇战绩和抗战人物，但也不妨写些暴露旧社会黑暗面的剧本，去惊醒那些被旧社会底桎梏束缚得喘不过气来的人们，助之走向太阳，走向光明，走向新的生活。”

翻检当年的报刊不难发现，1940 年 4 月《蜕变》首演时，《国民日报》给予了特别关注，一连十多次刊发消息和评论，还用一个月的版面连载了这部剧作。《新华日报》对此几乎是毫无反应。直至 1942 年 2 月 28 日，也就是《北京人》第二次公演引起周恩来重视之后，才开始刊发关于《蜕变》的评论文章。1942 年 12 月 21 日，中国万岁剧团新排演的《蜕变》在重庆公开演出，《新华日报》在此之前将近半年的时间里，一直在刊登有关《蜕变》的消息和评论，甚至于在 1943 年 4 月 23 日以《蒋介石赞誉〈蜕变〉》为标题，报道了演员和观众在剧场向蒋委员长山呼万岁的场面。如果没有周恩来的首肯，作为中共南方局机关报的《新华日报》，是不大可能如此操作的。

周恩来对于作为重点统战对象的文化人的关怀，从来都是无微不至的。对于曹禺这位小校友自然更是宠爱有加。作为见证人，吴祖光的一段回忆可资证明：“周总理对曹禺是格外关心的，有一件事我记得很清楚。日本投降之后，要在上海创办《新民晚报》，约我去编副刊，立即要去上海，由报馆给我买好了去上海的飞机票，是 1946 年元旦前夕，我去看望周总理……他同我谈了两个小时，我记得很清楚。他几乎用了一半时间询问曹禺的情况，问他的写作情况，家庭问题，婚姻问题问得相当详细。从这件事可看出周总理对曹禺的爱护和关心。”①

关于自己与周恩来之间的亲密交往，曹禺在写于 1978 年的《献给周恩来八十诞辰》中回忆说：“那个时候，只要是去曾家岩，走起路来就脚下生风，心里头也畅快极了……一眼看到周总理的亲切微笑，阳光就照进了心中。那时，像我这样的知识分子是很穷的，有时吃不饱肚子。周总理知道

---

① 田本相：《曹禺传》，第 305 页。

了,邀我们到曾家岩和他一起吃饭。重庆的冬天,十分阴冷,周总理看我穿着单薄,送给我一块延安纺的灰色粗呢,让我缝衣御寒。”①

在田本相编著的《苦闷的灵魂——曹禺访谈录》中,还记录有曹禺更加切实的回忆:“在抗战时期,周总理总是把我叫到办事处去,找我谈话。只要是我的戏,他必看,而且不止一次地看。我觉得他是懂戏的,是懂得知识分子的。《北京人》和《家》演出后,他叫人写文章,来排解一些看法。记得张颖同志就写过这样的文章。从这些地方,都能看到总理的用心,但我认为他真正懂得戏,才会这么做的。”②

八 架不起的彼岸之《桥》

1942 年 9 月 28 日,《新华日报》报道了曹禺正在创作《三人行》的消息。1943 年 1 月的《戏剧月报》创刊号,也在“本报特刊稿件预告”中预告《三人行》即将问世。然而,《三人行》最终并没有完成。据曹禺解释,“《三人行》是写岳飞、宋高宗和秦桧的故事。在重庆只写了一幕,太难了。全部是诗,没有别的对话,吃力得不得了。大热的天,搞得累死了。”③

继《三人行》之后,曹禺还尝试过历史剧《李白与杜甫》的创作,并且从负责资源委员会的清华老校友钱昌照那里,争取到一笔官方资助,于 1943 年夏天同钱昌照的妻姊夫、社会学家陶孟和一道,赴大西北旅游考查。回到重庆后,曹禺依然是才思枯竭,无奈之下,只好再一次回归现代剧创作,从而留下了只发表过两幕的《桥》。

1944 年 2 月 15 日,《戏剧春秋》1 卷 3 期的“剧坛动态”栏目中报道说:“曹禺本年度新作为《桥》,以抗战大后方的工业建设为题材,即可脱稿。这是他西北旅行的收获之一。”这是关于《桥》的最早的介绍。曹禺晚年在

① 曹禺:《献给周恩来八十诞辰》,《北京文艺》1978 年第 3 期。
② 《苦闷的灵魂——曹禺访谈录》,第 164 页。
③ 田本相:《曹禺传》,第 327 页。

与田本相谈话时回忆说："《桥》是经过调查的。重庆有家私人钢铁厂，只有老掉牙的贝斯麦炉，我经过钱昌照的介绍，在那里呆了两个礼拜……为什么把它起名为《桥》，我的意思是，桥是一种象征，如要达到彼岸的幸福世界，就需要架起一座桥来，而人们不得不站在水中来修建桥梁，甚至把自己变成这桥的一个组成部分，让人们踏在他们身上走向彼岸世界。在发表时，我在剧前引用了弥尔顿的诗句：'给我自由去认识，去想，去信仰，并且本着良心，自由地去讲，关于一切的自由。'可能这也许有些朦胧，但在我心中，我觉得我应该去追求什么信仰，而我所要的自由，无疑是向着那个不自由的现状。"

《桥》中的沈承灿，是一位留学归来的钢铁专家。他的父亲沈蛰夫，是私营懋华钢铁公司的经理。父子两代人为了发展民族工业，不顾官僚资本家何湘如的百般阻挠，承接了生产造桥用优质钢材的合同。沈承灿在炼钢试验中失去一条胳膊，并且因此赢得了已经分手的恋人归容熙的回心转意。

作为一部写实之作，《桥》的题材与场景尽管与此前的《雷雨》、《日出》等剧大不相同，剧中的人物却依然是以前的老面孔。寄托着剧作者曹禺全部理想的男主人公沈承灿，就是《日出》中的方达生、《原野》中的仇虎、《蜕变》中的丁大夫、《北京人》中的袁任敢以及《家》中的高觉慧的重写重塑。与丁大夫一样，沈承灿是从国外学成归来的一位科技专家。有所不同的是，他不再像丁大夫那样牺牲自己的私人生活和个人情趣，而是表现出既要工作又要生活、既要奉献又要私情的更加健康的现代人性。关于这位理想化人物，曹禺在舞台提示中介绍说：

> 沈承灿，懋华钢铁公司炼钢厂副厂长，廿六岁，中等身材，长脸大眼，肤色红润，颧骨略嫌凸突，其余一切，都很匀称，体格健壮，言语举止，都使人觉得这是一个生命力非常旺炽，而又渐趋成熟的青年……他是资产阶级受过高等教育的青年中最幸运的一个，除了研究他的专

门学识以外,他的天性使他不懈地注视追寻,研究实际社会上许多复杂问题,以及种种不平和矛盾,不断充实自己,期望着彻底明了这些问题的症结,要一个合理的解答,这在他目前狭小的圈子里,几乎是不可能的。他惶惑,不满,愤激;然而为应付眼前事业的困难,这些根本的疑问,反而要暂时埋在心里,没有人代他解答。孤单,寂寞,在这一段昏暗的路上,他只凭借自己心里那一点可宝贵的火,作为指路的明灯。

大概是曹禺当时确实学习过毛泽东《在延安文艺座谈会上的讲话》的缘故,“资产阶级”的沈承灿对于刚从农村出来的农民工人,竟然怀抱着一种思想启蒙、精神改造的自觉意识:

这是少数从田里来的庄稼人。他们慢慢就会学会工厂人的习惯,慢慢就会养成一种新的意识,新的看法……告诉他们,教他们,接近他们,他们都可以成为很好的工人。

我们工程师固然第一是为人民培养力量,然而其次也是为人民培养力量,所以任何工程事业我们必须注意到安全。

曹禺所说的沈承灿“心里那一点可宝贵的火”,其实还是《〈雷雨〉序》中所谓的“原始的情绪”和“蛮性的遗留”。与曹禺此前的《雷雨》、《日出》、《原野》、《北京人》等一系列影剧作品一样,《桥》中故事情节的起承转合和戏剧人物的悲欢离合,依然是按照既根源于中国传统神道文化,又充分吸纳外国宗教文化的“阴间地狱之黑暗+男女情爱之追求+男权家庭之反叛+专制社会之革命+舍身爱人之牺牲+天诛地灭之天谴+替天行道之拯救+阳光天堂之超度”的密码模式逐步展开的。

为了奖赏沈承灿“凭借自己心里那一点可宝贵的火,作为指路的明灯”的理想追求,曹禺刻意安排两名女子围绕着他团团转。剧中的梁爱米是以王右家为生活原型的陈白露式的交际花,她凭着自己的天生丽质,对于懋华钢铁公司现任董事长、像《日出》中的潘月亭一样有钱有势的何湘如一再拒绝；却苦苦暗恋着“青梅竹马的玩伴，从小就别别扭扭，一见面就得争起来”的沈承灿。当沈承灿的未婚妻、一心要献身于艺术的歌唱家归容熙出现在面前时，她不仅没有丝毫嫉妒，反而像《家》中的瑞珏对待梅表妹那样，表现出“舍身爱人”的神圣美德，心甘情愿地成全着他们的婚事。

与梁爱米相比，归容熙虽然在容颜上稍逊一筹，却葆有着一份处女圣洁，她的情爱奉献也因此被极具男性特权意识的剧作者曹禺所欣赏。作为歌唱家，她为了献身于艺术，已经决定与沈承灿分手。为了作为一种奖赏而把归容熙留在沈承灿身边，曹禺煞费苦心地安排了送归容熙去机场的汽车途中抛锚的意外事件。眼见沈承灿为大桥彼岸的伟大而神圣的阳光天堂牺牲了右手，原本要献身于艺术事业的归容熙，以“舍身爱人”的神圣姿态义无反顾地为沈承灿奉献出了自己的一切：“（立起，移动枕边）承灿！不要难过，不要难过！（把他的手，从脸上缓缓移开）看着我，承灿，承灿。（微笑着，眼泪从面颊上缓缓流下来）你丢了一只手，现在，又添了两只手了。”

应该说，鲁迅在《现今的新文学的概观》一文中对于郭沫若的“革命文学”《一只手》并不准确的批评，用在曹禺的《桥》中反而更加准确到位：“郭沫若的《一只手》是很有人推为佳作的，但内容说一个革命者革命之后失了一只手，所余的一只还能和爱人握手的事，却未免‘失’得太巧。五体，四肢之中，倘要失去其一，实在还不如一只手；一条腿就不便，头自然更不行了，只准备失去一只手，是能减少战斗的勇往之气的；我想，革命者所不惜牺牲的，一定不只这一点。《一只手》也还是穷秀才落难，后来终于中状元，谐花烛的老调。”①

在一个男人牺牲了一只手和一个女人牺牲了自己的艺术事业之后，剧作者曹禺再也没有写出下文，以彼岸的阳光天堂为神圣归宿的《桥》，最终

---

① 鲁迅：《现今的新文学的概观》，《鲁迅全集》第4卷，第136页。

成为一座雨后彩虹般架高之后难以落实的虚拟之桥。接下来,曹禺倒是在他唯一的电影剧本《艳阳天》中,推出了一位在阳光天堂的“艳阳天”中超凡入圣、修成正果的英雄人物阴兆时。然而,被沈承灿“作为指路的明灯”的“自己心里那一点可宝贵的火”,到了这位阴律师身上,更是公然变成了“怪、力、乱、神”般“阴魂不散”的一团鬼火。

九 《艳阳天》的“阴魂不散”

1945年8月15日,日本天皇宣布投降,中国整整八年的抗日战争以惨胜告终。中国共产党的最高领导人毛泽东应蒋介石邀请,于8月28日乘飞机来到重庆,与国民政府共商国家大计。9月份的一天,在周恩来的安排之下,毛泽东在上清寺会见了包括曹禺在内的文化界知名人士。

在阳光天堂般的太平盛世即将来临的喜庆气氛中,美国国务院邀请曹禺和老舍赴美国讲学一年。此举得到社会各界的广泛关注,国民党中央社于1946年1月10日发布消息:“美国国务院决定聘请曹禺、老舍二氏赴美讲学,闻二氏已接受邀请,将于最近期内出国。”延安《解放日报》也于1月14日转载了这条消息。

1946年3月4日,曹禺与老舍搭乘美军运输舰“史格脱将军号”离开上海,于3月20日抵达西雅图,开始了横穿美国的旅行考察。抵达华盛顿之后,美国国务院专门为曹禺和老舍举行招待宴会。在纽约期间,两个人进行了频繁的观剧和讲学活动。同年8月1日出版的《上海文化》第8期报道说:“曹禺之《北京人》最近期内将在美国西部某城演出,曹禺将亲往参加指导。”

该报道还披露了曹禺所谓“此地绝无灵感之可言”的表态。这年年底,“绝无灵感之可言”的曹禺,借口母亲染疾而提前离开美国,于1947年1月返回上海。同去的老舍滞留美国继续创作长篇小说《四世同堂》。

曹禺回到上海后一度寄住在黄佐临家里,并被上海实验戏剧学校(上海戏剧学院前身）校长熊佛西聘请为教授。随后，曹禺带着方瑞住进他以兼职名义领取干薪的中国电影制片厂。曹禺的南开校友、诗人王辛笛的夫人徐文绮，在接受田本相采访时回忆说："抗战胜利后，曹禺回到上海，他和郑秀没有正式离婚，到了上海，和方瑞就住在这个弄堂的9号。是小的公寓房间，一间卧室，一间起居间。他走了，就让我们住到9号这个小公寓中来。那是中电厂的房子。郑秀对这件事有个误会，以为王辛笛是'密屋藏娇'，后来解释开了。"①

1947年夏天，曹禺经黄佐临介绍加盟上海文华影业公司，自编自导了电影《艳阳天》。影片于这年秋天正式投拍，1948年初发行上映。其中的主要演员阴兆时由石挥扮演，金焕吾由李健吾扮演，魏卓平由石羽扮演。关于这部影片的主题，曹禺给出的解释是："中国人有一副对联，叫做'各人自扫门前雪，不管他家瓦上霜'，横额：'莫管闲事'。这，我认为不对，我们必须辨明是非，必须恳切做事，不怕麻烦，不怕招冤。"

《艳阳天》中号称"阴魂不散"的律师阴兆时，是曹禺笔下最为原始野蛮也最为虚伪张狂的一个"怪、力、乱、神"式的自传性英雄人物，他的"阴魂不散"归根到底是以《〈雷雨〉序》中所介绍的集动物本能的野性蛮力和宗教精神的神性魔力于一身的"原始的情绪"和"蛮性的遗留"为原动力和内驱力的。与曹禺此前的《雷雨》、《日出》、《原野》、《北京人》等一系列影剧作品一样，《艳阳天》同样是按照"阴间地狱之黑暗＋男女情爱之追求＋男权家庭之反叛＋专制社会之革命＋舍身爱人之牺牲＋天诛地灭之天谴＋替天行道之拯救＋阳光天堂之超度"的密码模式，来编排故事情节的起承转合和影剧人物的悲欢离合的。为了证明阴兆时超凡脱俗的身份特权，一直以神道设教、替天行道的宗教先知加抒情诗人自居的剧作者曹禺，煞费苦心地为阴兆时设计了一场生日戏：先让他在生日那天故弄玄虚地忘记是自己的生日，而只知道这是"弥陀佛降生的日子"；然后在阴太太一

① 《苦闷的灵魂——曹禺访谈录》，第238页。

惊一乍抖包袱的变戏法中，呐喊出阴兆时原本是“弥陀佛”转世的前世真身：

你忘了？你怎么了得啊，你的生日跟弥陀佛的生日是一天！今天是你四十岁的整寿啊！

这种并不高明的神道戏法，其实是中国民间的巫婆神汉，连同《目连戏》、《西游记》、《水浒传》、《牡丹亭》、《长生殿》、《红楼梦》之类的戏曲传奇及话本小说所惯用的老旧把戏。对于阴兆时超凡脱俗的身份特权，曾经得到过他的救助的一位老妇人，对他另有称呼：“救苦救难的阴律师。”但是，按照现代法律的相关规定，一名学徒遭受老板虐待，应当出面干预的是履行公共权力的政府公职人员和公安警察，而不是作为自由职业者的律师。身为律师的阴兆时，偏偏连最低限度的法律常识都不具备，于是就有了他既像地痞流氓又像江湖侠客的天谴诅咒：

（指着掌柜的鼻子）你知道不知道？现在学徒不是能随便打的，你以后再要拿皮鞭子抽他，一两天不给他饭吃。——

我就不饶你！（回头对小学徒）以后他再对你怎么样，尽管找我。

阴兆时的老朋友魏卓平用“自己的房子，自己的经费”创办了一家惠仁孤儿院，院址就在阴兆时家小洋楼的隔壁。“喜欢孩子和朋友”的阴兆时，因此成了翘翘等孤儿拥护爱戴的阴爷爷。隐姓埋名从事囤积居奇的黑市生意的大汉奸金焕吾，看上这家孤儿院既不惹眼又离码头近的地理位置，便指派打手杨大逼迫魏卓平出卖孤儿院的房产。

出卖普通房产是单纯的民事行为，出卖孤儿院的房产就不再是单纯的民事行为，而在很大程度上变成了社会公益事业和政府公共行为。因为它所出卖的不仅仅是房产，同时还有孤儿们的命运。在起初帮助魏卓平对付杨大时,阴兆时曾自报家门,说自己是"孤儿院法律顾问"。然而,当魏卓平慑于金焕吾们的威胁执意要出卖孤儿院时,这位法律顾问既不提供最低限度的法律支持,也不按照正当的法律程序申请政府干预;反而因为与魏卓平之间的意气之争而撒手不管。与此同时,他还要演戏般在自己所宠爱的三个孤儿——翘翘、小牛牛、小眼睛——面前,用一个人买一盒月饼的方式表达爱心。像这样一味表演作秀的管闲事、争是非,完全不是出于对法律权威的敬畏和对于个人权利的捍卫,反而是公然亵渎法律权威和个人权利的职业犯罪行为。

在四个孤儿已经眼瞎、众多孤儿的基本生活没有保障的情况下,阴兆时依然不肯依据法律程序提供实质性的法律救济,反而利用孩子们的悲惨遭遇与金焕吾在法庭上打起作秀煽情的道德官司,从而把对大汉奸提起公诉的政府行为架空转换为他自己滥用法律的个人行为。在打赢官司的当天夜晚,喝醉酒的阴兆时在回家的路上被金焕吾的打手砸了石头,经抢救后躺在自家卧室里静养。曹禺为了突出强调阴兆时的"阴魂不散",直接仿照传统戏曲的神鬼戏套路,安排了一场"活见鬼"式的勾魂戏:"一个傻傻的老人,驾着一辆殡仪馆的尸车,高踞在车座上,口中衔着旱烟袋。一匹瘦弱的白马拖着车拐进巷子,寂寞的巷内响着石子路上的马蹄声,车子缓缓朝阴家大门走去。"

当傻傻的老者带着几个人进屋抬尸体时,"又有四五个人拥进,提着许多纸钱,香烛,寿衣和孝衣"。生命垂危的阴兆时听到屋外的动静,竟然诈尸般爬起来,一边喊着"尸首来了",一边对众人乱追乱打。事后还颇为兴奋地炫耀说:"哼!我偏不死!我偏不死。"

"阴魂不散"的阴兆时不仅没有死掉,反而因为这场不伦不类的官司在报纸上大出风头,不少读者还给他寄来了大笔捐款。最后,阴兆时在侄女阴堇修的陪伴下,把自己的结发妻子留在家中,到"大地洒满了阳光"的"艳阳天"中,继续公然从事他凌驾于现代法律程序之上违反法律的"阴魂不散"的律师事业。

早年毕业于清华大学西洋文学系的曹禺,虽然没有专门学习过现代法律,却与现代法律有着得天独厚的人事渊源。他的哥哥万家修,是北洋政法学院法律专业的毕业生。他已经分居却没有离婚的妻子郑秀,是清华大学法律系的高材生。郑秀的父亲郑烈更是早年留学日本专攻法律的最高法院检察署检察长。在写作《蜕变》之前,曹禺还应美国政府的邀请,与老舍一起到民主宪政制度最为健全的美国社会,生活考察了将近一年的时间。但是,这一切都没有能够在曹禺集动物本能的野性蛮力和宗教精神的神性魔力于一身的"原始的情绪"和"蛮性的遗留"中,注入一份以人为本、意思自治、契约平等、民主参与、宪政共和、大同博爱的价值体系和文明常识。出现在曹禺笔下的阴兆时,除了拥有一个现代律师的身份标签之外,骨子里完全是曹禺自己以神道设教、替天行道的宗教先知加抒情诗人自居的身份特权意识。阴兆时"阴魂不散"的所有作为,都是与司法机关独立办案、法律面前人人平等、疑罪从无的罪由法定、程序正义优先于实体正义的现代法律常识格格不入、背道而驰的。

在《艳阳天》中,遭受曹禺最为残酷严厉的天谴诅咒的人物,并不是罪魁祸首金焕吾,而是绰号"马屁精"的马弼卿,他是继《桥》中的懋华钢铁公司协理易范奇之后,又一个靠出卖朋友讨生活的读书人。曹禺在舞台提示中介绍说:"三十二三岁一个穷书生出身,为人苛薄狭小,没有品格,贫困潦倒更驱使他走上无聊卑下的道路。善拍捧,各处攒混,最近由杨大介绍给金焕吾办事。天生一副俏薄瘦小的外形……"

马弼卿原本是魏卓平、阴兆时的朋友,劝说金焕吾霸占孤儿院充当仓库的动议,最初是由他提出来的。魏卓平当过伪保长的汉奸历史,也是由他提供给大汉奸金焕吾的。金焕吾的仓库被警方查封后,一口咬定是阴兆时告密的也是这个"马屁精"。为此挨了杨大两个耳光的阴兆时,借着坐在姚三错家里打麻将的机会,朝马弼卿脸上狠抽两个耳光,并以天谴诅咒的神圣姿态斥骂他为"灾星"、"王八蛋"、"一条狗"。曹禺在这种欺软怕硬的戏剧角色的处理中,所追求的正是他在《雷雨》中的周萍、《日出》中的黄省三、《原野》中的焦大星身上反复演练过的淋漓尽致"洒狗血"的道德快感。创作《艳阳天》时的曹禺绝对不会想到，马弼卿言不由衷的一句忏悔之辞，所预示的恰好是他自己即将面临的一种人生宿命："（假情假意）魏大哥，我也是没有办法，逼到这儿了。您可千万别见我的怪。（故做慨叹）哎，我们读书人——"

第九章 《明朗的天》的戏剧人生*

1949年之后，一直以神道设教、替天行道的宗教先知加抒情诗人自居的曹禺，既面临着政教合一的思想改造，又享受着文艺高官的尊贵待遇。身份地位的提高，是以牺牲几乎全部的创作自由为惨痛代价的。

一 新时代的文艺高官

1949年1月10日，淮海战役宣告结束。1月31日，国民党几十万大军于一夜之间撤离北平。2月3日，毛泽东、朱德等新一轮国家领导人举行盛大入城仪式，平津战役随之结束。已经在军事力量上占据绝对优势的中国共产党，开始着手新政府的缔造工作。同年2月，刚刚在《艳阳天》中演练过在阳光天堂般的"艳阳天"里超凡入圣、修成正果的曹禺，在中共地下党组织的安排下，从上海秘密启程前往香港。到达香港后被正式告知，这一次是应中共最高领导层邀请，到北平参加拟议中的政治协商会议的。

2月28日，在乔冠华的具体安排下，曹禺、方瑞与柳亚子、郑振铎、叶

---

* 本章主要内容，曾以《政治风浪中的曹禺其人》为标题，发表于《黄河》1999年第5期，并且被收入吉林文史出版社2000年1月出版的《思想的时代》。

圣陶、赵超构、马寅初、王芸生、陈叔通等一行27人，乘坐外籍豪华客轮“华中轮”从香港出发前往北平。参加过辛亥革命的老牌革命家柳亚子即兴赋诗，用“六十三龄万里程，前途真喜向光明”的诗句，表达了几代文化人对于新政权的神往之情。

7月19日，第一次全国文化界代表大会在北平闭幕，曹禺当选为常务委员，并且与丁玲、何其芳等人同为全国文联编辑部的负责人。7月24日，全国剧协成立，田汉当选为主席，张庚、于伶为副主席，曹禺为常务委员兼编辑出版部负责人。9月21至30日，曹禺作为青年联合会代表出席政治协商会议。这次会议的直接结果，是中华人民共和国于10月1日宣告成立。会议结束后，当选为政协委员的曹禺，一度负责全国政协的对外文化交流工作，成为新时代里引人注目的一位文艺高官。

二 《我对今后创作的初步认识》

1950年4月19日，中共中央发布《关于报纸刊物上展开批评和自我批评的决定》，《文艺报》率先设立“批评与检讨”专栏，其他报刊也纷纷效法。一时间，批评与自我批评成为中国文坛的热门话题。仅《文艺报》一家，从1950年5月至1951年4月就先后刊登30多名作家自我批评、自我诅咒的政治表态，其中包括曹禺发表于1950年10月《文艺报》3卷1期的《我对今后创作的初步认识》。

虽然标题为《我对今后创作的初步认识》，曹禺所谈的主要内容却是对于以前的《雷雨》、《日出》等剧的重新认识。这种重新认识的出发点是：“作为一个作家，只有通过创作思想上的检查才能开始进步，而多将自己的作品在文艺为工农兵的方向的X光线中照一照，才可以使我逐渐明了我的创作思想上的疮脓是从什么地方溃发的。”

在“X光线”的照耀之下，曹禺认识到的第一点，是自己“没有历史唯物论的基础，不明了祖国的革命动力，不分析社会的阶级性质，而贸然以所谓的‘正义感’当作自己的思想的支柱……”

关于“正义感”,曹禺的解释是:“我时常自足于‘大致不差’的道理,譬如在反动统治下,社会是黑暗的,我要狠狠地暴露它;人是不该剥削人的,我就恶恶地咒骂一顿。其实,这些‘大致不差’的道理在实际写作中时常被我歪曲,有时还引出很差的道理。”

基于这种“大致不差”并且“当作自己的思想支柱”的“正义感”,曹禺颇为巧妙地对《雷雨》进行了重新解读:“《雷雨》中的周朴园自然是当做一个万恶的封建势力的代表人物而出现的,我也着力描写那些被压迫的人们。当时我认为这种看法是‘大致不差’的。但在写作中,我把一些离奇的亲子关系纠缠一道,串上我从书本上得来的命运观念,于是悲天悯人的思想歪曲了真实,使一个可能有些社会意义的戏变了质,成为一个有落后倾向的剧本。这里没有阶级观点,看不见当时新兴的革命力量;一个很差的道理支持全剧的思想,《雷雨》中的宿命观点,它模糊了周朴园所代表的阶级的必然的毁灭。”

关于《日出》,曹禺给出的解释更加巧妙:“实际上,在一九三五年,我写《日出》的时候,人民的力量在延安已经壮大起来,在反动区的城市里,工人群众已经有相当有力的革命组织。反帝的怒潮遍及全国,人民一致要求民族的解放。在文艺运动上正提出国防文学的口号,而我在当时,却和实际斗争保持着距离,我在《日出》里泛泛地写着城市的罪恶,甚至指不出这些罪恶是半殖民地社会的产物。”

曹禺认识到的第二点,是自己的阶级身份:“我是一个小资产阶级出身的知识分子,‘阶级’这两个字的涵义直到最近才稍稍明了。原来‘是非之心’,‘正义感’种种观念,常因出身不同而大有差异。你若想作一个人民的作家,你就要遵从人民心目中的是非……”作为例证,曹禺谈到了鲁大海:“他只是穿上工人衣服的小资产阶级。我完全跳不出我的阶级圈子,我写工人像写我自己。”

所谓“写工人像写我自己”的经典出处,是胡绳发表于《大众文艺丛刊》1948 年第 1 辑的长篇批判文章《评路翎的短篇小说》，其中写道："不管作者所写的是什么矿工，但所反映的都是一种知识分子的心情，他要写工人的恋爱，但写出来的恰恰是一种知识分子的恋爱，要写工人的思想，但写出来的恰恰是一种知识分子的思想！"

对于胡绳这种把人类社会的阶级差异无限放大之后，自相矛盾地抹杀替代所有个人的大同人性的话语圈套，路翎的朋友怀潮（即阿垅，本名陈守梅）在《论小资产阶级——论艺术与政治之三》中，曾经有过极其透辟的戳穿揭破：

> 那么，一面肯定了一个作家底"成功"，一面又企图宣告这个作家底'死刑'，那并不是这类"成功"、"成就"底跛行，而是理论家们底论点或者观念在跛行。这就好像说：你先生底血气真非常好呀，但是据我来看你是实在害了极严重的贫血症的。①

明哲保身的曹禺在这两种文艺观念之间所要选择的，并不是在文艺观念方面相对正确的阿垅、路翎一方，而是在政治地位方面占据着绝对优势的胡绳一方。于是，他颇有分寸地表示了自我忏悔、自我诅咒："一个作家的错误看法，为害之甚并不限于自己，而是扩大蔓衍到看过戏的千百次演出的观众。最可痛心的就在此。"

在这种自我忏悔、自我诅咒的政治表态中，曹禺的高明之处在于，他用"和实际斗争保持着距离"的"小资产阶级"的"大致不差"的"正义感"，置换掉了自己真正的"思想的支柱"，也就是《〈雷雨〉序》中所说的集动物本能的野性蛮力和宗教精神的神性魔力于一身的"原始的情绪"和"蛮性的遗留"，以及由此而来的以神道设教、替天行道的宗教先知加抒情诗人自居

---

① 怀潮：《论小资产阶级——论艺术与政治之三》，《泥土》第 1 辑，1948 年 11 月 1 日。怀潮即阿垅，本名陈守梅。

的身份特权意识。

为了表明自己自我忏悔、自我诅咒的政治诚意，曹禺开始主动按照新式理论改写旧作。《雷雨》中的每个人物因此有了明确的阶级属性和政治身份。在周朴园的背后，新添了一个直接听命于“英国顾问”的省参议员乔松生，以乔松生为直接后台的周朴园，变成了兼官商与买办为一身的双料资本家。

《日出》中既是绝对专制的“阎王”又是绝对有余的“财神”的金八，经过改写之后变成日本人开办的仁丰纱厂的总经理，小东西变成了被金八杀害的进步工人傅荣生烈士的女儿，方达生更是变成了与纱厂工人田振洪、郭玉山一同营救小东西的职业革命家。该剧的大结局也因此变成战无不胜的无产阶级革命战士，对于原本战无不胜的金八的绝对胜利。

在改写后的《北京人》中，天神救星般的机器工匠“北京人”被一笔抹杀，袁任敢关于“人类的祖先”和“人类的希望”的阳光天堂般的神圣礼赞，也被置换成“只有劳动的人才能改造生活”的政治教条。

经过改写后的这三部剧作，于1951年8月由开明书店收入《新文学选集·曹禺选集》正式出版，这是1949年之后第一次出版曹禺剧作。在该书“序言”中，曹禺表白说，自己之所以要这样改写，是因为“以我今日所能达到的理解，来衡量过去的劳动，对这些地方就觉得不妥当”。对于改写的结果，他一方面认为“可能又露出一些补缀的痕迹，但比原来接近于真实”；同时又自相矛盾、自欺欺人地留下伏笔：“小时候学写字，写不好，就喜欢在原来歪歪倒倒的笔画上，诚心诚意的再描几笔；老师说：‘描不得，越描越糟。’他的用意大约在劝人存真……”

这种名之为“真”却又真假难辨的模糊话，正是曹禺的高明之处。对他来说，是不是“越描越糟”并不重要，重要的是自己奉献出了一份接受思想改造的“诚心诚意”，从而解脱了“完全跳不出我的阶级圈子”的政治困境。等到政治气候有所回暖的1954年3月，当人民文学出版社出版《曹禺剧本选》时，他又顺理成章地恢复了《雷雨》、《日出》、《北京人》的原貌，只是在“前言”中轻描淡写地表示说：“除了一些文字的整理外，没有什么大的改动。现在看，还是保存原来的面貌好一些。”

三 一男二女的婚姻离散

一个剧作家竟然拿自己最心爱的作品开刀以实践别人的理论和意见，这在曹禺绝不是一件心甘情愿的事情，其中的难言之隐可以从胡风有“三十万言”书之称的《关于解放以来的文艺实践情况的报告》里面，找到一点蛛丝马迹：“1950 年 3 月 14 日，周扬同志在文化部大礼堂向全京津文艺干部做大报告，讲的是接受遗产等问题。其中特别提到陈亦门同志当时发表的两篇文章，态度激愤得很，把这归作小资产阶级作家‘小集团’的抬头，危害性等于社会民主党。他指着台上的四把椅子说，有你小资产阶级一把坐的，如果乱说乱动，就要打！狠狠地打！”①

曹禺当时虽然身兼数职，由于被划入小资产阶级的类别，他所修成的实际上并不是名正言顺的政治正果。而曹禺又太渴望于方达生式的“为将来的阳光爱惜着”的修成正果，就不能不经常纠缠于“被人民所摈弃”、“人民便会鄙弃你、冷淡你”之类的个人忧患。

另外，当时的曹禺还有一个最为切身、也最为实际的生活问题没有解决，那就是他与郑秀之间早已名存实亡的婚姻问题，以及他早已与方瑞婚外同居的情爱问题。1946 年曹禺赴美讲学期间，郑秀带着两个女儿由重庆回到南京。曹禺曾经从美国给郑秀写信正式提出离婚要求，郑秀坚决拒绝。从美国归来后，曹禺又多次要求离婚，还是没有结果。1950 年初，郑秀从福州调到北京，在中国人民银行工作，曹禺再一次提出离婚要求。曹禺逝世一周年之际的 1997 年 12 月 13 日，曹禺研讨会在河北石家庄河北

---

① 胡风：《关于解放以来的文艺实践情况的报告》，《新文学史料》1988 年第 4 期，第 11 页。

师范大学召开,文艺史家董健在当天下午的小组会上透露过这样一个历史细节:由于郑秀要曹禺拿出500元钱的补偿金才答应离婚,曹禺又实在没有这笔巨款(相当于旧币500万),离婚之事再一次陷入僵局。周恩来了解到这一情况后,当即帮助曹禺解决了这笔款项,曹禺的表现是感激涕零以至于五体投地。如果把这桩公私兼顾的私人恩怨考虑在内,曹禺对于自己作品的否定与改写,就显得更容易理解了。

与董健的说法相印证,郑秀也把自己的同意离婚归结于政治考虑:"抗战胜利后,我回到南京,从审计部调到财政部,曹禺再没有给过生活费……据说我父亲在上海《新闻报》登过一则启事,说:郑秀和曹禺是合法的婚姻,其他人都是非法的……后来,我还是从政治上考虑,从他的前途考虑,答应离婚了……曹禺做了检讨,他哭了。他那时每月的工资是2 000斤大米,拿900斤大米抚养孩子,条件是到大学毕业。我当时说:'为了爱,我同你结婚,同样为了爱,我同意离婚。'"①

1950年4月2日,由毛泽东题写校名的中央戏剧学院宣告成立,院长为欧阳予倩,副院长为曹禺、张庚,教育长为光未然。该院以原华北大学第三部文艺学院为基础,由鲁迅艺术学院戏剧组、国立南京戏剧专科学校合并而成。在戏剧学院工作期间,曹禺不断与师生一起到工厂里体验生活。同年7月25日,他还与赵树理、古元、鲁藜、胡丹沸、贾克、秦兆阳等人,一起参加文化部组织的下乡下厂活动。1951年春天,新婚不久的曹禺和方瑞一同到安徽农村参加土改运动,返京后正好赶上整风运动。

1952年5月24日,曹禺的《永远向前——一个改造中的文艺工作者的话》在《人民日报》发表,其中对于自己此前的思想与创作再一次进行自我诅咒说:"一个出身于小资产阶级、没有经过彻底改造的知识分子,很难

① 田本相采访郑秀记录,田本相、刘一军编著:《苦闷的灵魂——曹禺访谈录》,江苏教育出版社,2001年,第216页。

忘怀于自己多少年来眷恋的人物、思想和情感，像蚂蚁绕树，转来转去，总离不开那样一块黑乌乌的地方。”

曹禺所谓“黑乌乌的地方”，归根到底就是《〈雷雨〉序》中所说的集动物本能的野性蛮力和宗教精神的神性魔力于一身的“原始的情绪”和“蛮性的遗留”，以及由此而来的“阴间地狱之黑暗 + 男女情爱之追求 + 男权家庭之反叛 + 专制社会之革命 + 舍身爱人之牺牲 + 天诛地灭之天谴 + 替天行道之拯救 + 阳光天堂之超度”的密码模式。经过一系列大规模的思想改造运动，曹禺再也不敢像创作《雷雨》、《日出》、《原野》时那样，“如神仙，如佛，如先知”般“升到上帝的座”，去神采飞扬地高调展现自己的这种极具艺术魅力的“黑乌乌的地方”了。关于这一点，他的女儿万方在《灵魂的石头》中分析说：

“长时间以来，我爸爸和许多的人，他们都被告知他们的思想是需要改造的，这种对灵魂的改造像是脑页切除术，有时是极端的粗暴行动，还有就像输液，把一种恐惧的药液输入身体里。”①

正是怀着急待改造的赎罪心理，曹禺于 1952 年初与周恩来进行了一次谈话，当面表示要写一部反映知识分了思想改造的戏。周恩来表示大力支持。不久，曹禺随北京市委工作组参加北京市高等院校教师思想改造运动，并确定以协和医学院为蹲点单位。他在协和医院里整整蹲了三个月时间，做了二十本笔记。

同年 6 月 12 日，北京人民艺术剧院改组为专业话剧院，由原北京人艺话剧团与中央戏剧学院话剧团合并而成，曹禺任院长，焦菊隐、欧阳山尊、赵起扬任副院长。改组后的北京人艺，组织全体艺术人员分别到工厂、农村进行为期数月的深入生活，并且创作出一组反映工农生活的时事短剧。此后又上演了老舍的《春华秋实》和《龙须沟》。

---

① 万方：《灵魂的石头》，《收获》1997 年第 3 期。

四 《明朗的天》的戏剧人生

1953年9月24日至10月6日,中国文学艺术工作者第二次代表大会在京召开,为适应"大规模的、有计划的经济建设"的需要,中共中央对文艺政策进行了相应调整,并且对五四运动以来的新文化运动重新进行了评价。文代会之后,一直处于高度紧张状态的文艺界,一度出现相对宽松的氛围。1954年2月19日,上海方面以强大阵容上演《雷雨》,标志着1949年之后一直处于冷冻状态的曹禺戏剧开始解冻。同年6月30日,由曹禺任院长的北京人艺公演《雷雨》,仅首轮演出就超过五十场。在这些利好因素的鼓舞下,曹禺用从4月初到7月中旬共三个半月的时间,创作完成了《明朗的天》。

在写作《明朗的天》的同时,曹禺还写下一篇"备演出时用"的《〈明朗的天〉的故事》,抄录如下:

> 北京解放前夜,美帝国主义办的燕仁医院中的大夫、教授们对即将到来的解放抱着不同的态度,以共产党员何昌荃为首的进步大夫,如宋洁方、凌木兰等以欢欣鼓舞的心情和积极的行动迎接解放;另一方面,以美帝国主义分子贾克逊和他的代理人江道宗教务长为首的少数教授们,在商讨如何在解放以后继续维持"美国传统"。
>
> 北京解放半年之后,医院归到人民手中。贾克逊在这以前回了美国,在临行时他为了要得到一个软骨病人的骨头作标本,用惨无人道的手段杀害了一个工人的妻子。
>
> 贾克逊走了,但他的影响还残留着。党为了争取教育和改造这些知识分子,做了许多工作,江道宗却竭力阻挠。工人妻子的死亡引起了党的注意,但在群众对美帝国主义的认识还不足的情况下,一时还不能查清事实的真相。凌士湘还同意把自己的细菌研究论文寄给贾

克逊，在美国发表。

抗美援朝斗争开始了。经过许多事实教育和党的帮助，大夫、教授们逐渐认识了美帝国主义文化侵略的真面目，看出了贾克逊的毒狠。但是凌士湘仍旧不相信。直到美帝国主义在朝鲜发动了细菌战，他才认清了敌人的真面目，亲自到朝鲜参加反细菌的斗争，用他的科学武器打击敌人。

这些高级知识分子，在党的伟大政策的感知和教育之下，终于分清了敌我，改正了思想错误，走上了做一个人民科学家的道路。

总而言之，《明朗的天》的全部故事情节，就是让整个医院的全部职工，围绕着工人赵树德的妻子赵王氏的一副骨头标本团团转。在抗美援朝战争紧张进行的时候，这家国家级大医院里几乎所有的医务工作者，都把应该用于治病救人的全副精力，倾注在本该由司法机关独立侦办的医疗命案上。由这桩命案的查办昭雪得出的结论是：原来负责这家医院的美国人贾克逊，是披着学者外衣的文化特务；这家运用来自美国的最为先进的医疗科学和医疗手段治愈了大量中国病人的大医院，是美国人搞文化侵略的重要据点。这家医院中包括细菌学专家凌士湘在内的所有医务工作者，只有承认了这种"事实"，把自己原来信仰的"美国传统"转换成为对党的绝对信仰，才算完成了思想改造。从此才可以在阳光天堂般的"明朗的天"里走上"作一个人民科学家的道路"，不用再担心"人民还要不要我们了"之类生死攸关的生存问题。

在直接为现实政治服务的政治宣传剧《明朗的天》中，依然根深蒂固地残留着曹禺所特有的"原始的情绪"和"蛮性的遗留"，以及由此而来的"阴间地狱之黑暗 + 男女情爱之追求 + 男权家庭之反叛 + 专制社会之革命 + 舍身爱人之牺牲 + 天诛地灭之天谴 + 替天行道之拯救 + 阳光天堂之超度"的密码模式。有所不同的是，曹禺以前天谴诅咒的对象，是被他贬斥为"鬼"、"傀儡"、"可怜的动物"的几乎所有的中国人；现在却变成了远在美国的“文化特务”贾克逊。在该剧中，执行替天行道的天谴诅咒的戏剧人物，已经不再是《雷雨》中的“雷公”、《日出》中的金八、《原野》中的阎王之类超现实的宗教神袛，而是这所医院中信仰唯物主义无神论的中共院长董观山：

我们也正在谈贾克逊的问题。（忽然）我倒想起一个很有意思的故事。（对江道宗、凌士湘）你们两位都记得吧？在《镜花缘》这部小说里，有个人叫林之洋。他漂洋过海，到了一个地方。他看见那个地方的人，个个都披着一块头巾，又和气，又可爱，他想这些人真是好极了。（娓娓动听地）可是等到他跑到后面，把那头巾一揭开呀，想不到底下还有一张脸！这张脸可不同了，青面獠牙，像个鬼似的，一看见林之洋，就喷出一股毒气！林之洋这下就明白了：哦，原来这些人都是有两个脸的！那么哪个是真脸呢？我看后头那个是真脸。美帝国主义的文化侵略也就是这样。

该剧中的老一代科学家凌士湘，是一个颇具自传色彩的戏剧人物，剧中唯一爆发出一点点思想火花的台词，就出自这位老科学家之口：“（自语地）可为什么大家都说他是文化特务？难道搞政治就必须要有偏见？……我想可能是的，不然就不能彻底把敌人打垮。但是何必让我也跟着叫？我从心里拥护共产党，国家建设得这样好，中国靠他们才有希望。我也愿意跟着他们一块进到社会主义。（烦躁）但是，天哪，不要管我，不要管我！让我干我自己的吧，我一样会有贡献的。”

正是在《明朗的天》的创作过程中，作为北京人艺院长的曹禺，终于享受到了让别人围绕自己团团转的身份特权。该剧采用的是由他口授、女秘书吴世良记录的特殊的写作方式。刚刚进入写作阶段，北京人艺就由副院长焦菊隐挂帅组成强大的演出班子，于 1954 年 4 月 21 日起到北大医院、协和医院去体验生活。剧本还没有定稿，便开始在这年 9 月出版的《剧本》

和《人民文学》第9期上同时连载，在第10期上连载完毕时，曹禺专门在“附记”中解释说，该剧之所以由预告中的四幕八场压缩成了四幕七场，是因为自己“觉得第四幕缺点最多，也太长，非大删改不可，修改以后……原来的两场戏成为一场戏了……时间与上期幕表上写的，有了出入……”

同年12月14日，胡乔木、钱俊瑞、田汉、贺诚、苏井观一行人，在曹禺陪同下来到北京人艺观看《明朗的天》的彩排，并且专门召开了一场座谈会。正式公演后，周恩来亲自观看演出，并且在与演职员的座谈中高调肯定了该剧的成功。作为一部与当时的政治运动直接挂钩的戏剧作品，该剧的演出自然会赢得人云亦云的普遍欢迎和一致好评。12月18日，《明朗的天》由北京人艺正式公演，一直演到1955年2月25日，历时两个月盛演不衰。此后，曹禺又在听取各方意见的基础上进行修改，由四幕七场改定为三幕六场。在1956年3月1日至4月5日召开的文化部全国第一届话剧会演中，该剧包揽了多幕剧演出一等奖、多幕剧创作一等奖、表演一等奖（刁光覃饰演的凌士湘）和舞台美术设计一等奖（辛纯等）四项大奖。

五 《胡风在说谎》

《明朗的天》完稿后，曹禺转入散文写作，说是“要写北京，写这个和平的首都，这个世界的眼睛注视的地方”。在写于1954年9月的《北京——昨天和今天》中，曹禺真诚表达了对于新社会的歌颂礼赞：

刚解放的时候，我们之间流行着两个字：“翻身”。这两个字的意思是说被压迫的不受压迫了，在黑暗里的见着光明了，不平等的变平等了，不幸的变成幸福的了，遭受过各种痛苦压榨的人已经获得了扬眉吐气的自由日子了。对农民说，翻身就是获得了土地；对工人说，翻身就是从奴隶变成为主人；对知识分子说，翻身就是摆脱了失业的忧愁和随时因一句话而被捕的危险。从地狱里走到地上，又重新见到阳光的人,或者会懂得这种我们叫做“翻身”的感情。

同年9月15至28日,自以为“摆脱了失业的忧愁和随时因一句话而被捕的危险”的曹禺,受到高规格的政治待遇,作为湖北省的全国人大代表出席第一届全国人民代表大会第一次会议。就在此时,与他同为湖北省人大代表的胡风即著名文艺理论家张光人,正在面临着“随时因一句话而被捕的危险”。

1954年9月,《文史哲》杂志发表蓝翎、李希凡合写的《关于〈红楼梦简论〉及其他》,这篇几乎没有什么学术价值的所谓学术论文,引起毛泽东的兴趣。他委派江青到《人民日报》社召集周扬、邓拓、林默涵、邵荃麟、冯雪峰、何其芳等人传达指示,要求《人民日报》转载这篇文章。周扬等人以“党报不是自由辩论的场所”为借口,拒绝不折不扣地执行最高指示,只是降格安排《文艺报》转载了这篇文章。《文艺报》在转载该文的同时,由主编冯雪峰亲自撰写“编者按”,对蓝翎、李希凡以及被蓝翎、李希凡所批评的《红楼梦简论》作者俞平伯的相关论点各有褒贬。

针对周扬、冯雪峰等人挑战自己绝对权威的所作所为,毛泽东于10月16日向中央政治局及其他相关人员分发了《关于〈红楼梦研究〉问题的一封信》。其中写道:“事情是两个‘小人物’做起来的,而‘大人物’往往不注意,并往往加以阻拦,他们同资产阶级在唯心论方面讲统一战线,甘心作资产阶级的俘虏,这同影片《清宫秘史》和《武训传》放映时候的情形几乎是相同的……胡适派的思想,没有受到什么批判。古典文学方面,是胡适派的思想领导了我们。”

毛泽东的信在小范围传阅的同时,其大致精神很快传达到了整个文艺界。10月24日,中国作协古典文学部召开讨论会,开始对胡适、俞平伯等人的《红楼梦》研究展开批判。10月28日,《人民日报》发表经毛泽东亲自修改过的袁水拍文章《质问〈文艺报〉编者》,把冯雪峰抛出来充当学术批判加政治斗争的活靶子。10月31日起,中国文联主席团和中国作协主席团在青年宫连续召开联席会议，听取《文艺报》正副主编冯雪峰、陈企霞的公开检讨，并且由此展开了针对《文艺报》的批判运动。

在此之前的1954年7月22日，胡风向中共中央呈交有“三十万言”书之称的《关于解放以来的文艺实践情况的报告》，几个月过去一直没有得到明确答复。在这种情况下，胡风把满腔怨气撒向当年与自己一道追随鲁迅的冯雪峰头上。11月7日，胡风在大会发言中除了对冯雪峰展开批判外，还连带着点出了胡适、周扬、袁水拍、黄药眠、蔡仪、朱光潜、萧殷、田间、俞平伯、徐志摩、朱湘等生者与死者的名字，并且特别指出朱光潜、俞平伯诸人“都属于胡适那个系统”，是“一成不变地为蒋介石服务”的。但这种完全可以置人于死地的尖锐措辞，转眼之间便报应到他自己的头上。在12月8日的最后一次会议上，周扬做了标题为《我们必须战斗》的发言，反过来又把枪口转向了胡风。郭沫若、茅盾也在发言中以不点名的方式指责“青年中也有坏的分子”，从而把一张政治斗争的天罗地网，撒向了在思想观点上与胡风保持一致的路翎、阿垅、牛汉、绿原等一大批文艺青年的头上。

联席会议之后，冯雪峰被免去《文艺报》主编职务。胡风也在政治高压之下写出《我的自我批判》，逐级呈送到毛泽东手中。1955年1月30日出版的《文艺报》1、2期合刊上，以“对胡风在文联和作协主席团扩大会议上的发言的意见”为通栏标题，发表了姚文元等人的五篇文章。随着这期《文艺报》免费送出的还有一份《胡风对文艺问题的意见》，也就是《关于解放以来的文艺实践情况的报告》中的第二部分《关于几个理论性问题的说明材料》和附件部分《作为参考的建议》。2月5至7日，中国作协主席团召开扩大会议，决定对胡风的资产阶级唯心主义文艺思想展开批判。4月1日，郭沫若在《人民日报》发表《反社会主义的胡风纲领》，标志着这场文化界的内部斗争，已经正式升格为全国范围内的政治运动。

5月初，根据毛泽东指示，中宣部和公安部联合组成胡风专案组，其中负责文字材料的林默涵、刘白羽、袁水拍、郭小川、张光年五人小组，个个都是撰写批判文章的刀笔写手。5 月 13 日,由毛泽东决定,《人民日报》在第 2、3 版分别发表胡风的《我的自我批判》,以及由舒芜根据他与胡风的私人信件整理而成的《关于胡风反党集团的一些材料》。在胡风的《我的自我批判》前面,毛泽东亲自写下一大段编者按,明确指出把胡风的检讨与舒芜的材料一同发表,为的是"不让胡风利用我们的报纸继续欺骗读者","假的就是假的,伪装应该剥去","隐瞒是不能持久的,总有一天会暴露出来。从进攻转变为退却(即检讨)的策略,也是骗不过人的"。

1955 年 5 月 18 日,全国人大常委会举行第 16 次会议,正式做出对人大代表胡风予以逮捕的决定。而在事实上,早在该项决定做出之前的 5 月 16 日,公安部长罗瑞卿已经亲自签字逮捕了胡风及其夫人梅志。在随后的全国大清查中,先后牵涉到 2 000 多人,被正式认定为胡风集团分子的有 78 人,被撤销职务、劳动教养、下放劳动的有 61 人。在这场冤案中彻底丧失精神生命乃至肉体生命的路翎、吕荧、张中晓、阿垅等人,恰恰是当时中国最具天才的青年作家及思想家。

作为文联常委和作协理事,曹禺除了于 1954 年 12 月去天津为继母薛咏南奔丧之外,直接参与了从批判胡适、俞平伯等人的《红楼梦》研究到批判冯雪峰直到批判胡风的全过程。1955 年 2 月 21 日,曹禺在《人民日报》发表的《胡风在说谎》,是他正式发表的第一篇批判文章。文章一开始,他就开宗明义地介绍了自己的写作动机:"这几天我读了胡风的《关于几个理论问题的说明材料》,他的文章很长,我来不及仔细地读;但是我发现有一段文章(一一四——一一五页)引用我修改《日出》的事情,作为他攻讦何其芳同志的事实根据。我想我有权利对胡风说几句话……"

为了证明胡风说谎,曹禺抄录了胡风文章中与自己有关的一段文字:"一个剧本,写的是抗战前上海没落社会的人物,他们被所谓金融家和大流氓头子控制着,有喝血者,有醉生梦死者,有追求新生者,有被牺牲者。这被牺牲的是一个穷苦的女孩,受不住凌辱,自杀了。解放以后,作者重新修改了。怎样改呢? 那女孩没有自杀,被无产阶级救出来了。这当然光明起来了。中国无产阶级底心肠真软得很。或者说真冷得很居然美化了抗战前的旧中国历史，居然不让这个女孩用自己的尸体为无数万的旧中国屈死了的姊妹们呼一次冤，向那个穷凶极恶的封建流氓社会作一次控诉！……这样的修改，如果是照的理论批评家的意思，那已经足够说明问题，但如果是作家自动修改的，那更足以说明：何其芳同志等理论棍子把作家威吓了怎样的地步！”

《日出》原著中小东西的上吊自杀，根本不是“为无数万的旧中国屈死的姊妹们呼一次冤”，而是对于中国传统文化中“存天理，灭人欲”、“饿死事小，失节事大”的纲常伦理，尤其是天谴罚罪加阳光天堂的神道祭台的殉道牺牲。曹禺改写后的《日出》不让小东西自杀，更谈不上是“美化了抗战前的旧中国历史”。胡风这种上纲上线、强词夺理的尖锐措辞，与更加强势的何其芳、姚文元等人之间并没有实质性区别。摆在曹禺面前的，已经不再是学术思想的是非问题，而是必须与胡风一派人划清界限以便解脱自己的立场路线问题。针对胡风的上述文字，曹禺从四个方面展开论证。

其一，自己的《日出》原本就没有写好：“发表以后，多少年来，我总觉得没有写好，我没有能把新的力量在戏里表现出来……解放以后，这个感觉更强烈起来……”

其二，自己对于《日出》的改写同样是错误的：“我修改不好的原因是我写《日出》的时候，我并不接近、也不了解当时的革命力量，修改中对于当时革命情势也没有加以研究，而我偏偏要描写一些所谓代表光明的人物，其结果必然是写得不真实，以至成为反历史的。”“这个修改本最后由于我个人的意见，就出版了。后来，读者是知道的，我渐渐认识了修改的错误，我又把那三本戏恢复了原来的面貌。”

其三，对于《雷雨》、《日出》、《北京人》的错误修改，都是出于自己的主观意愿，周扬、何其芳等人反倒是一贯正确的：“在修改的时候，我记得周扬同志听说我要修改，曾经不止一次诚恳地劝我不要改动，还是把原来的面貌保存下来好，我没有考虑。那时我想，修改是我自己的事情，我是这样认识的，我就这样修改。”

其四，胡风“气愤填膺地替我打抱不平”，是“横蛮而又伪善的行为”。他的一副“替天行道”的面孔是虚伪的，他对何其芳的指责用的是“逻辑的天罗地网”：“他的逻辑是这样的：如果是何其芳同志等叫我改的，那何其芳自然犯了错误；如果是我自动改的，那就证明，何其芳等的‘理论棍子’把我‘威吓到了怎样的地步！’于是，何其芳等就犯了更大的错误。因为在胡风的‘主观战斗精神’、‘自我扩张’……理论的‘照明之下’，何其芳等无论如何是错的。”

至此，曹禺雄辩地证明了“胡风在说谎”。但是，在改写《日出》之前，曹禺在《我对今后创作的认识》中明明写着自己正在“将自己的作品在文艺为工农兵的方向的 X 光线中照一照”。在谈到自己刚刚完成的《明朗的天》时，曹禺甚至唱出了“创作属于人民”的高调。在这种背景下，曹禺把《日出》的修改单单说成是“由于我自己的意志”，无论如何是不能成立的。事实胜于雄辩，真正在说谎的并不是胡风，而是理直气壮地批判胡风的曹禺自己！

随着舒芜整理的《关于胡风反党集团的一些材料》在 5 月 13 日的《人民日报》公开发表，曹禺又接连推出《胡风，你的主子是谁?》、《谁是胡风的“敌、友、我”》、《极其巨大的胜利》等批判文章。如果说《胡风在说谎》主要是出于不得已而为之的自我保护的话，这几篇文章就纯粹是落井下石的挟私报复。

对于胡风写作于 20 世纪 40 年代的措辞尖锐的评《蜕变》、评《北京人》，曹禺一直是耿耿于怀的，直到此时，他才找到了发泄私愤的绝好机会。他在《胡风，你的主子是谁?》中写道：“胡风写文章一向是晦涩难懂的，里面仿佛有许多话要谈又不愿谈出来，使得读者可以向马克思列宁主义方面猜想。我一直认为他的文章落笔就必然不通顺的。现在我才明白，只有当他不能够称心如意地写出他对党的仇视和痛恨的时候，他的舌头就仿佛拴上了一根绳子，疙疙瘩瘩，说不出甚么通顺的真心话来……"

最为不堪的是，落井下石的曹禺在《谁是胡风的"敌、友、我"》中，竟然把一腔私仇公愤扩大到胡风夫人梅志的头上："甚至他的老婆，当作家协会帮助他们找来一个通讯员的时候，都会说'公家人不能不存戒心'。"

1955 年 8 月，曹禺在《戏剧报》上发表的《极其巨大的胜利》，专门总结了自己参加反胡风运动的"体会"："必须更要靠拢共产党和人民政府，必须对共产党和人民政府做到绝对的忠诚老实。"

六　反右运动的踊跃表现

1955 年 10 月，曹禺在《北京文艺》第 10 期发表《必须认真考虑创作问题》一文，作为自己的国庆献礼。其中写道："在一系列惊心动魄的反对胡风反革命集团的斗争过程中，我们难道不深深觉悟到，党的文艺队伍不是应该整顿么？……历史也多少次证明：那些脱离人民，脱离政治，缺乏对新事物的强烈喜爱的人，必然会堕落在腐朽的个人主义的泥坑里，被时代所淘汰。"

曹禺当时正在争取入党。随着反胡风运动的大获全胜，文化政策再一次趋于宽松。1956 年 1 月 14 日，中共中央召开关于知识分子问题的会议，周恩来在报告中提出要更充分地动员发挥知识分子的力量，为社会主义服务。4 月 28 日，毛泽东在中共中央政治局扩大会议上提出，艺术上的"百花齐放"，学术上的"百家争鸣"，应该成为我国发展科学、繁荣文艺的方针。5 月 26 日，中宣部部长陆定一向文艺与科学界作了《百花齐放，百家争鸣》的讲话，具体阐述毛泽东所提出的"双百"方针，并且强调在文艺创作题材上，党不要加以限制，应该非常宽广。随着"双百"的贯彻执行，一场被称为大鸣大放大辩论的群众性政治运动，在全国范围内迅速铺开。在这种政治氛围中，曹禺、老舍等人于 4 月 23 至 27 日出席了全国文化先进工作者会议。一时间，老舍、曹禺等人俨然变成了中国文艺界继鲁迅、郭沫若、茅盾、周扬、何其芳、丁玲、周立波之后的新旗手、新模范。这年7月,曹禺被正式接纳为中共党员,在12月召开的中国作协主席团会议上,他又与茅盾、老舍、邵荃麟、刘白羽等人一起,当选为作协书记处书记。

1957年3月6至13日,中共中央在北京召开有党外人士参加的全国宣传工作会议,会上传达了毛泽东的《关于正确处理人民内部矛盾》的讲话。在大会闭幕的前一天,毛泽东莅会作长篇发言,强调要继续贯彻"双百"方针,并号召党外人士帮助中共进行整风。4月27日,中共中央发出《关于整风运动的指示》,大鸣大放大辩论由此进入高潮。随着6月8日中共中央发出由毛泽东亲自执笔的《关于组织力量准备反击右派分子进攻的指示》,形势又急转直下,5、6月间的大鸣大放大辩论一下子变成"中国的天空上黑云乱翻"。一场规模空前的以知识分子文化人为专政对象的反右派运动,在全国范围内全面铺开。

戏剧界的反右运动是从吴祖光身上打开缺口的。为了罗织他的罪名,包括田汉在内的党内人士,擅自把吴祖光在文联座谈会上大鸣大放的发言摘要,加上一个上纲上线的大题目——《党趁早别领导文艺工作》——发表在1957年7月出版《戏剧报》第14期上。刚刚入党的曹禺立即做出反应,一连推出《吴祖光向我们摸出刀来了》、《质问吴祖光》两篇批判文章。

在前一篇文章中,针对这位在国立剧专时期比邻而居的老同事、老朋友,曹禺颇为形象地描述说:"我的感觉好像是:一个和我们同床共枕的人忽然对隔壁人说起黑话来,而那隔壁的强盗正要明火执仗,夺门而进,要来伤害我们。吴祖光,在这当口,你这个自认是我们朋友的人,忽然悄悄向我们摸出刀来了。"

在第二篇文章中,曹禺一口气摆出吴祖光的三把刀子。第一把刀子是"外行不能领导内行"的"反领导的思想"。第二把刀子是"今天的社会不只是和一九四三年的重庆的社会'有这么多相似的地方',而从戏剧的角度来看,比当时还要坏!"相比之下,最令曹禺恼火的还是吴祖光的第三把刀子:"譬如贤如曹禺同志也有所谓'想怎样写和应该怎样写'的问题。口是心非假如成为风气，那就很不好，这种情况必须改变，这就难怪我们的剧本写不好。”

事情的起因是这样的，在1957年3月召开的作家创作规划会议上，曹禺提到一个创作方面的问题，也就是“生活里面事实是怎样，作者的感觉是怎样，和应该是怎样”之间的“距离问题”。吴祖光认定这是曹禺“口是心非”的表现，同时也是曹禺的“剧本写不好”的一个根源。曹禺虽然不断表白自己的作品没有写好，甚至于在《我对今后创作的初步认识》中诅咒自己“挂羊头卖狗肉”和卖“狗皮膏药”，却看来容不得别人评论自己的作品写得不好。他“质问吴祖光”道：

> 我曾经写过一个歌颂党对高级知识分子团结改造的剧本《明朗的天》。在《明朗的天》里，我没有说过一句言不由衷的话。而在我这一生仅仅写过很少的几本戏剧创作过程中，我最恨的也就是把写作当作虚伪宣传的工具。但是今天，我要说，在《明朗的天》中我把那些坏的高级知识分子还是写得太好了。在那段思想改造时期，有些高级知识分子（今天看，有些果然成了右派分子！）暴露出来的丑恶思想和行为，实在太龌龊、太无耻……

接下来，曹禺还积极参与了周扬等人针对丁玲、陈企霞的政治清算。在1957年8月1日召开的中国作家协会党组扩大会议上，曹禺在题为《我们愤怒》的发言中，一边表白“我是一个刚入党的党员，各方面知道的很少”，一边搬出“一个党员必须忠实于党”的神圣天条，针对丁玲干起揭发隐私的勾当：“我和她在莫斯科时，她得了斯大林奖金，她很高兴，我也为她高兴。她对我说：‘以后要写几本好书了，像托尔斯泰、高尔基那样地多写几部。’一个作家想写出像托尔斯泰、高尔基那样的书是应该鼓励的，但是我觉得她的口气里有一种莫明其妙的味道。”

在这篇发言里，此前一直以神道设教、替天行道的宗教先知及抒情诗人自居的曹禺，像他笔下的方达生、梁公仰、丁大夫、袁任敢、愫方、高觉慧、董观山那样，以修成正果的精神牧师的身份，干起了向右派分子布道招魂的勾当：“我衷心拥护党对你们所进行的最后挽救的政策。一个人把自己那样龌龊的过去坦白出来，彻底丢开，绝不是从此毁灭了见不得人了。而是从此才能得到党的信任，我们的信任，才有一天能回到我们中间，做人民当中的作家。”

随后，在公开批判丁玲、陈企霞的《灵魂的蛀虫》中，曹禺更加直接地采用了他在影剧作品所惯用的替天行道的天谴诅咒。文章中诸如“我们绝不允许这样一个反党集团在文艺界兴风作浪”、“我们现在争的不是一件小事情，而是究竟要不要党的领导，要不要社会主义文艺路线，要不要团结的问题”之类标语口号式的天谴诅咒，连篇累牍、比比皆是。

被曹禺在《〈日出〉跋》中称之为“好心的编辑”的萧乾，是与他交情最深也最急于划清政治界限的一位。没有萧乾于1937年元旦前后在《大公报》上精心策划的集体批评，27岁的曹禺是不大可能在文坛上站稳脚跟的。然而，早在1948年3月，作为中共文化界第一旗帜的郭沫若，就在著名的《斥反动文艺》一文中，把朱光潜、沈从文、萧乾等人归入了“反动文艺”的类别。曹禺在写于1957年8月的《斥洋奴政客萧乾》一文中，一开始就采用极其巧妙的比喻，透露出一心要置萧乾于死地的刀笔杀机：“萧乾是文化界熟识的人，他很聪明，能写作，中、英文都好。但有一个毛病，就是圆滑、深沉，叫人摸不着他的底。过去，他曾在浑水里钻来钻去，自以为是龙一样的人物，然而在今天的清水里，大家就看得清清楚楚，他原来是一条泥鳅。”

接下来，曹禺翻出了这位老朋友的老账：“我们都知道他的过去，他在《大公报》和《新路》上所写的那些反共、反苏的文章，我们还没有忘记。”进而借用《明朗的天》里董观山采用过的神道典故，为萧乾传神写照说：“《镜花缘》的‘两面国’里的人都有两个脸，前面微笑，后面喷着毒气，萧乾就是这种两面三刀的‘好汉’。”关于萧乾所宣扬的“民主精神”，曹禺进一步揭发道：

他说，“应该容忍你不喜欢的人，应该容忍你不喜欢的话”，这叫“民主精神”。他引用了一句漂亮话，那句话是：“我完全不同意你的看法，但是我情愿牺牲我的生命，来维护你说出这个看法的权利。”

其实，这句话是一种戏法，是语言的魔术，因为这句话没有真实的根据。谁都看得出来，这是资产阶级骗人的一句鬼话。国民党统治时期，国民党自称为“最民主、最自由”的时期，我们的革命者所受的残酷压迫和屠杀已经完全证明，萧乾所引用的这句话是毫无心肝的谎言。

然而，那个时候我们没有看见萧乾引用过这句“名言”。在那个时候，他并没有对共产党说：“我完全不同意你的看法，但我——萧乾，情愿牺牲我的生命，来维护你说出这个看法的权利。”今天，他却洋洋得意地引出了这句“名言”了，他对我们说：“这是一句非常豪迈的话”……他暗指肃反，歪曲地说：“在维护宪法的名义下干出实质上是违犯宪法的事。”

发人隐私、出卖朋友，是曹禺在《桥》中的易范奇和《艳阳天》中的马弼卿身上痛加诅咒的道德污点。到了《斥洋奴政客萧乾》一文中，却偏偏变成了曹禺自己置老朋友于险境的撒手锏：“他的前妻梅韬同志讲，萧乾一生为人做事都脚踏两条船，从不落空。他的格言是，准备最坏的，希望最好的……萧乾，你这脚踏两条船的政客，你这只脚踩着共产党的船，你那只脚踩着谁的船？”

在写于1957年9月的《从一只凶恶的“苍蝇”谈起》的开场白中，曹禺总结说：“反右派斗争已经进行了两个多月了，在辩论会上，我们已经习惯于看见右派分子‘乖乖地’坐在我们面前，像一只落水狗，没有以前那样八面威风了。”

被曹禺斥为“苍蝇”和“落水狗”的，是北京人艺的资深演员戴涯。与唐槐秋同为中国旅行剧团创始人的戴涯，是周朴园最早也最为成功的扮演者，同时也是把《雷雨》演遍大江南北的一位功臣；而且还是最早引领曹禺到天津的下等妓院为《日出》收集生活素材的中旅演员中的一个。1936年，戴涯与马彦祥、曹禺等人为演出《雷雨》和《日出》，还共同组织过中国戏剧学会。在北京人艺的大鸣大放中，戴涯站出来发了言，认为人艺处在“离心离德，毫无希望的僵尸局面”；“党越领导越乱，文化部和北京市委下来的都是官，飞扬跋扈顽固不化，整人治人，群众是挨整的老百姓”。于是，在反右运动中，大鸣大放的戴涯就变成了人艺院长曹禺笔下的“苍蝇”和“落水狗”。特别值得一提的是，已经成为信仰唯物主义无神论的中共党员的曹禺，习惯于运用的依然不是唯物主义的无神论，反而是根深蒂固地存在于他的潜意识或集体无意识中的集动物本能的野性蛮力和宗教精神的神性魔力于一身的“原始的情绪”和“蛮性的遗留”。于是，在他的这篇文章中就出现了公然宣扬宗教迷信的一段话：“有一出戏叫‘阴阳河’，指的是人死后进入‘阴曹地府’之前的一道险恶的河水。我小时候看这出戏，模糊记得，人的灵魂渡过去便成了鬼，转过来还有希望变成人。这些右派分子大概已经浮沉在‘阴阳河’里，离对岸不远了。”

在写于1957年10月的《巴豆、砒霜、鹤顶红——斥右派分子孙家琇》中，习惯于神道设教、替天行道的曹禺故伎重演，像周朴园对蘩漪、鲁侍萍对四凤、曾皓对愫方那样，针对“抱着‘资本主义牌位’一个人‘守节’”的女教授孙家琇，施以“存天理，灭人欲”的天谴诛心之术：“她是中央戏剧学院民盟右派阴谋小集团的中心人物。我想仅就她在中央戏剧学院的发言，从一两个地方谈一谈。那个发言的题目叫‘幻灭了的及还希望着的’。这个题目十分像胡风那种佶屈聱牙的句子。这位女将把自己打扮成一个旧约圣经里的先知召唤人们忏悔的圣洁模样。绕了半天，中心的意思不过是要推翻共产党，让她带领着我们走资本主义的道路……她表面看去像是一块丝光糖果，里面却是巴豆、砒霜、鹤顶红。她伪善到了极点，这个‘法里赛’！”

“法里赛”是《圣经·新约》中遭到耶稣基督天谴诅咒的伪善之人。在谈到孙家琇关于中央戏剧学院与国立戏剧专科学校的今昔对比时，曹禺采用天谴诅咒的口吻全盘否定了自己供职多年的国立剧专：“南京剧专是国民党党棍张道藩、余上沅和二陈系统的人办的。我在里面看见国民党人横行霸道，党气冲天，特务横行。进步师生被逮捕，被殴打，被陷害，哪里谈到什么学术空气！”

当胡风、吴祖光、萧乾等人一个个落入曹禺所谓的“阴阳河”的时候，曹禺自己的散文集《迎春集》由北京出版社出版发行，前面提到的批判文章全部收录其中。在写于1958年3月的“后记”中，曹禺以他所惯用的阳光天堂般神圣美好的抒情笔调表白说：“日子过得快极了，像坐了神仙的飞车一样。工作、学习、劳动、开会、看戏、旅行、听报告、参加热火朝天的各种运动——生活仿佛是一道愉快的泉水，晶莹闪耀，奔腾过去。我们在歌唱中，在战斗中，过着忙碌而又充实的日子。清晨起来，新鲜的生活立刻像春风一样迎面扑来，我觉得年轻了，仿佛又回到少年读书的时候。一切都像从新做起，而天地却与以前迥然不同。我们生活在这样一个自由、舒展、人人都能够扬眉吐气的时代里。”

若干年之后，晚年曹禺在与田本相的谈话中，对于自己当年的“神仙”日子反思道：“我写的一些文章是很伤害了一些老朋友的心的，那时，我不得不写，也没有怀疑过那么写是错误的。而历史证明，是做错了，真对不起那些朋友！”①

在田本相编著的《苦闷的灵魂——曹禺访谈录》中，还记录有曹禺更加深刻也更加真诚的另外一段忏悔话语：“吴祖光，我去南京剧校不久，他就来了，一起到了四川……对于他，我要多说几句，我是对不起他的，当然，

① 田本相：《曹禺传》，北京十月文艺出版社，1988年，第399页。

还有一些朋友,在反右时,我写了批判他们的文章。那时,我对党组织的话是没有怀疑的。叫我写,我就写,还以为是不顾私情了。不管这些客观原因吧,文章终究是我写的,一想起这些,我真是愧对这些朋友了。现在看,从批判《武训传》开始,一个运动到一个运动,总是让知识分子批判知识分子,这是一个十分痛心的历史教训。今后,再不能这样了。在'文革'中,我躺在牛棚中,才从自己被批判被打倒的经历中,深切地体验到这些。我是欠着这些朋友的。我这个人胆子很小,怕事,连我自己都不满意自己。可是我做不了一些事情,也许在别人看来是很容易的事情。"①

与这段话异曲同工的,是《艳阳天》中被曹禺斥为"马屁精"的马弼卿,"假情假意"的一句电影对白:"(假情假意)魏大哥,我也是没有办法,逼到这儿了。您可千万别见我的怪。(故做慨叹)哎,我们读书人——"

① 《苦闷的灵魂——曹禺访谈录》,第65、69页。

第十章　垂老之年的人生感悟*

1949年之后，在现实社会几乎等同于阳光天堂的情况下，曹禺的《明朗的天》、《胆剑篇》、《王昭君》中天谴罚罪的对象，只好舍近求远地转嫁给美帝国主义的文化特务、古代的吴王夫差及其占领军、破坏民族团结的异族败类温敦和他的忠实走狗休勒。对于不再高调展现"阴间地狱之黑暗+男女情爱之追求+男权家庭之反叛+专制社会之革命+舍身爱人之牺牲+天诛地灭之天谴+替天行道之拯救+阳光天堂之超度"密码模式的曹禺剧作，周恩来给出的权威解释是，"新的迷信"束缚了曹禺的创作自由。

一　《胆剑篇》的"怪力乱神"

1960年中苏两国决裂，给处于"三年自然灾害"的中国民众雪上加霜。为宣传毛泽东"自力更生，奋发图强"的政治号召，越王勾践"卧薪尝胆"的老故事，一时间成为热门话题，全国各地一下子涌现出七十多部反映"卧薪尝胆"的戏曲剧目，却没有一个话剧剧本。在罗瑞卿等高层领导人的指示下，曹禺与梅阡、于是之组成写作班子，住进北京西山一个僻静院落，开始

---

* 本章主要内容，录自笔者所著《戏剧大师曹禺：呕心沥血的悲喜人生》第十一章，该书2003年1月由山西教育出版社出版。

编写《卧薪尝胆》即《胆剑篇》的剧本。

初稿完成后，三个人花了大半年的时间征求意见。1961年3月10日，北京人艺在北京饭店举行《卧薪尝胆》座谈会，专门邀请历史学家齐燕铭、翦伯赞、侯外庐、范文澜、吴晗等人发表意见。3月13日，中国作协又出面召开《卧薪尝胆》座谈会，林默涵、刘白羽、袁水拍、张天翼、严文井、巴金、沙汀、郭小川、欧阳柏、陈默等人出席会议。袁水拍在会上提议把剧名改一下，着重在“胆”字上做文章，该剧因此被确定为《胆剑篇》。

在北京人艺赶排《胆剑篇》的同时，几经修改的剧本从1961年7月开始在《人民文学》分两期连载。10月3日，《胆剑篇》在首都剧院开始公演，演出受到热烈欢迎，评论界更是好评如潮。在这些捧场文章中，颇有几篇谈到了一些关键性问题。譬如张光年在《〈胆剑篇〉枝谈》中认为，该剧第三幕缺乏戏剧性，“虽然许多事情以米为线索而贯穿起来，但是求雨、运米、填井、谏米、迁都、献剑……仍然显得是一小块、一小块的没有溶为一体，扭成一根绳，形成真正的戏剧性情节。”①

何其芳在《〈胆剑篇〉印象》中，也指出全剧在思想内容上的空洞混乱：“不管作者的主观意图是怎样，这个作品自己说明了它最主要的思想内容是这样：一个国家用武力来侵略别的国家，压迫别的国家的人民，它总是要遭到顽强的反抗的；而一个被侵略的国家的首领，只要他能够和人民一起，依靠人民，艰苦奋斗，不管他会碰到什么样的屈辱和困难，他最后总能够战胜侵略者。这样的思想是贯串着整个五幕戏的。然而作者似乎又不满足于仅仅表现这样的思想内容，也许是觉得这比较一般一些吧，于是在第三幕又写到了‘靠自己，图自强，自强不息’的思想；在第四幕又写到‘一时强弱在于力，千古胜负在于理’的思想……”②

《胆剑篇》中所表现的越王勾践“卧薪尝胆”的老旧故事，在中国社会

---

① 张光年：《〈胆剑篇〉枝谈》，《戏剧报》1962年第1期。
② 何其芳：《〈胆剑篇〉印象》，《文艺报》1962年第2期。

早已是家喻户晓。曹禺的独创之处，在于虚构出一位既具有“姒姓，与勾践同宗”的高贵血统，又“通习六经”的“有学问”的人民代表苦成，通过他对于越王勾践的献剑献胆直到奉献生命，来实现高调宣传毛泽东“自力更生，奋发图强”的最高指示的政治目的。

大幕拉开，“乌云盖野”之中，一边是吴国军队在纵火焚烧越国百姓的稻谷；一边是越国百姓跪倒在大禹庙外守候他们的亡国之君勾践。没有跪倒的防风婆婆，更是以巫婆神汉般的神圣姿态，发出了替天行道、天诛地灭的天谴诅咒：“天杀的吴国兵啊！”

此情此景中，反而是从泄皋大夫的领地逃亡出来的丧家奴隶鸟雍，表现出较高层次的政治觉悟，针对已经成为吴王夫差的俘虏战犯的亡国之君勾践，从另一种角度发出了天谴诅咒：“真叫人俘虏了，那还不如死了的好！”

年长的太辛爹容不得丧家奴隶鸟雍这种不骂外国占领军反面骂本国君主的反叛精神，命令他与自己一道匍匐在地参拜他们的亡国之君。他的理由是：“国破家亡，总得有个头领。不指望他，还能指望谁呢？”

对于太辛爹这种甘受奴役的强制爱国，最为经典的解释是恩格斯写在《反杜林论》中这样一段话：“无论自愿的形式是受到保护，还是遭受践踏，奴役依旧是奴役。甘受奴役的现象发生于整个中世纪，在德国直到三十年战争后还可以看到。普鲁士在1806年战败之后，废除了依附关系，同时还取消了慈悲的领主们照顾贫、病和衰老的依附农的义务，当时农民曾向国王请愿，请求让他们继续处于受奴役的地位——否则在他们遭受不幸的时候谁来照顾他们呢？”①

在初步具备“自我规定的意志”的鸟雍拒不从命的情况下，与鸟雍一起“在先王时候，都造过战船，当过水兵”的老战友苦成，挺身而出加以招安。《胆剑篇》中不仅要自己跪倒，而且要软硬兼施地诱导别人跪倒在专

---

① 恩格斯：《反杜林论》，《马克思恩格斯选集》第3卷，人民出版社，1972年，第138、149页。

制君主面前的苦成和太辛爹,与剧作者曹禺一样,都是恩格斯所说的因为“缺乏自我规定的意志”而“甘受奴役”的一类人物。《胆剑篇》开幕时跪庙磕头的大场面,其实是对于鲁迅在《女吊》中所介绍的中国传统戏曲“开场的‘起殇’,中间的鬼魂时时出现,收场的好人升天,恶人落地狱”的“起殇”场面的直接模仿。

第一幕中,苦成不避刀斧,向“同宗”的越王勾践献上另一个中年汉子牺牲生命也没有送到勾践手中的烧焦的稻子,并且以人民代表的身份嘱咐道:“大王,别忘了越国的土地和百姓啊!”

作为亡国之君的勾践,也不失时机地表演起奉天承运、替天行道的神道把戏:“(接过稻子,仰首望天)皇天保佑越民!”

随后,身负重伤的苦成凭着比自己的大王还要神奇的力量,把吴王夫差刺进石崖里的“镇越神剑”拔了出来,并且庄严宣告:“越国是镇不住的。”

第三幕中,越国大旱。正在太辛爹带领众百姓祈神求雨的时候,从吴国归来的勾践用宫中的珍宝从吴国籴来大米送到百姓手中。此情此景中,苦成偏偏表现出“饿死事小,失节事大”的爱国气节,一方面指出这是“夫差的米”,“不吃这米也饿不倒的”;一方面针对自己的大王公开发出大逆不道的天谴诅咒:“大王啊,你真是没有骨气啊!”

苦成的天谴诅咒恰好被勾践听到,大臣文种以“越国无以为宝,惟民气为宝”的“天高听卑”的神圣天理,劝诫勾践不要惩罚苦成,而是应该接见这位与皇室同宗的“此地的乡贤”、“通习六经”的“有学问的庶民”。有着高贵血统的苦成,一旦被延请到勾践面前,竟然像一名职业政治家那样,充当起荀子在《礼论篇》中所说的“君师”角色,给专制君主勾践讲起了“谋国治本”:

苦　成　我们就是这样耕种的。非自耕者不食。

勾　践　(兴奋地)非自耕者不食。

苦 成 这样才是靠自己。

文 种 这样才能图自强。

勾 践 （脱口而出）君子自强不息！

[说话中阴云四布，这时一声震天动地的响雷——

只可惜，这场天人感应的高潮戏转眼之间就泄了底气。因为在以奉天承运的寡人天子自居的勾践看来，在"自强不息"的神道教条之上，还耸立着既是自然现象又是人格化的绝对主宰"天（老天爷）"："上天，你落下一场好雨吧！多么刚强，多么有志气的好百姓啊。'自强不息'，这句话叫我们眼前出现一片生机。从此，我们君臣上下，自强不息，至死不变。上天哪，风来吧，雨来吧，雷电一起都来吧！"

几千年的中国历史，总是走不出分久必合、合久必分、周而复始、轮回报应的兴亡周期，曹禺笔下这种天人感应的神圣抒情，活脱脱就是郭沫若1942年在《屈原》中呐喊过的"雷电颂"的借尸还魂。正如郭沫若笔下泄了底气的王室后裔屈原，反而要向身份低贱的卫士祈求拯救一样，自相矛盾地一边高唱"自强不息"一边祈求上苍保佑的勾践，转眼之间又纡尊降贵，从庶民苦成手里接受了神圣无比的"镇越神剑"。

第四幕已经是四年之后，庶民苦成奉大臣文种之命在城楼上安装报警大鼓时，与来自吴国的占领军发生冲突，从而被"没有是非"的泄皋大夫绑到越王勾践面前。勾践非但不予治罪，反而再一次从这位庶民身上获得战无不胜的精神力量："（奋扬地）抬鼓来，寡人就要此地衅鼓。范大夫，从此我们不能有一丝一毫苟安自保的念头。敌人也不许我们稍有一点苟安的打算。"

在由庶民苦成引起的外交争端中，即使越国不得不拆除城门以示让步，吴国占领军依然不肯善罢甘休，紧接着就搜查起了已经失落四年之久的"镇越神剑"。在不交出"镇越神剑"，越国"密藏刀剑的兵库"就有可能被吴军搜查出来的紧要关头，越王勾践先是以神圣美好的爱国表态——

“百姓将它拔下，为它流了血，死了人，交在寡人手里，它就是越国人的骨气。”——把在场臣民推入生死抉择的人生绝境；接下来又玩弄起《日出》中的方达生、《家》中的高觉慧、《艳阳天》中的阴兆时都曾经玩弄过的既要见死不救、临阵脱逃又要装傻充愣唱高调的老旧戏法：

> 这剑是万不能交的。（望着夕阳）宁可作那笔直折断的剑，不作那弯腰屈存的钩！寡人这番心志，定要上告祖先，昭示百姓。我到禹庙去了。文大人，你叫范大夫妥善应付吧。（佩剑昂然下）

越王勾践这种神圣美好的道德借口，分明是说给在场的文种和苦成听的。与勾践一样舍不得牺牲自己的大臣文种，顺水推舟地表态说：“（意在言外，安抚地）苦成老人，不要担心。我和范大夫计议一下，必然丰收出万全之策。”

在越王勾践和大臣文种先后推卸职责、借口逃避的情况下，没有一官半职的苦成却挺身而出，自愿走上为保全“神剑”而殉道牺牲的黄泉之路。曹禺自然忘不了替苦成写下大段甩腔甩调的戏曲式“诵白”：“儿孙们哪，你们定要揭地掀天，将今日的乾坤翻倒！”

呐喊煽情之余，苦成最后一次叩见勾践，在献上苦胆的同时还留下政治遗言，从而奠定了自己死后成神的崇高位置：“（从腰间取下苦胆）胆。胆能明目，它叫人眼亮。大王要看清哪！一时强弱在于力，千古胜负在于理。”

在接下来的一场戏中，绝对不肯牺牲自己的越王勾践反而像罪人一样自我忏悔、自我诅咒起来：“我卑鄙，我怯弱，像一只惊弓之鸟，一见猎人的影子，就钻入天去。我只知退缩。抢牛，我不敢回手；搜剑，我不敢回手；连拆城我都不敢回手。这一鞭一道血痕，打在我的心上。我就是脸皮厚，就是不知痛。在群臣面前，在范蠡、文种这样难驾驭、不能长居人下的大夫面前，站着我这样一个不成器的君王！”“我是什么人哪！（捶胸长啸）哦，我恨——哪！”

到了第五幕，大幕拉开时已经是十五年之后，苦成当年拔出“镇越宝剑”的石崖上被题写了“苦成”两个大字。全剧开幕时与苦成一起向禹庙跪拜的越国百姓，又掉转头来跪倒在苦成崖前，朝着死后“成了神”，而且“天天都显着灵应”的苦成烧香膜拜。连越王勾践发出的圣战爱国的战争命令，都是苦成生前留给他的政治遗嘱甚至于政治圣经：“千古胜负在于理”。

这场爱国圣战的结果，吴军战败，夫差被俘，苦成牺牲生命保护下来的“镇越神剑”又回到夫差手中，成了他用来“自处”的神器。苦成留下的那颗苦胆，也成为越王勾践报仇雪恨之后依然自强不息的国家神器：“卧薪尝胆，自强不息。勾践永远不会忘记。”

总而言之，一部《胆剑篇》从头到尾只是有知识、有王族血统的人民代表苦成，生前如何圣贤、死后如何神明的“精忠报国苦成传”。而这位一会儿是稻、一会儿是米、一会儿是剑、一会儿是胆的苦成老人，与《蜕变》和《艳阳天》中超凡入圣、修成正果的丁大夫、阴兆时一样，只是孔子《论语》中明确否定过的“怪、力、乱、神”式的神道人物。身份低贱的丧家奴鸟雍在爱国圣战中英勇牺牲，在等级森严的神道秩序中所成就的，更是“配祭在苦成崖上”的更加低级的“怪、力、乱、神”。①

二 周恩来论“新的迷信”

1961年1月14至18日，中共八届九中全会在北京召开，会议通过了对于国民经济实施“调整、巩固、充实、提高”的八字方针，开始在各个领域进行反“左”。1962年1月11日至2月7日，中共中央在北京召开“七千人大会”，标志着反“左”运动的最高潮。在3月27日至4月16日召开的

① 孔子：《论语·述而》，见《新刊四书五经》，中国书店，1994年，第88页。

二届全国人大三次会议上,周恩来宣读《政府工作报告》,对“大跃进”以来政府工作中的严重错误进行检讨。在这种背景之下,文化宣传政策再一次趋于松动。

同年6月1至28日,中宣部在京召开全国文艺工作座谈会,文化部也同时召开全国电影故事片创作会议。周恩来于6月19日会见两会代表并发表讲话,把毛泽东于1958年提出的“敢想敢说敢做”,进一步发挥为“解放思想,破除迷信”,并且对文化界盛行的“先定一个框子,拿框子去套,接着是抓辫子、挖根子、戴帽子、打棍子”的做法提出批评。1962年2月17日,周恩来在中南海紫光阁召开在京话剧、歌剧、儿童剧作家座谈会,在讲话中专门点评了自己的南开老校友曹禺:

> 曹禺同志的《雷雨》写于“九一八”之后,那个时代是国民党统治时期,民国时代。写的是“五四”前后的历史背景,已经没有辫子了。写的是封建买办的家庭,作品反映的生活合乎那个时代,这作品保留下来了。这样的戏,现在站得住,将来也站得住。有人问:为什么鲁大海不领导工人革命?让他去说吧,这意见是很可笑的,因为当时工人只有那样的觉悟程度,作家只有那样的认识水平。这合乎那个时代作家的认识水平的。那时还有左翼作家的更革命的作品,但带有宣传味道,成为艺术品的很少。我在重庆时对曹禺说过,我欣赏你的,就是你的剧本合乎你的思想水平的。①

接着这段话,周恩来提出了“新的迷信”的概念:“新的迷信把我们的思想束缚起来了,于是作家们不敢写了,帽子很多,写得很少,但求无过,不求有功。曹禺同志是有勇气的作家,是有自信心的作家,大家很尊重他。但他写《胆剑编》也很苦恼。他入了党,应该更大胆,但反而更胆小了。谦

---

① 周恩来:《对在京的话剧、歌剧、儿童剧作家的讲话》,《文艺研究》1979年第1期。

● 1961年2月14日曹禺陪同周恩来在北京人艺除夕晚会上

虚是好事,但胆子变小了不好。入了党应该对他有好处,要求严格一些,但写作上好像反而有了束缚。把一个具体作家作为例子来讲一下有好处。所以举曹禺同志为例,因为他是党员,又因为他是我的老同学,老朋友,对他要求严格一些说重了他不会怪我……《明朗的天》好像还活泼一些。有人说它不深刻,但这是解放后不久写的,写在一九五三年。这个戏把帝国主义办医学院的反面的东西揭露出来了,我看过几次,每次都受感动。《胆剑篇》有它的好处,主要方面是成功的,但我没有那样受感动。作者好像受了某种束缚,是新的迷信所造成的。"

为周恩来没有挑明说破的是,成就曹禺一系列经典传世之作的,恰恰是比"新的迷信"更加根深蒂固也更加博大精深的"旧的迷信",也就是曹禺在《〈雷雨〉序》中所介绍的集动物本能的野性蛮力和宗教精神的神性魔力于一身的"原始的情绪"和"蛮性的遗留",以及由此而来的"阴间地狱之黑暗+男女情爱之追求+男权家庭之反叛+专制社会之革命+舍身爱人之牺牲+天诛地灭之天谴+替天行道之拯救+阳光天堂之超度"的密码模式。

同年3月2至26日,文化部与中国剧协在广州召开全国性的话剧、歌剧、儿童剧创作座谈会。会上对于在反右倾运动中遭受批判的《洞箫横吹》、《布谷鸟又叫了》、《同甘共苦》等剧目给予"平反"。陈毅受周恩来的委托在大会上表态说:"我国知识分子绝大多数是拥护党拥护社会主义的,是经受了考验的。他们是劳动人民的一部分。应当为他们脱‘资产阶级知识分子’之帽,加‘劳动人民知识分子’之冕。”会议期间,周恩来还专程从北京赶来为与会人员打气壮胆,从而酿造出较为宽松活跃的小气候。

有周恩来、陈毅们在身后撑腰打气,曹禺在长篇发言中颇为坦诚地进行了另一种自我诅咒式的自我批评:“我是有过这种不知以为知,甚至不懂装懂的痛苦经验的。不知以为知虽然不好,还情有可原,因为往往我们不明白自己的无知,以为自己所知道的那一点学问就是全部学问,所以有时不懂,或不甚懂,却以为懂了。然而不懂装懂,实在可怕。这‘装’就不大好,至少是不谦虚的表现。我想,‘装懂’的时候总该有些窘促的,但如果那时候还有些得意,离开‘知’这一条路便更远了。”①

由“不知”到“装”再到“有些得意”,像这样的人格失落与人性异化,大概只能用曹禺在《〈雷雨〉序》所形容的“天地间的‘残忍’”来加以解释。到了晚年,曹禺干脆用仇虎在原野黑林子里遭遇过的因走投无路而四处碰壁的鬼打墙,来形容自己当年失魂落魄的可怜相:“我的确变得胆小了,谨慎了。不是我没有主见,是判断不清楚。我那时倒没有挨过整,可是讲的那些头头是道的大道理,好像都对似的。现在,懂得那是‘左’倾的思潮,但当时却看不清楚。在创作中也感到苦恼,周围好像有种看不到的墙,说不定又碰到什么。总理是说到我,但他是希望作家把沉重的包袱放下来,从‘新的迷信’中解放出来。”②

三　政治风浪中的失魂落魄

在完成《胆剑篇》不久,曹禺又从周恩来那里接受了创作《王昭君》的任务。据他自己介绍,“记得那是一九六〇年左右的一个下午,在政协礼

① 曹禺:《漫谈创作》,《戏剧报》1962 年第 6 期。

② 曹禺与田本相谈话,田本相:《曹禺传》,北京十月文艺出版社,1988 年,第 411 页。

堂，总理和我们一起谈话，内蒙古的一位领导同志向周总理反映，在内蒙古地区，在钢城包头，蒙古族的男同志要找汉族对象有些困难，因为汉族姑娘一般不愿意嫁给蒙古族的小伙子。周总理说：要提倡汉族妇女嫁给少数民族，不要大汉族主义；古时候就有一个王昭君是这样的！接着，总理对我说：‘曹禺，你就写王昭君吧！’总理提议大家举杯，预祝《王昭君》早日写成。”①

1961 年夏天，曹禺专门与历史学家翦伯赞有过一次内蒙古之行。1961 年 2 月 5 日，翦伯赞在《光明日报》发表《从两汉的和亲政策说到昭君出塞》，从学术上论证了歌颂王昭君的政治意义：“作为汉元帝掖庭中的一个宫女，王昭君不过是封建专制皇帝脚下践踏的一粒沙子；但是作为一个被汉王朝选定的前往匈奴和亲的姑娘，她就象征地代表了一个王朝，一个帝国，一个民族，并且承担了这个王朝、帝国、民族寄托在她身上的政治使命。”

中国的政坛和文坛，并没有因为“大跃进”的惨痛教训而趋于平和。周恩来、陈毅主持操办的全国话剧、歌剧、儿童剧座谈会，不过是一轮接一轮政治运动中的一个小插曲、一场过场戏。用曹禺“文革”后的说法是：“好景不长。没过多久，不知从哪里吹来了一股阴风，把广州会议说成是‘黑会’，从此大家又耷拉脑袋，不大敢写东西了。”②于是，曹禺已经开篇的

● 1960 年代曹禺、万方、万欢、方瑞在北戴河

① 曹禺：《昭君自有千秋在》，《民族团结》1979 年第 2 期。
② 曹禺：《几点随想》，《剧本》1979 年第 2 期。

《王昭君》，因为“不敢写东西”而搁置下来，一下子就中断了十多年。

1966年12月4日深夜，发生了轰动全国的“活捉彭（彭真）、罗（罗瑞卿）、陆（陆定一）、杨（杨尚昆）”的政治事件，这是“文革”中最大规模的一次逮捕行动，遭到“活捉”的是与小民百姓一样没有法律保障的大人物。曹禺当时也被从床上拖走，押往中央音乐学院礼堂里给彭真等人陪绑陪斗。是周恩来“曹禺算什么呢？他又不是走资派”一句话，暂时解救了曹禺。

1967年1月，随着姚文元《评反革命两面派周扬》一文的发表，中国文化人三十多年来积累下来的恩恩怨怨，终于像曹禺《雷雨》中所描绘的那样，戏剧性地合拢成一个天谴罚罪加阳光天堂的天罗地网。像“雷雨（雷公）”那样执行奉天承运、替天行道、天诛地灭、一网打尽的天谴罚罪的，是雷公崽子似的红卫兵。他们给曹禺戴上的是“资产阶级反动权威”和“黑线人物”的大帽子。曹禺从此不再是高高在上的文艺界领导，而是被关进“牛棚”的一名“牛鬼蛇神”。从精神上被判死罪的曹禺，马上表现出了比《日出》中的黄省三和《原野》中的焦大星还要等而下之的神魂颠倒、失魂落魄。黄省三、焦大星们至少还敢于演戏般地喊出几句洒狗血式的硬气话，曹禺却只能对家人发泄、对自己施虐。多亏曹禺身边还有一个像愫方、瑞贞、鸣凤那样“舍身爱人”的方瑞，他才不至于像周萍、黄省三、焦大星、老窝瓜、曾文清那样，走上天谴罚罪、天诛地灭的人生绝路：

> 在铁狮子胡同3号，我住着三间房子，有一间书房，抄了，封了。在我们大院门口张贴着“反动学术权威曹禺在此”的对联……有一段，我住在家里，不敢出房门。大院里也是两派在骂，夜里也在斗走资派，一天到晚，心惊肉跳，随时准备着挨斗。我觉得我全错了，我痛苦极了。我的房间挂着毛主席像，贴着毛主席语录：“革命不是请客吃饭……”我跪在地上，求着方瑞：“你帮助我死了吧！用电电死我吧！”真不想活下去了，好几次都想从四楼跳下去，我哀求着方瑞，让她帮着我死。方瑞说：“你先帮我死好不好？”我真是太脆弱了，还有老人，还有妻

子，还有孩子，又怎么能把她们抛下。难为了方瑞，伴着我一直受苦。她依然是那样默默地把她的爱都贡献给孩子，贡献给我。她内心当然是痛苦的，但她外表上却镇静。她每天都靠吃安眠药过日子，孩子又小，又有一个年老体弱的母亲，真是够她支撑的了！她也是我的精神支柱。①

当戏剧大师曹禺在自己的祖国遭受磨难并失魂落魄的时候，国际文化界却给予他很高的评价和善意的关注。1972 年，曹禺被安排在首都剧场传达室负责来客登记和打扫卫生，是国外报刊报道的"中国的莎士比亚正在给剧团做看大门的工作"的一则消息，给他的命运带来了一线希望和转机。为了不给"国内外的阶级敌人"提供"反宣传"的材料，曹禺随后被安排在东城区史家胡同 56 号北京人民艺术剧院家属院看守传达室。周恩来的过问更使曹禺彻底摆脱了困境：

我还听张颖同志说，"文革"中他接见张颖，还打听我的状况。那时我还没有解放。总理就派张颖来看我。还同张颖说，看看最近有什么文化方面的外事活动，安排曹禺同志出席，一定还要见报。这样，大家看了，就知道我没有事了，那么一些人也不会找我的麻烦了。你们看总理对我的关怀是无微不至的。②

方瑞死于 1974 年，是喝了过量的安眠药致死的。到了 1978 年，曹禺在《为了不能忘却的纪念——〈家〉重版后记》中，用神道设教的五彩神笔为"舍身爱人"的方瑞立下了一座死得其所的道德丰碑：

自从我写《北京人》，我所有的文稿都是经过所爱的朋友的手，或

① 田本相：《曹禺传》，第 420 页。

② 田本相、刘一军编著：《苦闷的灵魂——曹禺访谈录》，江苏教育出版社，2001 年，第 164 页。

抄誊过，或改动过。我的这位朋友，在“四人帮”横行时，经常不断地探视我，在相对无言中，曾给了我多大的勇气与韧力啊！但是她身体衰弱了，没有等到粉碎“四人帮”的胜利到来，终于过早地离开我和孩子们。对于革命，对于社会，我的朋友是默默无闻的。然而我将永远感激她。因为她通过我，总想为人民的事业尽一点力。

1975年1月5至7日，曹禺在周恩来的直接关怀下出席了第四届全国人民代表大会预备会和第一次会议。同年春天，香港市政局主办的“曹禺戏剧节”演出了《北京人》、《蜕变》、《胆剑篇》，曹禺戏剧在不正常的政治环境中，依然在世界范围内发挥着不可替代的艺术生命力。“文化大革命”结束之后，甚至在世界范围内掀起过一阵“曹禺热”。正如日本学者佐藤一郎所说：“在中国近代戏剧史上，若推出一位代表作家，当首推曹禺。我觉得，在小说史上推崇一位达到顶峰的代表作家，肯定会引起很大的争论。但至少在话剧界，把他作为近代话剧的确立者和集大成者确是可能的。”①

四　《王昭君》的超凡入圣

1978年7、8月间，随着政治形势再一次趋于缓和，曹禺为重新启动《王昭君》一剧的写作，在女儿万方陪同下赴新疆感受草原风光、体验草原生活。即使是事过境迁，曹禺依然要把该剧当作政治任务来予以完成：“我领会周总理的意思，是用这个题材歌颂我国各民族的团结和民族间的文化交流。而王昭君正是为这一事业身体力行，做出了了不起的贡献的一位女子。”②

---

① 《苦闷的灵魂——曹禺访谈录》，第145页。
② 曹禺：《昭君自有千秋在》，《民族团结》1979年第2期。

一直以集动物本能的野性蛮力和宗教精神的神性魔力于一身的"原始的情绪"和"蛮性的遗留"，作为文艺创作原动力和内驱力的曹禺，即使在政治操作的大前提下，也依然能够从民间传说中寻找到神道设教、替天行道的神话依据："关于王昭君的传说，不仅汉族有，蒙古族也有。在草原上，王昭君也是一个人人皆知的女子。而且，她仿佛是一位仁慈的女神。人们传说，贫苦的牧民没有羊，到青冢上面去，就可以得到羊；结婚后没有孩子，到青冢去住一夜，第二年一定会生出一个又白又胖的儿子。在那里，人们把美好的愿望都寄托在王昭君的身上。"

田本相在《曹禺传》中，还记录了曹禺收集到的另一则神话传说："昭君原来是天上的仙女，受玉皇大帝派遣，下凡来平息汉族和匈奴的干戈的。匈奴单于从漠北远道前来迎接昭君，二人一路上冒着漫天的风雪，走到黑水边上，只见朔风怒号，走石飞沙，马队不能前进，只得就地停下。这时昭君下了马，弹起她的琵琶。顿时风停雪止，天上彩霞横空，祥云缭绕；地上冰雪消融，万物复苏……昭君还有一个锦囊，她从里面取出几粒种子撒在地上，从此塞外便有了庄稼。"有了这样的神话传说，曹禺就可以部分恢复此前创作《雷雨》、《日出》、《原野》时以神道设教、替天行道的宗教先知加抒情诗人自居的身份特权，进而以"如神仙，如佛，如先知"般"升到上帝的座"的神圣高调，展现自己所擅长的"阴间地狱之黑暗 + 男女情爱之追求 + 男权家庭之反叛 + 专制社会之革命 + 舍身爱人之牺牲 + 天诛地灭之天谴 + 替天行道之拯救 + 阳光天堂之超度"的密码模式。

在第一幕中，王昭君是以汉宫待召的身份出场的。对于她来说，汉元帝金碧辉煌的皇宫，就是一座埋活人的阴间地狱。她一边表白"我想的……自己也不明白"的精神困惑，一边自相矛盾地诉说着阳光天堂般神圣美好的人生理想：

姑姑啊，你的"德言工容"说得巧，难道我必须在这里等待，等待到地老天荒？一个女人是多么不幸。生下来，从生到死，都要依靠人。

难道一个女人就不能像大鹏似的，一飞就是九千里？难道王昭君、我，一生就和这后宫三千人一样？

……我要像一只雁，在碧悠悠的、宽阔的青天里飞起来多好。

为了证明王昭君与别人不一样、不平等的身份等级和身份特权，王昭君的姑姑姜夫人介绍说："你跟人不同。你生下来，满屋喷香，月亮扑在你妈的怀里，才有了你。看相的说，你是天上的，命定要当皇后的。"王昭君并不相信这种大众化的民间神道，而是摆出中国传统儒教文化中更加正统的神道理由，来证明自己与别人不一样、不平等的身份等级和身份特权：自己的父亲是为皇权之国血洒疆场的忠烈之士。自己的母亲是为烈士丈夫殉情而死的贞女烈妇。自己从尽忠的父亲那里继承来的不是烈士家属应该享受到的官方抚恤，而是致力于民族团结的精神法宝。自己从节烈的母亲那里继承下来的是殉情而死的神圣情歌《长相知》。自己比烈士父亲和烈妇母亲更加神圣的地方，还在于既能继承家教又能服务政治的政教合一的创造发明；也就是把儿女情长的《长相知》，改写成为一首歌颂民族团结的大公无私的政治神曲。

第二幕中，"自愿请行"的王昭君以"掖氏备选"的身份，被汉元帝当作"礼物"和"宝"奉献在呼韩邪面前。并没有被皇帝当作"人"来看待的王昭君自己，反倒有了齐天大圣孙悟空式的美好感觉：

上面坐着的，莫非是生杀由他的皇上和单于？
他们"喜"就是"生"，"怒"就是"死亡"。
可六宫都羡慕我，一天便见到了，
一个单于，一个皇上！
管他是什么！
我淡淡装，

天然样，
就是这样一人汉家姑娘。
我款款地行，我从容地走，
把定前程，我一人敢承当。
怕什么！
难道皇帝不也是百姓供养。

宫殿之上，当汉元帝命王昭君歌唱"鹿鸣"之曲时，王昭君偏偏要自作主张，奉献出了"比'鹿鸣'还要尽意"的中国特色的天堂神曲《长相知》：

上邪！
我欲与君长相知，
长命毋绝衰。
山无陵，江水为竭，
冬雷震震，夏雨雪，
天地合，乃敢与君绝。
长相知啊，长相知。

面对汉元帝"你在这样的嘉宾面前，唱起这样儿女的情歌。不是失了礼吗？"的指责，王昭君反而以一位圆滑老练的职业政治家的神圣姿态，讲出了传统儒教文化中更加神圣的以天神天命天意天理天道天堂为本体本位的正统道理："天生圣人都是本着'义'和'诚'的大道理治理天下的。于今，汉、匈一家，情同兄弟，弟兄之间，不就要长命相知，天长地久吗？长相知，才能不相疑，不相疑，才能长相知……这岂是区区的男女之情，碌碌的儿女之意哉！"

以现代性的以人为本、意思自治、契约平等、民主参与、宪政共和、大同博爱的价值体系和文明常识来反观历史，所谓"天生圣人"的汉元帝、呼韩邪,以及与"天生圣人"并驾齐驱、比翼双飞的王昭君,所要实现的"汉、匈一家,情同兄弟"的神圣大业,最终应该保障的恰恰是每一位个人正当合法的私有权利,也就是所谓的"区区的男女之情,碌碌的儿女之意"。除了保障普通民众男欢女爱、安居乐业的幸福生活之外,任何意义的"'义'和'诚'的大道理",都是反文明和反人道的。王昭君理直气壮演讲出的"岂是区区的男女之情,碌碌的儿女之意哉"的高调道理,恰恰是宋明理学"饿死事小,失节事大"、"存天理,灭人欲"的反文明和反人道的吃人礼教。

接下来,边关传来紧急情报,说是匈奴骑兵袭击了汉朝商队,王昭君"存天理,灭人欲"的"长相知",当场就被汉元帝派上了用场,说是汉民族的百姓蒙受损失,"对我们天长地久的昆弟、翁婿之欢",是"一件很小的事情"。与此同时,汉元帝还把王昭君当场改封为公主,以便提高把她转嫁给呼韩邪单于的身价,并且抬出自己死后成神的专制祖宗的名义,把这种明显违背人伦情理的异族和亲,神圣美化为"祖宗顺天衅民,怀远和亲,作一家人的道理"。

在接下来的第三幕和第四幕中,跟随呼韩邪单于来到匈奴的王昭君,受尽委曲、历尽磨难才赢得呼韩邪单于的"长相知",从而修来与单于"千岁"并驾齐驱的"宁胡阏氏千岁、千千岁"的人间正果。此时此刻的王昭君,并不满足于凌驾于普通民众之上的人间正果,反而把自己与单于男欢女爱的私人用品合欢被,赠送给一位神秘老人。随着合欢被飞上天空变成"像天那样大,广无垠"的"神明"之物,也就是中国传统神道文化中最为原始、最为永恒也最具有艺术魅力的天谴天罚加阳光天堂的天罗地网;王昭君与单于之间男欢女爱"长相知"的私人情感,也被化私为公地绝对神圣化。已经成为"阏氏千岁"的王昭君,最后还要仿照传统戏曲的曲终奏雅,呐喊出阳光天堂般的神圣口号:"祝普天下没有受寒的人!"

早在1936年,鲁迅对于夏衍写得"激昂慷慨"的《赛金花》的"最中心的主题",曾经有过一针见血的点破:"连义和拳时代和德国统帅瓦德西睡了一些时候的赛金花，也早已封为九天护国娘娘了。”①四十多年过去，出现在影剧大师曹禺笔下的王昭君，所充当的依然是连两千多年前的孔子都要“敬鬼神而远之”的“怪、力、乱、神”式的“九天护国娘娘的角色”。假如把剧中败坏民族团结的反派人物温敦用来斥骂走狗休勒的一番话，移用到王昭君身上，反倒显得更加具有针对性：“哼，有这样一种奴才，献给我的，不过是半个瘦羊腿，可向我要的却是一座金子堆成的山。这是个什么人呢？哼！他的儿子死了，他没有掉一滴眼泪，可是为了他那看不见的一座金山，他对我苦苦哀求，伤心地哭着，泪水打湿了我的靴子。连我这石头一样的人都被他哭动了心，哭断了肠！”

原本是男权强权社会的性奴隶的王昭君，靠着男权强权主子的恩赐授权才得到了千岁的地位，偏偏还要更进一步凌驾于男权强权主子之上，去修成一个既网罗一切又包办一切的超凡入圣的神圣正果。这种人格分裂和价值混乱，还可以借用鲁迅《坟·论照相之类》中的一段话来分析说明：“道学先生之所谓‘万物皆备于我’的事，其实是全国，至少是S城的‘目不识丁’的人们都知道，所以人为‘万物之灵’。……较为通行的是先将自己照下两张，服饰态度各不同，然后合照为一张，两个自己即如宾主，或如主仆，名曰‘二我图’。但设若一个自己傲然地坐着，一个自己卑劣可怜地，向了坐着的那一个自己跪着的时候，名色便又两样了：‘求己图’……至于贵人富户，则因为属于呆鸟一类，所以决计想不出如此雅致的花样来，即有特别举动，至多也不过自己坐在中间，膝下排列着他的一百人儿子，一千个孙子和一万个曾孙（下略）照一张‘全家福’。”

从一开始就要显示自己与别人不一样、不平等的身份等级和身份特权的王昭君，与马克思在《〈黑格尔法哲学批判〉导言》中所提倡的“人本身是人的最高本质”的以人为本的人道主义本体论，也是就是现代性的以人为本、意思自治、契约平等、民主参与、宪政共和、大同博爱的价值体系和文明

① 鲁迅：《这也是生活》，《鲁迅全集》第6卷，人民文学出版社，1981年，第597页。

常识,显然是格格不入和背道而驰的。笔者如此苛评《王昭君》一剧,并不是要抹杀王昭君本人促进民族团结的历史意义和现实意义,而是要强调任何形式的个人崇拜和个人造神,在现代文明社会里都是不可接受的。

五 拨乱反正的公开表态

《王昭君》完成于 1978 年 10 月,曹禺在“献辞”中写道:“我把这个剧本献给祖国国庆三十周年,并且用它来纪念我们敬爱的周总理。”同年 11 月,新编五幕历史剧《王昭君》在《人民文学》第 11 期全文发表,与此同时,北京人艺也开始紧张排演。由于有较多的政治操作和政治色彩在里边,加之作品本身在一定程度上恢复和保留了曹禺戏剧中既根源于中国传统神道文化,又充分吸纳外国宗教文化的“阴间地狱之黑暗 + 男女情爱之追求 + 男权家庭之反叛 + 专制社会之革命 + 舍身爱人之牺牲 + 天诛地灭之天谴 + 替天行道之拯救 + 阳光天堂之超度”的密码模式;尤其是其中最为原始、最为永恒也最具艺术魅力的天谴天罚加阳光天堂的文化密码及神道格局,戏还没有上演便赢得一片赞美之声。相比之下,反倒是一个叫尚文的北京大学中文系学生,在与曹禺的对话中说出了自己的一点真实的感受:

> 报上都说好,我觉得这戏诗意挺浓。不过,不如我过去看的戏曲《昭君出塞》感人,后半部不吸引人。王昭君到了匈奴以后,显得太窝囊,好像有点束手无策,等着挨整似的……不过,也许我说得重了。我妈常说我,什么都爱挑个刺,要我记住一句话:“看人挑担不费力,自己挑担重千斤。”①

① 钱理群:《大小舞台之间——曹禺戏剧新论》,浙江文艺出版社,1994 年,第 363 页。

1979 年初，作为“拨乱反正”的政治安排，周恩来 1961 年 6 月 19 日的《在文艺工作座谈会和故事片创作会议上的讲话》，在《文艺报》第 2 期正式发表。1962 年 2 月 17 日的《对在京的话剧、歌剧、儿童剧作家的讲话》，在《文艺研究》第 1 期正式发表。配合着这两个讲话的发表，曹禺在《剧本》第 2 期上发表与时俱进的《几点随想》，对中国文艺界走过的曲折道路进行反思：“解放后我们努力改造，十三年的时间，应该说有了一点成绩。背着‘资产阶级知识分子’的帽子，实在是抬不起头来，出不出气来。这个帽子压得我们不能畅所欲言地为社会主义写作，生怕弄不好，就成为‘反党反社会主义’的‘毒草’。”

1980 年，曹禺在《剧本》第 7 期上发表《戏剧创作漫谈》，针对话剧创作中的实际问题进一步反思道：“最近我看了《文艺报》上孙犁同志的一篇文章，写得十分好，也十分透。他勇敢地提出‘人道主义’的问题，这是很大胆的。我由此想到，我们写‘人性’写得太不深了，甚至有人至今还不敢碰。每个人物都是有性格的，就看你敢不敢写，会不会写好。现在有的人好像头上带了紧箍，不管谁一念紧箍咒，他的头就痛。这不好。不在于人家限制你，而是自己限制自己。这是有来源的，中国几千年的封建束缚和几十年的极左压力，使得许多人谨小慎微，不能畅所欲‘写’。畅所欲写，并不就是写黑暗，一味写黑暗是不利于祖国的。我是说，要写那些叫人揪心的，使人不能忘却的人物，写他们的情操、信念。”

1980 年 6 月 22 日，曹禺在接受田本相、杨景辉采访时，另有更加自由、更加大胆也更能切中时弊的谈话：“为什么我们不能创作出那种具有世界性的作品来？《战争与和平》、《复活》，在我们看来都是错误，虚伪，但确实有世界性。我们总是写那些‘合槽’的东西，‘合’一定的政治概念之‘槽’，一个萝卜一个坑，这是写不出好作品的。”①

这里的“合槽”与不“合槽”，正是曹禺创作于 1949 年之前的《雷雨》、

① 《苦闷的灵魂——曹禺访谈录》，第 33、40、41 页。

《日出》、《原野》，与他创作于1949年之后的《王昭君》、《明朗的天》、《胆剑篇》之间最具实质性的一种区别。然而，当田本相把采访记录整理成《我的生活和创作道路——同田本相的谈话》，准备在《戏剧论丛》1981年第2期公开发表时，曹禺又对自己的谈话内容进行了删改修正。用他自己的话说："我很痛苦，我没有时间，我自己做不了自己的主人……我推不开，摆不脱，我不好意思，我怕叫人误会，我还担心得罪朋友，我已经得罪了不少朋友，我不想再得罪朋友了。"①

尽管如此，《我的生活和创作道路——同田本相的谈话》一文，依然称得上是曹禺晚年比较大胆的一次公开表态。只可惜，他对于人道主义及创作自由的公开表态，不久就被当作资产阶级自由化的精神污染而遭到清算。1981年8月3至8日，中共中央宣传部在京召开全国思想战线座谈会，传达邓小平关于思想、文艺战线要"坚持四项基本原则，反对资产阶级自由化"的指示。同年12月12日，身为剧协主席的曹禺主持召开主席团扩大会议，讨论贯彻中央对文艺工作的指示精神。这位72岁的胆怯老人，从此再也没有公开使用过"人道主义"、"人性"之类的字眼，而是把自己内心深处的困惑与悲哀，用私人书信的方式写给因大腿骨折在上海住院的巴金：

> 我现在不知为什么忽然有些神经，稍有什么异常的现象，就能使我往不好处想，而且往往固执，必须另有一种与我所感到的异常现象正相反的"吉相"发生，我才放下心来。大约小时听神秘鬼怪的故事太多了，到了老年，又回转反应在我的头脑里……我不是虚无派，不是颓废派，更不是资本主义社会的什么、什么，我只是一个老人，一个毫无知识的老人，我只是想活下去，而且要认真活下去。②

① 《苦闷的灵魂——曹禺访谈录》，第48页。

② 曹禺致巴金信，1981年11月20日。田本相主编《曹禺全集》第6卷，花山文艺出版社，1996年，第47页。

据曹禺国立剧专时期的学生与晚年的同事刘厚生介绍："解放初期，他觉得共产党什么都是对的，要他干什么，他就干什么。另外，他也是'既得利益'者，比起解放前，他的地位、名誉和待遇啦，要高得多，统统都有了。在经历了一段之后，他很清楚，每次政治运动过后，要么都有，要么都没有了。这点，他看到了。所以，每到关键的时刻，他就犹豫了。是说真话，还是跟着表态？这时，他就不那么率直了……出这样的人才真是不容易！但是，把他窝成这样，也真是可怕。现在想起来越来越觉得，这几十年的压力，政治运动的压力，对人的伤害太大了，所有的棱角都给磨掉了……在我看，曹禺先生有点性格悲剧：又要适应这个环境，但是心里又不甘；要是不顾环境逆潮流而动，说真话，动真格的，他又有点不敢。这就是他的悲剧之所在。""曹禺先生主持剧协工作，不止一次说：'我就是个木鱼啊！你们敲吧！爱怎么敲就怎么敲吧！'……他看了人家的作品，看了戏之后，他都说：'不易，不易！'这几乎成了他的口头禅，后来大家都当成笑话了。"①

六　垂老之年的人生感悟

作为全国剧协的终身主席、北京人艺的终身院长以及后来的中国文联主席，曹禺在垂老之年发表了大量言不由衷的表态应酬文章，只是在零星写出的一些文章和书信中，表现出了一些人生的感悟和人性的真实。

《福建戏剧》1981年第6期上，发表有曹禺的《〈西游记〉与美猴王——在首都戏剧界座谈〈真假美猴王〉会上的发言》。其中对于《西游记》的分析评论，完全可以用来解释他所创作的一系列高度宗教化的影剧作品："佛教于西汉传入我国，到了明朝，仍很盛行。我们马列主义者认为宗教是迷信，是鸦片。然而在吴承恩生活的那个年代，佛教的思想、佛教的理论，是为一般人民和统治者所接受的。吴承恩虽然是个大知识分子，他也不能不

① 田本相采访、刘厚生记录，《苦闷的灵魂——曹禺访谈录》，第275、276页。

接受。佛教在那个时候,似乎会给人以'安慰'。《西游记》反映了那个时代人们对佛教的信仰和崇敬。因此,对'佛'这个问题,是不能推翻的;如果可以推翻,那么《西游记》将不复存在,就连中国的其他古典名著也将一样不复存在……孙悟空大闹天宫成为了不起的个人英雄,后来又有个大转折,被压在五行山下五百年。直到唐僧要往西天取经,才把他解放出来,然后给加上'紧箍咒',好驾驭他……孙悟空永远是个被同情的角色,而且永远是个英雄……到了西天,得到一个佛的封号叫'斗战胜佛'。"

1982年1月,北京人艺建院三十周年纪念文集《攻坚集》出版。曹禺在《〈攻坚集〉序》中,再一次发挥了自己童话神话般的宗教戏剧观:"舞台是一座蕴藏无限魅惑的地方,它是地狱,是天堂。谁能想象得出艺术创造的甘苦与艰辛呢? ……一场惊心动魄的成功演出,是从苦恼到苦恼,经过地狱一般的折磨,才出现的。据说进天堂是美德的报酬。天堂是永远的和谐与宁静。然而戏剧的'天堂'却比传说的天堂更高、更幸福。它永不宁静,它是滔滔的海浪,是熊熊的火焰,是不停地孕育万物的土地,是乱云堆起、变化莫测的天空。只有看见了万相人生的人,才能在舞台上得到千变万化的永生……他比孙大圣还要高明,一生岂止有七十二种形象变化?"

自1988年起,曹禺垂老之年的生活大部分是在北京医院度过的。1991年9月28日,应《收获》之约完成于北京医院的《雪松》一文,是饱经人世沧桑的影剧大师曹禺,对于自己当年"如神仙,如佛,如先知"般"升到上帝的座"的神采飞扬、自由开放的创作心态的部分回归:"其实,我这个人是极为欢乐的,我笑起来总是开怀畅笑,有时一连串讲起往事,也是找最愉快的事情讲。因为痛苦煎熬的感觉太重了,扣住全身,像一口巨钟,我吐不出一口气来,我真要纵身举起这口钟,再不能惶惑下去。像在梦中,我突然有了挟东山、超北海的力量,一蹬一抬,就把这不能用数量计算的沉重的巨钟抛在大海洋里。比任何霹雳都震耳的一声巨响,激起的浪涛,像千百条鲸鱼喷出的冲天水柱那样光亮、辉煌、灿烂。自从盘古开天地,哪一个能见过如此使人震惧,使人生出无限希望、无限光明的境界啊! 一切先知在混沌世界中说出的什么极乐世界不正是如此么？”①

接下来，曹禺还难能可贵地对自己一直以神道设教、替天行道的宗教先知加抒情诗人自居的身份特权意识，进行了以人为本的真诚反思：“眼前有一朵花，这自然不是老伴，因为她同我一样都上了年纪了。这朵花是美的，真美，一点也不假……她有个名儿，叫‘玻璃翠’……这平凡而又神仙般的花，却使我想起‘爱丽儿’（Ariel），莎士比亚的《暴风雨》中，那个缥缈的精灵……我认为莎士比亚笔下的精灵们，以爱丽儿最可爱，最像人。爱丽儿为主人效忠，施展百般千般的能耐，待功德圆满，她向主人要求，实现以前立下的诺言——恢复她原来的自己。老人慨然应允。爱丽儿重新回到她自己的天地。这与我们的孙悟空大不一样，他保唐三藏西天取经，历经九九八十一难，终于到了西天，后来在一片慈祥、圣洁的氤氲里，他成了正果，被封为‘斗战胜佛’，慈眉善目地坐在那里，不再想花果山，不再想原来的猴身。这与爱丽儿的终身的向往，就不同了。”

与《雪松》相配套，住在北京医院的曹禺，还在1991年10月23日写成的一首标题为《玻璃翠》的短诗中，清醒反思了自己一再被欺骗、被利用、被抛弃的人生悲剧：

> 我不需要你说我美，/不稀罕你说我好看。/我只是一朵平常的花，/浓浓的花心，淡淡的瓣儿。/你夸我是个宝，/把我举上了天。/我为你真动了心，/我是个直心眼。/半道儿你把我踩在地下，/说我就是贱。/我才明白，/你是翻了脸。/我怕你花言巧语，/更怕你说我好看。/我是个傻姑娘，/不再受你的骗。②

经不起别人的赞美而一再被欺骗、被利用、被抛弃的“玻璃翠”，正是

① 曹禺：《雪松》，《收获》1991年第6期。
② 曹禺：《玻璃翠》，《曹禺全集》第6卷，第80页。

曹禺为自己像孙悟空那样迷失自我的人生戏剧和戏剧人生的传神写照。这份柔弱中的执著与感悟，称得上是曹禺一生中所达到的人生境界的最高点。通过这一文一诗，曹禺无形中给自己一直在歧路彷徨的戏剧人生和人生戏剧，圈上了一个还算圆满的句号。

郑秀在离婚之后一直没有再婚，与曹禺之间也再无直接来往。不过，她对于曹禺的关心却并没有因此而中断。1981 年 4 月 19 日，《曹禺传》作者田本相第一次登门采访，郑秀坦白地介绍了她对于曹禺的看法：

> 我们虽然不是夫妻了，还是同志；但写《曹禺传》是给后人留下东西，我也有责任帮助你。我们是同志，我客观上说，他解放后不该当官，有个名义，就行了，何必参加那么多活动，写作别人是不能替代的。打倒"四人帮"后，这几年，他又晃过去了……恐怕他更写不出来了，我是为他惋惜的。

田本相在《苦闷的灵魂——曹禺访谈录》中谈到这次采访时，记录了他的美好印象："不知怎的？我倒觉得她像愫方、瑞珏，有一种献身精神。她离开曹禺后，没有再结婚，带着两个孩子…… "①

郑秀逝世于 1989 年 8 月 30 日，生命垂危之际，她曾委托二女儿万昭去请曹禺到病床前见上最后一面，待到临死前的最后几秒，她礼佛诵经般念诵的依然是曹禺的本名"万家宝"中的"家宝"二字。然而，曹禺最终也没有来与她诀别。守候在郑秀身边的万昭，只好一遍又一遍地自欺欺人："爸爸就要来了，爸爸在开会……"可悲可叹的是，一场在清华园里穷追不舍、死搅蛮缠的现代情恋，到头来终归是痴心女子被抛弃的情爱悲剧。

曹禺继郑秀、方瑞之后的第三位夫人是李玉茹。两个人于 1979 年 12 月 7 日在北京登记结婚。据曹禺介绍，"我认识玉茹是在 1947 年，在文华公司的时候，是吴性栽把她介绍给我的。她好学，没有旧京剧演员那些毛

① 田本相采访、郑秀记录，《苦闷的灵魂——曹禺访谈录》，第 216 页。

● 曹禺李玉茹

病，当时她和方瑞也有来往。大概我在1978年去上海，住在上海大厦，她来看我。她先打电话给我，我几乎都把她忘记了。”①

关于曹禺与李玉茹当年的相识，黄佐临以见证人的身份提供了另一种说法：“曹禺在文华公司工作时，晚上有时就在文华公司吃晚饭；晚上开会，八九点钟散了，他就到李玉茹家里去了。邓译生就来电话，一两点钟打电话给我，问，这么晚怎么还没有回来，到哪里去了？我就说，老板叫他去了。或者说，他还在老板那里。我并不反对他结婚，他应当找一个安定家庭的人过生活。”②

据李玉茹介绍，曹禺“还准备写一部叫做《黑店》的戏，万方比较了解，好像同她谈过。还要写一部《孙悟空的紧箍咒》，都是他曾经构思过的。”③由此可以看出，曹禺对于替天行道加修成正果的孙悟空式的英雄模范人物的反思批判，绝对不是心血来潮时的偶然为之，而是他以血的代价换来的一种人道觉悟。

王蒙在《永远的雷雨》一文中，还谈到曹禺晚年最为大胆也最为精彩的一个表现：“我爱他的剧作，但又实在不怎么理解他。例如他晚年的一次精彩就相当出人意料。我说的是1993年政协八届一次会议时，他扶病前来与中央领导会见，他发言建议将（当时的）文联和一些协会解散，而他本人就是文联主席。这堪称振聋发聩。”④

这里所说的中央领导，指的是时任国家主席、中共中央总书记的江泽民。到了1996年12月13日，曹禺因病逝世于北京医院，终年86岁。

---

① 《苦闷的灵魂——曹禺访谈录》，第152页。
② 田本相采访、黄佐临记录，《苦闷的灵魂——曹禺访谈录》，第234页。
③ 田本相采访、黄佐临记录，《苦闷的灵魂——曹禺访谈录》，第284页。
④ 王蒙：《永远的雷雨》，《读书》1993年第4期。

后 记

“总是使一个国家变成人间地狱的东西，恰恰是人们试图将其变成天堂。”把德国古典浪漫派诗人荷尔德林这句话移用来形容中国影剧大师曹禺的主要作品，同样是可以成立的。

本书的母课题《现代戏剧与宗教文化》，系中国艺术研究院“九五”规划课题。该课题于1998年7月立项，于2000年7月结题，主要内容是从宗教文化学的角度，对中国现代戏剧史上的重点作家及经典作品，进行“存在还原”意义上的重新解读与重新定位。《现代戏剧与宗教文化》结题完稿后，却一直没有找到正式出版的机会，后来几次搬家，连手稿也不知道搬到哪里去了。两年的心血就这样化为乌有，这是我多少年来一直耿耿于怀的一件事情。

在随后的几年里，我关于影剧文化的相关研究，一直围绕着这一课题逐步深化。通过重新阅读大量的文献资料，我决定对其中最有研究价值的曹禺影剧和田汉影剧，进行相对独立的专项研究，并于2003年在山西教育出版社先后出版了两本学术评传《戏剧大师曹禺：呕心沥血的悲喜人生》、《影剧之王田汉：唯美爱国的浪漫人生》。本书便是在《戏剧大师曹禺：呕心沥血的悲喜人生》一书的基础上，重新思考深化的结果，书中的大部分章节，已经在相关学术刊物中公开发表并得到好评。

在写作本书的过程中，我有一个很直接的冲动，就是觉得中国许多时髦学者靠着炒作外国人的结构主义、解构主义暴得大名，却从来没有见到一个人愿意扎扎实实地按照结构主义的学术规则进行严格意义上的文本细读。迄今为止，能够把曹禺的影剧文本通过结构主义的文本细读解读明白的，本书应该是第一例。然而，就是这样一部通俗易懂并且妙趣横生的文艺性学术传记，依然难以找到出版机会。为了适应市场需求和读者趣味，近年来我逐渐转入民国时代政学两界的个案研究及传记写作，这本书稿也就被抛置脑后。

2010年是曹禺一百周年诞辰，应《南方周末》、《文艺百家》、《名作欣赏》、《民族艺术》等多家报刊的约请，我忙里偷闲重新改写了这部书稿。中国出版集团东方出版中心的张爱民先生慧眼识珠，有意出版这部并不过时而且也永远不会过时的文艺性学术传记，无论如何都值得我感恩庆幸的。

就中国影剧文化史的发展演变来看，曹禺影剧其实是遵循着中国传统戏曲既诗以言志又文以载道、既委曲尽情又神道设教的综合性艺术追求来进行创作的。所不同的是，颇为自觉地以“原始的情绪”和“蛮性的遗留”作为从事影剧创作的原动力和内驱力的曹禺，已经拥有包括关汉卿、王实甫、汤显祖、孔尚任在内的传统戏剧大师所不具备的世界性眼光。他运用舶来品的现代话剧和现代电影的文体形式，把鲁迅在《女吊》一文中所说的传统民间戏曲“开场的‘起殇’，中间的鬼魂时时出现，收场的好人升天，恶人落地狱”的影剧模式，最大限度地扩充改造，从而集大成地形成了既根源于中国传统神道文化，又充分吸纳外国宗教文化的“阴间地狱之黑暗+男女情爱之追求+男权家庭之反叛+专制社会之革命+舍身爱人之牺牲+天诛地灭之天谴+替天行道之拯救+阳光天堂之超度”的密码模式。相应地，曹禺和他笔下的影剧人物最为基本的人生模式，颇为一致地表现为先在阴间地狱般的此岸世界中，以或替天行道、天谴诅咒或忍辱负重、奉献牺牲的方式，朝着阳光天堂般的彼岸世界一再追求或一再出走；最终的结果或者是遭受悲剧性的天谴罚罪,或者是获得喜剧性的人间正果。

尽管曹禺及其影剧作品,在中国影剧史上占有着承前启后且不可替代的集大成地位;就人类影剧史来说,曹禺影剧与黑格尔所说的表现"自由的个人的动作的实现"的古希腊戏剧和现代欧美影剧之间,还存在着一道难以逾越的文化鸿沟。曹禺原本就不是能够最大限度地实现自己的理想信念的"自由的个人"也就是恩格斯在《反杜林论》中所说的具备了"自我规定的意志"的人;中国文化在整体上也不是宽容保障"自由的个人的动作的实现"的以人为本的现代文化,而是每隔一段时间就要周期性地爆发一次"存天理,灭人欲"式的暴力革命和改朝换代的初级文化。古往今来的历史事实充分证明,要真正在马克思所说的"从宣布人本身是人的最高本质这个理论出发"的人道主义本体论的前提上,实现马克思和恩格斯在《共产党宣言》中所描绘的"代替那存在着阶级和阶级对立的资产阶级旧社会的,将是这样一个联合体,在那里,每个人的自由发展是一切人的自由发展的条件"的理想社会,仅仅依靠阶级斗争扩大化甚至于宗教神圣化的暴力革命和改朝换代,是远远不够的。更为重要的是在马克思所说的"人本身是人的最高本质"的人道主义本体论的前提上,逐步建设完善现代性的以人为本、意思自治、契约平等、民主参与、宪政共和、大同博爱的价值体系和文明常识;尤其是法律面前人人平等的法律制度、依法制约政府机构的公共权力的宪政制度、依法促进社会化扩大再生产的经济制度;从而使任何性质的不合法、不人道的强理强权,逐步丧失其立足之地。只有这样,黑格尔所说的以古希腊戏剧为源头活水的表现"自由的个人的动作的实现"的以人为本的现代戏剧,才能够在中国社会里扎下根来开花结果。

总而言之,影剧大师曹禺是中国影剧史上既有的成绩与骄傲,是迄今为止的中国影剧第一人,却又不是十全十美、登峰造极的文化偶像。中国影剧人最应该做的,是更深入地研究并超越曹禺影剧,而不是通过新一轮的造神崇拜,来粉饰自己因丧失文艺创造力而只能跟随在前辈大师后面走下坡路的贫乏无奈；更不是像影剧大师曹禺那样，为追求超凡入圣的修成正果而付出丧失创作自由的沉重代价。只有这样，才是对于影剧大师曹禺真正的尊重和最好的纪念。

本书能够由中国出版集团东方出版中心出版，是我莫大的荣幸，在此谨表衷心感谢。

张耀杰

2011 年 5 月 7 日初稿

2011 年 8 月 10 日改写于北京

图书在版编目(CIP)数据

曹禺：戏里戏外 / 张耀杰著. —上海：东方出版中心，2012.1（2013.4重印）

ISBN 978-7-5473-0420-4

Ⅰ. ①曹… Ⅱ. ①张… Ⅲ. ①曹禺（1910～1996）—评传 Ⅳ. ①K825.6

中国版本图书馆 CIP 数据核字（2011）第215486号

曹禺：戏里戏外

出版发行：东方出版中心
地　　址：上海市仙霞路345号
电　　话：021-62417400
邮政编码：200336
经　　销：全国新华书店
印　　刷：昆山亭林印刷有限责任公司
开　　本：710×1020毫米 1/16
字　　数：270千
印　　张：20
插　　页：2
版　　次：2012年1月第1版 2013年4月第2次印刷
ISBN 978-7-5473-0420-4
定　　价：40.00元